俄罗斯问题研究
(2012)

Исследования по России

中央编译局俄罗斯研究中心

主　编／徐向梅
副主编／王秋文

中央编译出版社
Central Compilation & Translation Press

《俄罗斯问题研究（2012）》

主　　编：徐向梅
副主编：王秋文
顾　　问：李兴耕　郑异凡　杨金海
编委会成员：王秋文　高晓惠
　　　　　　徐元宫　徐向梅

目 录

序　言 / 李兴耕 / 001

聚焦俄罗斯总统大选 / 001

  2012——俄罗斯别无选择 / 徐向梅 / 003

  为什么美国不希望普京当选总统 / 威廉·恩达尔 著　徐向梅 摘译 / 009

  普京的总统竞选纲领 / 高晓惠 摘译 / 014

  其他四位俄罗斯总统候选人的竞选纲领提要 / 徐向梅 编译 / 022

  普京的胜利及其对俄罗斯的影响 / 王秋文 / 024

  公正俄罗斯党往何处去？ / 李兴耕 / 030

  反对派与总统大选　塔·斯坦诺娃娅 著　高晓惠 摘译 / 034

  普罗霍罗夫的从政历程 / 高晓惠 / 041

政党·政治 / 049

  普京会见外国学者谈经济和政治问题 / 盛世良 / 051

  俄罗斯第六届国家杜马选举结果及其影响 / 李兴耕 / 057

  俄罗斯的抗议活动及其主要诉求 / 高晓惠 / 063

  漩涡中的俄罗斯：社会、政权和反对派 / 伊·布宁、阿·马卡尔金 著

                高晓惠 译 / 068

  从"梅普组合"到"普梅易位"的俄式政治结构 / 王秋文 / 073

  "普梅易位"以来俄罗斯政党的最新动态 / 李兴耕 / 078

对普京再任总统以来政治改革成效的检验
　　——俄媒体关于10月地方选举的评论 / 李兴耕 / 083
普京会见俄罗斯州长直选的五位获胜者 / 高晓惠 / 087
俄罗斯总统2012年国情咨文评析 / 李 莉 / 089
俄罗斯保守主义现代化的实现路径 / 阿列克谢·朱京 著
　　　　　　　　　　　　　　　　黄登学 编译 / 094
当代俄罗斯智库 / 李铁军 / 101
当代俄罗斯政治信息传播方式及特点 / 苏史生 / 113
俄罗斯修订《非营利组织法》 / 徐向梅 / 118
美国"重返"亚太与俄罗斯亚太战略的调整 / 程春华 / 122

社会经济透视 / 127

俄罗斯经济形势与普京的经济政策 / 程亦军 / 129
2012第十六届圣彼得堡国际经济论坛简况 / 徐向梅 / 135
俄罗斯现代化进程的阻碍 / 伊·弗·拉季科夫 著
　　　　　　　　　　　　李铁军 摘译 / 140
中俄经贸合作再上新水平的战略思考 / 陆南泉 / 145
2025年前俄罗斯各地区的人口现状与未来 / 黄立茀 / 150
俄罗斯移民政策的新方案：完善的必经之路 / 谢·瓦·梁赞采夫 著
　　　　　　　　　　　　　　　　朱 磊 译 / 152
俄罗斯农村居民就业、收入状况 / 玛·尼·穆哈诺娃 著
　　　　　　　　　　　　　　伊利亚 编译 / 155
国际货币体系和俄罗斯的货币信贷政策 / 米·戈洛夫宁 著
　　　　　　　　　　　　　　彭晓宇 编译 / 158
俄罗斯政治文化与公民社会：基本特征与问题 / 阿·奥·博罗诺耶夫 著
　　　　　　　　　　　　　　　　　徐向梅 译 / 164
俄罗斯社会政治文化发展中的民族价值 / 瓦·德·维诺格拉多夫 著
　　　　　　　　　　　　　　　　苏史生 译 / 169

目 录

俄罗斯的工人运动和工会：问题与发展趋势 / 亚·维·彼得罗夫 著
高晓惠 译 / 174
挥之不去苏联人心态 / 张文成 摘译 / 179
独联体各国的劳动力成本 / 李宏梅 编译 / 185

苏东剧变 20 年：成就与问题 / 191

《苏东剧变之后》一书的写作与思考 / 陆南泉 / 193
《改变世界的七年》是怎样的一本书 / 左凤荣 / 196
研究苏联问题对中国改革的借鉴意义 / 李凤林 / 198
如何评价苏东 20 年的转型 / 田永祥 / 200
俄罗斯提出俄国式的二元政治模式 / 冯绍雷 / 202
苏东剧变带来的启示 / 王宪举 / 203
俄罗斯媒体的发展 / 盛世良 / 206
俄罗斯经济转轨 20 年 / 李建民 / 208
俄罗斯的分配状况 / 李福川 / 212
俄罗斯的转型政治体制 / 庞大鹏 / 214
普京的执政前景 / 闻 一 / 216
从波兰看东欧剧变 / 马细谱 / 217
关于匈牙利的转型 / 孔田平 / 218
东欧剧变改变了什么 / 朱晓中 / 219

苏东剧变 20 年：转型与发展 / 221

东欧剧变与保加利亚转型 / 米罗斯拉夫·波波夫 / 223
保加利亚共产党人对 2011 年选举的评价 / 亚历山大·帕乌诺夫 / 226
保加利亚的政治经济发展趋势 / 安吉尔·伊万诺夫 / 229
保加利亚转轨 20 年评价 / 马细谱 / 232

中东欧与中亚观察 / 235

中东欧国家加入欧盟后的政治新动向 / 高 歌 / 237

斯洛伐克加入欧元区的利弊得失：政治和经济分析 / 姜 珊 / 242
东欧的后共产主义变革 / 吉兹格尔兹·爱克尔特 著
　　　　　　　　　　　朱艳圣 编译 / 247

历史之窗 / 253

反思苏联解体的国际影响 / 冯玉军 / 255
在俄国历史中理解历史俄国 / 庞大鹏 / 260
苏联社会主义政治经济学与政权 / 列·德·希罗科罗德 著
　　　　　　　　　　　郑异凡 译 / 264
勃列日涅夫时期政治体制倒退及其严重后果 / 陆南泉 / 269
苏联克格勃第五局 / 徐元宫 / 274
二战后苏联的全国性反犹运动 / 徐元宫 / 280

中央编译局俄罗斯研究中心简介 / 285

序　言

俄罗斯是世界上幅员最为辽阔的国家，也是我国最大的邻邦。两国之间已有400多年的交往，相互产生着巨大影响。我国学术界一贯重视对俄罗斯历史和现状的研究，尤其是对苏联在20世纪兴衰成败的过程展开全面深入的探讨，力图从中吸取有益的经验教训。目前中俄建立了"平等互信的全面战略协作伙伴关系"，这是两国关系史上的最好水平。在这样的形势下，进一步加强对俄罗斯问题研究的深度和广度，不仅有助于中俄两国相互了解和相互借鉴，而且对建设中国特色社会主义伟大事业具有现实意义。

中央编译局俄罗斯研究中心成立于1999年11月，正值世纪之交俄罗斯政局出现重大变化之际。2000年3月普京当选总统，标志着俄罗斯从"叶利钦时代"进入"普京时代"。在这样的背景下，中央编译局俄罗斯研究中心于2000年4月创办了不定期内部刊物《俄罗斯研究信息》，介绍俄罗斯以及东欧、中亚地区后社会主义国家的政治、经济、外交、社会、文化等方面的最新发展动态，这些国家政治经济发展、体制改革、政党制度演变、社会思潮的新动向，国内外学者对俄罗斯历史和现状的重要研究成果，以及对苏联兴衰的经验教训的评述，译介新出台的重要政策法规、新解密的历史文献档案以及各种出版信息，供有关部门及研究人员参阅。为这个刊物撰稿和提供资料的除了我局的研究和翻译人员外，还有国内外学术研究机构及高校的专家学者和翻译工作者。本刊于2000年出版了5期，后因经费问题中断，2010年在中央编译局社科基金和东方历史学会（北京）

的资助下复刊,在2010—2013年间共出版34期。《信息》内容丰富、资料扎实,时效性和学术性强,受到了中央有关部门、学术机构、研究人员和读者的好评,许多文章被国内众多报刊引用或转载。为满足读者的需要,中央编译局俄罗斯研究中心决定把2010—2013年的《俄罗斯研究信息》所发表的文章和信息资料予以精选、结集,每年一本,共4本,由中央编译出版社正式出版。

4本文集的内容涉及当代俄罗斯发展的两个重要阶段:一个阶段是2010年至2011年,它是发端于2008年的"梅普组合"的继续;另一个阶段是2012年至2013年,从"梅普组合"转到"梅普易位",进入"新普京时代"。

普京在其执政8年(2000—2008年)间,励精图治,扭转了叶利钦时代的混乱局面,促使俄罗斯逐步走上复兴之路,赢得了民众的赞扬。2008年普京的两届总统任期结束后,全力支持梅德韦杰夫接任总统,自己任总理,形成了"梅普组合"的政治局面。2012年普京第三次出任总统,掌握了实现其"给我20年,还你一个强大俄罗斯"诺言的有力杠杆。

在2010—2013年这4年间,俄罗斯经济经历了曲折的发展过程。从2008年下半年开始的国际金融危机使俄罗斯遭到重创,导致国民经济在2009年大幅下降。俄政府采取了一系列反危机措施,获得了一定成效,使俄经济在2010—2011年出现恢复性增长,增长率达到4%左右。但是,由于经济增长主要依靠石油天然气等能源出口,受多种外部因素的制约,基础比较脆弱。2012年经济增长速度开始减弱,2013年增速只有1.3%。俄经济发展部在2013年11月份公布的俄罗斯2013—2030年经济社会发展预测,保守估计平均年增长率只有2.5%。尽管这几年俄罗斯遇到不少困难,但总体上仍保持了稳定发展,各项建设取得了很大成就。俄官方统计,2012年GDP总额按平均名义汇率突破2万亿美元,人均14000美元,2013年在此基础上略有增长。2012年8月,经过长达18年的努力,俄罗斯在得到世界贸易组织第八届部长级会议批准并完成各项法律手续后终于正式成为世界贸易组织成员国。

梅德韦杰夫在其执政期间提出了国家"全面现代化战略",包括经济现代化和政治民主化。在经济现代化方面,强调发展"智慧型经济",建立以现代最新技术为基础的经济结构,实现科技创新。在政治民主化方面,强调国家的现代化必须在民主价值和机制的基础上进行,提出并实施了一系列有关反对腐败、精简机构、推进司法改革、改革政党体制和选举制度的建议和法律。

普京重返克宫以来,进一步展开了全面的综合性改革:在经济方面,调整经济结构,发展多元化经济,改变过分依赖能源出口的状况,大力发展新兴技术、新兴产业,发展创新经济,实施稳健的财政政策,改善社会保障体制,推行有限度的私有化政策;在政治方面,继续推进反腐败斗争,进一步实施政党制度和选举制度改革,修改关于集会、示威和抗议,关于互联网,关于非营利组织的法律,加强对公共政治空间的控制,维护社会稳定。俄国家杜马通过并经普京签署公布了禁止各级公务员、军人及其配偶在境外的外国银行拥有或开设账户、拥有或购买不动产、购买或持有外国公司有价证券的法案,以及关于俄政府官员及其家庭成员必须申报财产收入的法律修正案。普京在2012年12月发表的国情咨文中强调,"选择俄罗斯式的民主是俄罗斯人民的权力。"他指出,"执政党、政府、总统可以更换,但不应动摇国家和社会的基础,不能中断国家发展的连续性。"

在2010—2013年这4年间,俄罗斯政党格局发生了不少变化。俄司法部批准了一大批新政党的登记。到2013年年底,获准登记的政党达到75个。尽管获准登记的政党很多,但在国家杜马中仍然只有4个政党:统一俄罗斯党是实际的执政党,俄共、自由民主党、公正俄罗斯党则是议会反对党。它们具有不同的意识形态:统俄党主张"俄罗斯保守主义",俄共提出"21世纪社会主义",公正俄罗斯党倾向于社会民主主义,自由民主党则鼓吹民族主义、民粹主义和自由主义。从2011年12月国家杜马选举以来,反对派发动了一系列游行示威和抗议集会,抗议选举舞弊,反对普京和统一俄罗斯党。普京采取了软和硬两种手段应对这一局面,一方面降低政党登记门槛,批准大批新党注册,同意与反对派领导人举行对话，加强"全俄人民阵线"运动；另一方面对组织非法街头抗议活动的头面人物的违法行为提出诉讼并给予罚款或监禁处罚。在2013年9月举行的地方选举中出现了引人注目的事件。例如：在莫斯科市市长选举中，原普京总统办公厅主任、莫斯科市长索比亚宁以51.37%得票率当选，反对派领导人之一纳瓦利内作为俄人民自由党候选人获得27.24%选票，居第二位，俄共候选人梅利尼科夫获得10.69%选票，排名第三。在叶卡捷琳堡市长选举中，罗伊兹曼作为亿万富翁普罗霍罗夫建立的公民纲领党候选人当选市长，击败了统俄党候选人西林。今后也许会有更多反对党进入议会，但总体看来，俄罗斯仍将保持统俄党"一党独大、多党并存"的政党格局。

在外交政策方面，"梅普组合"和"梅普易位"两个阶段之间既有继承性，又有差异性。其总的目标是加强俄罗斯在世界上的大国地位，维护其政治、经济、军事、文化的安全和利益。二者都致力于实现"独联体"一体化，反对北约东扩，巩固和发展与中国、印度的关系，提高"上合组织"和"金砖国家"在国际事务中的作用。在"梅普组合"阶段，美国曾宣布"重启"俄美关系，两国关系略有好转。2010年4月俄美签署了削减进攻性战略武器条约。2012年"梅普易位"后，俄美关系逐渐恶化，争执不断，在中东、叙利亚等问题上处于对立状态。俄力图通过举办2012年符拉迪沃斯托克APEC峰会和2013年圣彼得堡20国集团峰会的机会显示自己的实力，扩大国际影响。俄罗斯外交部网站2013年2月18日公布了由总统普京批准的新的《俄罗斯联邦外交政策构想》，确定了俄罗斯外交的四大优先方向，其中把发展同中国和印度的友好关系视为俄罗斯外交政策的最重要方向之一，宣称要继续增进与中国"平等互信的全面战略协作伙伴关系"，要求美国作出其反导系统不针对俄罗斯核威慑力量的法律保证，遵守包括不干涉他国内政原则在内的国际法准则。

在2010—2013年这4年间，中俄学者对苏联解体的原因教训、苏东剧变后东欧中亚各国的转型问题进行了深入研究和探讨，举办了一系列学术研讨会，撰

序　言

写并出版了许多论文和专著，提出了各种不同见解，对正确认识这些问题具有重要的借鉴意义。本刊对这些成果作了大量报道，可供读者参考研究。

我相信，4本《俄罗斯问题研究》文集的出版将为读者提供丰富的具有重要理论价值和现实意义的学术资料，有助于加深对俄罗斯、东欧和中亚问题的了解，为进一步推动我国在这一领域的研究作出贡献。

最后，我作为曾经参与本刊创办的一名老编辑，要借此机会对各位撰稿人以及编辑出版人员表示真诚的谢意！向所有给予我们支持和帮助的读者致以衷心感谢！

李兴耕

2013年岁末

聚焦俄罗斯总统大选

2012——俄罗斯别无选择

徐向梅

2012年2月4日，俄罗斯各地区总共举行了91场集会，参加人数近23万人。参加集会的绝大部分人属挺普京力量，其中仅莫斯科俯首山集会就有13.8万人参加，集会的主题是反对肢解国家，反对橙色革命。反对普京的集会也不少，这一天莫斯科的4场集会中3场是反普力量，根据内务部的资料总人数达到3.7万人。2月4日反对派抗议游行打出的反普口号之一是："一个没有普京的俄罗斯"。面临即将到来的总统选举，即便是零下20度的严寒，也没能阻止俄罗斯人突然高涨的政治热情。问题是，没有普京，还有谁？

一、普京：从神到人

从2000年至今，俄罗斯过去的这12年应该说是普京的12年，尽管普京任总统只有前面8年，但是2008年以来梅德韦杰夫任总统、普京任总理的4年无论是政治还是经济总体上是继承了普京的政策，俄国内外各界都毫无疑义地认定俄罗斯仍是在普京治下。

没有人否认，正是在普京治下，俄罗斯从20世纪90年代的衰退、动荡、迷茫中摆脱出来，成了今天这样一个政治上稳定、可控，经济快速增长并重新为世界瞩目的国家。也因而，普京在两个总统任期内其民众支持率高居不下，长久维持在70%左右，一度超过80%。我们总是会说，历史不是哪一个人创造的，但是仍然不可想象，过去的12年，如果没有普京，俄罗斯会是什么样。

但普京是人，不是神，他总是有走下神坛的这一天，特别是在这个已经确立了民主制度的国家。

从2008年普京不愿意违背宪法使自己连任第三届总统而把职位让给梅德韦杰夫起,他就从政治上至少是名义上退到了第二位。尽管普京领导的政府成功克服了世界金融危机给俄罗斯造成的冲击和重创,在世界经济依旧处于低迷状态下使国家实现了较快的增长,但其间普京政府也承受了来自总统以及民众方面对其反危机举措的指责。临近选举的前一年梅普二人在内政外交方面显露出的一些意见分歧被更多地解读为明争暗斗。这些都在不同程度上影响到普京的支持率。因此在他的总理任期中,其支持率尽管稳居俄政坛第一,但逐渐下降,甚至与梅德韦杰夫的差距日益拉近。2011年9月24日统一俄罗斯党代表大会上梅德韦杰夫宣布支持普京竞选总统,普京则提名梅德韦杰夫继任总理,梅普上演的"王车易位"其实并不出俄国内外各界的意料,但是仍然使很多俄国百姓感觉到自己的民主权利受到了侮辱。12月杜马选举曝出的一些不合规矩的现象经反对党的大肆渲染更引发了群众的普遍不满,他们在全国各地举行抗议集会,要求诚实的选举,要求铲除腐败,甚至要求普京下台。普京的支持率跌到执政以来的最低点。全俄社会舆论研究中心2011年12月上旬做的民意调查显示,对普京工作的社会认可度从上一个月的61%骤跌了10个点,到51%,在政治家信任度排行中尽管仍居第一,但信任指数大幅下跌,只有42%的受访者表示在接下来的总统选举中会投普京的票。

从受到万众尊崇的神坛走到了地上,普京成为民主制度国家里处在选战中的政治家之一,也要接受国民的批评、怀疑和质询。不过这对于俄罗斯来说却未必不是一件好事。杜马选举以来的抗议浪潮是近年来最大规模的,反对派甚至打出了"一个没有普京的俄罗斯"的口号。但俄执政当局对此采取了平静、宽容的态度,用普京自己的话说:"这是普通人在表达自己的看法,只要他们在法律框架内。"他认为这是社会健康的体现。其实不只是宽容。梅德韦杰夫总统于2011年12月22日向国会做了他任内最后一次国情咨文,呼吁全面改革国内政治体制,建立各地行政长官直选制度,简化政党注册手续,降低总统选举人门槛。次日,梅总统就向杜马提交了相关的法律草案。这些建议直接对普京第二个总统任期中确立的一些制度提出修正，具有颠覆性。身为亿万富豪的俄总统候选人普罗霍罗夫在提供给英国《卫报》的一篇文章中说，2011年年底的大规模抗议集会可能是俄罗斯"可控民主"时代终结的标志。

普京从神到人，从天上落到人间，我们这里讲的不是个人的沉浮，而是对一个国家的意义，俄罗斯可能因而有了从人治到政制、法治的契机。梅德韦杰夫的国情咨文以及最近几个月来的政治形势已经标示出俄罗斯政治气候的某些变化，也预示着俄罗斯可能的政治变革。

二、俄罗斯别无选择

2011年11月25日，俄议会联邦委员会发布决议，依据宪法和《总统选举法》确定2012年3月4日为总统选举日，并昭告选举的日程安排，正式拉开俄罗斯2012年选战大幕。

根据选举法，总统候选人的产生有两种方式，一种是自荐，凡年满35岁、在俄罗斯联邦居住10年以上的俄罗斯公民，只要成立500人以上的选民团，都可以自荐；另一种方式是政党推荐。不过自荐和非议会党团推荐的候选人需要征集到200万张有效的选民签名。最初向中央选举委员会提出参加总统竞选申请的有8人，包括四个议会党团的候选人：统一俄罗斯党——弗拉基米尔·普京，俄联邦共产党主席根纳季·久加诺夫，自由民主党主席弗拉基米尔·日里诺夫斯基，公正俄罗斯党领袖谢尔盖·米罗诺夫，此外还有4名独立候选人和非议会党团候选人，分别是：亿万富翁米哈伊尔·普罗霍罗夫，亚博卢党创始人、1993—2008年间的党主席格里戈里·亚夫林斯基，伊尔库茨克州州长德米特里·梅津采夫和"意志"党主席斯韦特兰娜·佩乌诺娃。佩乌诺娃因征集的选民签名不足，自动放弃了登记，而亚夫林斯基和梅津采夫因征集的选民签名无效比例超出规定而被中央选举委员会拒绝登记。最终确认参加2012总统大选的候选人只有5个。

久加诺夫和日里诺夫斯基都是俄政坛的老面孔了。久加诺夫现年68岁，曾任苏联末期中央意识形态部副部长，1990—1991年间参加组建俄罗斯共产党，

1993年2月当选重建的俄联邦共产党中央委员会主席。在20世纪90年代中期俄罗斯转轨以来最艰难时刻俄共曾是议会第一大党，久加诺夫在1996年大选中成为当政总统叶利钦强有力的竞争对手，在第二轮选举中惜败。久加诺夫在2000年和2008年两次败选，不过得票都位列第二，分别为29.44%和17.72%。随着内部分裂和政权党统一俄罗斯党日强，这些年俄共力量逐渐衰落，影响力下降，久加诺夫担任党的领袖20年也受到很多批评。

日里诺夫斯基现年66岁，是俄罗斯自由民主党（苏联解体前称苏联自由民主党）创始人之一，并自该党成立之日起担任党主席至今。日里诺夫斯基自新俄罗斯国家有总统选举以来几乎每届大选都参加了，除了2004年普京连任那次，他和久加诺夫都放弃了，可以说是屡战屡败，屡败屡战。不过他领导的自由民主党在俄罗斯政坛沉浮中总能成为俄共之后的又一个杜马党团。

米罗诺夫现年59岁，自2006年10月担任新组建的公正俄罗斯党主席，2011年4月卸任，同年12月任新一届国家杜马公正俄罗斯党团领导人。米罗诺夫曾作为圣彼得堡议会驻联邦委员会代表，自2001年至2011年连续10年担任联邦委员会主席一职，2011年因与国家领导人意见不合被免职。米罗诺夫2004年参加过总统选举，当时有媒体称他只是被拉来给普京搭台的。公正俄罗斯党本来也是当局为平衡俄共自组的一个中左反对派，但自2011年被免职以后，米罗诺夫就真正成了反对派队伍中的一员。

普罗霍罗夫现年47岁，是《福布斯》2009年度俄罗斯首富，2011年俄罗斯富豪榜第三位，个人资产180亿美元，是俄罗斯金融业和矿业大亨，奥涅克西姆投资集团总裁。2011年6月普罗霍罗夫当选成立两年多的俄右翼事业党主席，但时隔三个月即因党内分歧被解职，随后脱离该党。普罗霍罗夫是唯一一个以独立候选人身份成功获得登记的。按照中央选举委员会的资料，普罗霍罗夫的竞选基金是所有总统候选人中最多的。

被登记为总统候选人后，五位候选人先后公布了自己的竞选纲领。其中有些问题被集中提到，日里诺夫斯基和久加诺夫都谈到石油、天然气等矿产资源国有化问题，久加诺夫和米罗诺夫都建议实行累进所得税制、增加教育和科学支出，日里诺夫斯基和米罗诺夫都提议降低汽油价格、保护主体民族俄罗斯族人权利，久加诺夫、米罗诺夫和普罗霍罗夫三人的竞选纲领中都强烈要求限制一个人一生中担任总统的次数，最多不超过两届。几位候选人都打出了吸引人眼球的口号，日里诺夫斯基竞选纲领的题目是"或者日里诺夫斯基，或者更坏！"，米罗诺夫是"公正、民主和社会进步！"，久加诺夫则要"拯救国家！"，亿万富豪普罗霍罗夫是"真正的未来"，其竞选口号"舍我其谁！"。普京也在专门开立的竞选网站"putin2012.ru"上公布了自己的竞选纲领，据称还是亲自执笔。竞选纲领之外，普京已在主流报刊和其竞选网站上连续发表了《俄罗斯全力以赴——应对我们必须面对的挑战》、《俄罗斯：民族问题》、《谈谈我们的经济任务》、《民主与国家质量》、《构建公正——俄罗斯的社会政策》和《强大：俄罗斯国家安全的保证》六篇文章，系统回顾了前面十年的发展成果，详细阐发了国家未来的发展任务。

通常竞选纲领都是选战的重要内容，但是在俄罗斯，历次大选，竞选纲领都不是核心，有时甚至只是形式，况且这些纲领中也看不出有什么新意和特别。2012年的大选尽管看起来有点硝烟弥漫的选战味道：之前众多的抗议集会，其他候选人极力在媒体上造势，普京的支持率较以往下降很多，以美国民主发展基金会为代表的西方势力也趁机渗透，但是在俄罗斯仍然是别无选择。久加诺夫和日里诺夫斯基久经沙场，经验老到，但即便是在叶利钦的衰败时期，他们都没有机会真正走到前台，今天的俄罗斯人无论如何都不会弃普京而选他们。米罗诺夫不算个新人，不管出于什么原因，2004年大选也曾加入与普京的对决，他所依赖的公正俄罗斯党完全是因为当局的支持才有今天的成就，无论从政党角度还是个人支持率方面他比前两位都还相差甚远。普罗霍罗夫是霍多尔科夫斯基之后第一个敢于挑战普京的大富豪，2.06米的身高，年轻、英俊、豪气冲天，曾长期担任莫斯科中央陆军篮球队总裁，初涉政治，无疑会给俄罗斯政坛吹来一股新鲜的风。但是他毕竟力量过于单薄，且政治上出道太晚，没有从政经验，没有党派影响。最好的情况是能在这次大选中有个闪亮登场，如俄政治学家所说实现华丽转身，跻身俄罗斯政坛，想成为普京有力的竞争对手还不可能。

针对即将到来的大选,全俄社会舆论研究中心网站公布了它1月初以来的民调结果。调查的问题是:"假如就在本周日举行总统大选,你会把选票投给谁?",结果显示,普京的支持率呈上升趋势,从1月初的48%上升到2月初的53.3%,久加诺夫和日里诺夫斯基维持在10%和9%左右,米罗诺夫从4.5%下降到3.3%,普罗霍罗夫后来居上,从1月初的2.8%上升到2月初的4.6%。俄罗斯另外两家重要的调查机构列瓦达中心和社会舆论基金会的调查结果大体相同。此前由于杜马选举后俄罗斯各地兴起的抗议风潮,俄政界和媒体都有分析说本次大选普京有可能被拖入第二轮,当然没有人怀疑他会胜出。但是越临近选举,普京的支持率越回升,现在俄罗斯2/3的选民确信普京会在第一轮选举中获胜。我也认同这种看法。

普京在其12年的理政生涯中的确也受到不少指责,西方的自不必说,俄国内抱怨也不少,特别是前面讲到的2011年的"王车易位"和杜马选举。抱怨甚至发泄愤懑是人之常情,但是真正面对抉择的时候,老百姓始终会回归理性,至少在目前来说,俄罗斯政坛上除了普京还没有别人能让他们安心。就连同为总统候选人的普罗霍罗夫,2011年12月9日也就是其宣布参选总统的前几天,在其博客中对杜马选举和之后的抗议集会进行点评时也称:"无论谁喜欢还是不喜欢,普京目前都是能够在某种程度上管理这个效率不高的国家机器的不二人选"。随着选举日期的临近,普京的支持率应该还会继续上升。

我还记得在与一位俄罗斯学者谈话时他说:"从个人的角度,我更喜欢亚夫林斯基,因为他是一个真正的知识分子,但是我会投普京的票,因为俄罗斯需要他。"俄罗斯需要普京,还有什么比这更好的理由?2012,俄罗斯别无选择。

作者单位:中央编译局俄罗斯研究中心

为什么美国不希望普京当选总统

威廉·恩达尔 著 徐向梅 摘译

俄罗斯《共青团真理报》2012年2月1日转发了侨居德国的美国著名经济学家、政治学家、独立新闻记者弗里德里克·威廉·恩达尔刚刚在德国发表的文章《为什么美国不希望普京当选总统》,认为普京依然是西方控制道路上的主要障碍。摘译如下。

华盛顿显然想摆脱普京。希拉里·克林顿及其伙伴都认为,俄罗斯未来可能的总统普京是美国计划的主要障碍。不过很少有人了解这是为什么。几个月前普京总理与梅德韦杰夫总统决定在3月4日的总统选举后互换岗位,很多俄罗斯人认为这是一场不公开的交易。

美国中央情报局建立的国家民主发展基金会

不久前普京曾针对美国干预俄罗斯选举过程发表声明予以指责。华盛顿非政府组织"国家民主发展基金会"的官方年度报告表明,美国国家民主发展基金会已经公开渗透到俄罗斯全境。基金会给地处莫斯科的国际新闻中心拨款,大约有80个跨国非政府组织以国际新闻中心的名义召开各种议题的新闻发布会。基金会也资助大量的青年组织以及未来领导人培训班,以期"帮助青年人积极投身政治"。2010年基金会共支出278.3万美元用于全俄数十个该类项目。

美国国家民主发展基金会也资助俄罗斯境内一些重要的独立调查项目以及选举独立观察组织或个人,最重要的是要搜集选举舞弊行为。正因如此,基金会也给一个名为"呼声"协会的组织提供资助。

2011年9月，基金会资助了一场在华盛顿举行的必须持邀请函方能参加的封闭会议。俄罗斯民意调查机构列瓦达中心也在被邀请之列。美国国家民主发展基金会官方网站承认列瓦达中心是基金会的受助者，基金会直接资助该中心在俄全境针对选民情绪、对候选人和政党的态度以及对可控民主制度的信任度等进行调查。俄罗斯反对派"团结"运动的领导人弗拉基米尔·卡拉-穆尔扎也参加了会议。2011年12月15日，在"团结"和其他组织的倡议下举行了反对普京的抗议集会，集会受到美国支持。基金会随后又在华盛顿举行研讨会，主题是："俄罗斯青年的积极性：新一代人能否实现变革？"塔米尔兰·库尔巴诺夫在发言中谈到，他不久前作为美国国家民主研究所莫斯科办事处的协调人，致力于发展和扩大社会政治组织，推动公民特别是青年积极参与社会生活。国家民主研究所是基金会的下属机构。

推动青年积极地参与政治生活——这正是基金会最近几年在埃及所做的工作。这些都是2003—2004年在美国支持下乌克兰和格鲁吉亚所发生的颜色革命中基金会所使用过的工具。对美国资助的乌克兰和其他许多国家发生的颜色革命需要慎重对待。分析表明，对投票进行监督，控制国际媒体，特别是像CNN和BBC这样的媒体，这是华盛顿实施其破坏计划的最重要部分。列瓦达中心具有重要意义——可以公开发布对体制表达的不满。

美国国家民主发展基金会把自己描述成"私人非商业组织，其活动宗旨是在全世界发展和巩固民主制度"。多么高尚而伟大，难道不是吗？不过它忘了提及自己发展史中的一些事实。1980年代初中情局局长威廉·凯西游说里根总统必须建立可以信赖的私人非政府组织，国家民主发展基金会正是这样的组织，可以在中情局不直接出面的情况下在全世界推动实施华盛顿的意旨。正像1991年《华盛顿观察报》对艾伦·温斯坦（他是国家民主发展基金会成立法案的起草人）的一篇访谈中所讲的，"我们今天做的很多事情，中情局25年前已经在秘密地干了。"

西方媒体的俄罗斯红人

我们来看看最近几年突然现身俄罗斯政坛的主要的反对派代表。今天"封面男孩"、著名博主阿列克谢·纳瓦利内成了俄罗斯青年人中的红人，特别是西方媒体的红人。因为参加未经批准的集会而被关押在监狱15天之后，他成为抵抗运动的"受难者"。纳瓦利内大概是看多了谢尔盖·爱森斯坦（苏联著名导演——译者注）有关十月革命的浪漫主义电影，他在12月24日莫斯科最大的集会上向人群讲演："我在这里看到，人足够多了，就是现在应该夺取克里姆林宫和白宫……"

西方主要媒体都被纳瓦利内迷惑了。英国BBC把他描绘成"近5年来俄罗斯出现的唯一有意义的反对派人物"。不过下面这个事实更重要，纳瓦利内曾就读于美国耶鲁大学，在2006—2007年美国国家民主发展基金会全额资助了他。

除了纳瓦利内，反普京运动的关键人物还有"团结"运动的人，这个组织是2008年12月鲍里斯·涅姆佐夫、弗拉基米尔·雷日科夫等人建立的。

其实，"反腐败先生"涅姆佐夫很难被称为反腐败的真正斗士。俄罗斯《商业周刊》2007年9月23日报道，涅姆佐夫认识俄罗斯银行家鲍里斯·勃列夫诺夫和国际金融公司职员美国公民格雷琴·威尔逊，后两者是夫妇。在涅姆佐夫的帮助下威尔逊得以将"巴拉赫宁斯克造纸公司"以700万美元的低价私有化，并转而出售给第一波士顿银行。据悉该企业每年销售收入达25亿美元。涅姆佐夫赴达沃斯世界经济论坛的昂贵旅费由第一波士顿银行为其支付。当涅姆佐夫进入政府（曾任政府第一副总理和副总理——译者注）后，勃列夫诺夫被任命为俄罗斯统一电力系统股份公司董事长。后来涅姆佐夫帮助勃列夫诺夫免遭侵占巨额财产的指控。涅姆佐夫也从寡头米哈伊尔·霍多尔科夫斯基那里拿钱，就是在1999年霍多尔科夫斯基想贿赂杜马的时候。2004年涅姆佐夫又与失宠的寡头鲍里斯·别列佐夫斯基会晤……当涅姆佐夫的新政党受到俄当局质询，被怀疑有外国资金支持时，美国保守党参议员约翰·麦凯恩和乔·利伯曼立刻出言支持他。

涅姆佐夫的亲密战友雷日科夫也是达沃斯圈子的人，他甚至建立了"西伯利亚达沃斯"。如俄罗斯媒体所说，2003年雷日科夫建立了2008委员会，就是为了吸引被关押的霍多尔科夫斯基和逃亡寡头以及西方基金会比如索罗斯基金会的钱，目标是联合反普京的民主力量。

还有一个人在反普京斗争中很出挑，就是前世界象棋冠军、改行成了极右政治家的加里·卡斯帕罗夫。几年前查明卡斯帕罗夫是华盛顿新保守主义军事科学中心董事会成员。2007年4月卡斯帕罗夫自己承认，他也是美国安全政策中心下属的民族委员会理事。

2009年，卡斯帕罗夫、涅姆佐夫会见美国总统奥巴马，讨论反普京的俄罗斯反对派问题。会见在华盛顿丽思卡尔顿酒店举行。涅姆佐夫希望奥巴马与俄罗斯反对力量见面，他说："如果白宫遵从普京的建议只同亲普京的组织对话，这就意味着普京赢了，而且普京会确认：奥巴马是虚弱的。"

华盛顿不需要莫斯科出现强人

问题是：为什么正是普京成为靶子，而且为什么恰恰是现在？回答这个问题并不需要走得太远，去关注在华盛顿眼里俄国是不是民主国家。让他们不安的只是普京当总统会成为华盛顿推行全面控制计划的阻碍。按照俄联邦宪法，总统是国家首脑和武装部队总司令，他直接控制国防和外交政策。

普京会采取什么样的政策呢？首先是采取抵制来自北约方面对俄罗斯包围的措施。俄罗斯也可能会更积极地打能源牌来巩固与北约成员国如德国、法国和意大利之间的经济联系，那么欧洲支持北约挑衅俄罗斯的力度就会减弱。俄罗斯也可能发展与亚洲邻国特别是与中国、伊朗，可能还有印度的关系，这将强化华盛顿建设美式和平计划的阻碍。

在冰天雪地的莫斯科或圣彼得堡举行几次游行示威是不够撼动俄罗斯的。但是很显然，华盛顿还在全线出击，给伊朗和叙利亚施压，加紧在俄罗斯的行动。

事实上，今天美国作为核超级大国已经破产了，美元从1944年起作为储备货币的地位受到威胁，而正是美元的这种地位与美国作为世界主要军事力量的存在一起构成美国霸权的基础。中国与日本已经开始绕过美元用本币进行贸易。俄罗斯也正打算与其主要贸易伙伴采取类似的措施。随着超级大国地位的日渐衰弱，华盛顿现在好像更愿意采取武力原则。为了更好地使用这个手段，需要使俄罗斯、中国和伊朗保持中立。这将成为美国总统的主要任务。

资料来源：
http：//kp.ru/daily/25827/2803169/

译者单位：中央编译局俄罗斯研究中心

普京的总统竞选纲领

高晓惠 摘译

普京参加2012年俄罗斯总统选举的竞选纲领公布在其竞选官方网站putin2012.ru上，现摘译如下。

十年结果和发展任务

过去十年，俄罗斯获得了政治稳定，国内生产总值实现了翻番，实际收入增长1.5倍，贫困人口减少60%，养老金和工资大大增加，失业率降低35%，通胀率从2000年的20%降低到2011年的7%。出生率提高，死亡率下降。尽管受到2008—2009年世界经济危机的影响，但用于公民的社会开支不减反增。按照购买力平价计算，俄罗斯已经是世界第六大经济体。俄罗斯在内外政策上所取得的成就是不争的事实，但仍然存在种种令人不满意的地方。没有完全消除贫困，企业环境较差，腐败横行，大部分官员无所作为等。

我们将依靠全俄人民阵线和最广泛的社会支持，采取坚决和负责任的措施推动国家现代化。我们的任务是在俄罗斯建立由政治制度、公民的社会保障结构和经济模式共同组成的统一的、不断发展的、健全的国家机体；无条件地保证俄罗斯的主权和我国公民的富强生活；捍卫每个人的正义和尊严；在国家和社会关系上坚持真理，建立互信。

一、我们的价值

1. 俄罗斯民族的精神价值和统一

只有道德健全的社会才能正确回答时代的新挑战。需要培养对家庭的忠诚,关心祖国的命运,尊重他人,学会珍视自然。我们将通过发展文化并结合俄罗斯的传统宗教来全面促进重建和巩固这些价值。我们欢迎并将支持在教育、社会领域和武装力量中普及俄罗斯的传统宗教,同时无疑应保持国家的世俗性质。

我们将积极捍卫大众传媒和因特网的道德基础,将同试图利用信息渠道宣传暴行、民族主义和淫秽品,吸毒、酗酒等行为进行斗争。禁止低俗的大众文化产品损害孩子们的道德和心理健康,为此我们支持建立推出国家纲要并进行宣传。

我们的力量在于多民族共存的俄罗斯人民的精神财富和统一。我们需要建立在公民爱国主义基础上的民族政策战略。我们国家的每一个人都不应忘记自己的信仰和民族属性,但他应该首先是俄罗斯的公民,并以此为骄傲。任何人都无权将民族和宗教特征置于国家法律之上,但国家法律本身应该考虑到民族和宗教特征。

国民教育和教育体系的任务是要为每一个人提供绝对必需的人文知识作为民族自我认同的基础。首先应在教学过程中提高像俄罗斯语言、俄罗斯文学、祖国历史等科目的作用并与民族传统和文化的全部财富相结合。

文化和艺术这是我们的历史,也是通往未来的道路,它为保存我们的文化识别和创造多样性提供了可能。俄罗斯伟大的作家、作曲家和艺术家,是世界文化的精华,是理解我们民族精神的钥匙。他们以其天才的创作向全世界证明了俄罗斯的深刻精神价值和伟大之处。我们将继续支持俄罗斯的文化活动家,保持我国在艺术领域的领先地位。

2. 人的发展是重要的价值

国家及其机关以及经济都应该促进人的发展,为发挥人的才能创造条件。国家政策的优先战略是加速发展决定人们生活品质的那些领域,这首先是教育、卫生保健、住宅公用事业、社会保障。国家应创造条件,让每个公民的权利得到可靠保证，让每个人能够以自己的劳动和经营活动保证他们的家庭过上有尊严的生活，让每个人最大限度地发挥自己的才能和潜力。应保证每个人有自由的选择权，在这里，自由应该是建立在公正基础上的。应为弱势群体提供可靠的社会保证，包括能维持体面生活的养老。

3. 强大的地方，有效的地方自治

我们的任务是让居住在俄罗斯每个角落的人们都过得好。资源的集中使我们能够拉动发展落后的地区，解决许多社会问题。但长此以往会降低各联邦主体的首创精神。近期的任务是制定和实施促进地方积极发展的措施。

地方应具有独立发展的强大动力，将提高地方税留存。各联邦主体在国家预算的支持下将建立地方发展的专项基金，用于发展供水、垃圾处理、修路、建幼儿园、修体育场所等市政设施。将形成对各地区主要社会经济发展方向给予财政支持的补充机制。将采取具体步骤提高地方自治的实际作用。

二、给公民以体面的生活

1. 体面的工资和退休金，有效的社会扶持体系

有工作的人不应是穷人。预算领域高素质专业人士的工资将高于各地经济的平均水平。中产阶级应在我们社会中占多数，这包括医生、教师、工程师、熟练工人。在俄罗斯各地将建立住宅建设合作社，为预算领域工作人员建设保障性住房。养老金近些年大幅提高，甚至在世界经济危机期间也未停止，并还将继续提高。

我国仍有10%—11%的公民收入在贫困线下。应利用国家资源以及社会的协力来战胜贫困。还应支持慈善事业。应学会弥补市场经济带来的消极社会后果及其产生的不平等。将为贫困家庭的儿童的受教育权提供专门的特殊的支持，为低收入家庭提供保障性住房。

2. 让家庭成为国家政策的中心

国家将全力扶持多子女家庭，提高多子女家庭的补助金额，近3年应解决入托难问题。帮助新婚家庭解决住房问题。休产假后工作的妇女应可能获得新的职业培训，雇用她们的老板可获得国家奖励。

3. 整顿住宅公用事业

现在人们最担忧的是住宅公用事业收费的上涨，服务质量也引起诸多问题，性价比不相符。该领域问题多多，而责任很少，应整顿这一领域的秩序。

不能仅靠预算扶持和公民交费来保证住宅公用事业的现代化，关键还要为吸引私人投资创造良好条件。住宅公用事业的服务费率至少在未来3年保持不变，收费标准将以对投资人和用户来说都很简便的公式来计算。重要的是，收费标准将取决于所提供服务的质量和可靠度。

4. 我们的新学校

近些年我国的学校变得更现代化了，但仍有许多未解决的问题。我们相信俄罗斯教育在世界的领先地位，我们要让教育符合21世纪的要求。我们将增加教师的工资，修缮校舍，提供教学设备等；将完善高校统一入学考试机制，防止舞弊，保证有才能的青年能上大学；将加强职业教育；将完善向各高校提供预算资金的分配制度等。

5. 人的健康是我们优先考虑的问题

俄罗斯人的平均寿命从2005年的65.3岁提高到2011年的70.3岁。我们计划为居民建立疾病防治体系，做到疾病早发现早预防；将制定医疗救助的明确规则，让病人了解医生的责任并能要求维护自己的权利；在国家机关和市政机关建立免费和优质的医疗救助系统；在增加医生工资的同时也要增强他们的责任心；发展本国的制药业等。

生态对人的健康和生活质量有巨大影响。需要改变以往不重视环保问题的状况。近几年我们将优先关注垃圾处理、提高水和空气质量、保护森林、增加公园和林荫道等问题。

提倡经常进行体育运动，拒绝有害的生活习惯。严防吸毒，严格管理烟酒买卖，禁止在公共场所吸烟和投放烟、酒类产品广告。

6. 给残疾人以有保障的生活

我们要在各居住小区为残疾人的生活提供便利，将为残疾人建无障碍设施，扩建残疾儿童康复中心网络，为他们提供在高校接受培训的机会。

三、强大的经济——强大的俄罗斯

1. 经济现代化

强大的经济是提高公民福利、保证国家安全的基础。过去10年来依靠高油价和低负载力的经济增长方式实际上已经耗尽了自己。未来的俄罗斯经济应符合社会的要求。

效率低下是我国经济和社会未来10年面临的最严峻挑战,在劳动生产率和能源效率方面只有发达国家的1/2或1/3,将劳动生产率提高一倍是俄未来10年的战略目标之一。

实现投资规模性增长。在20年内,创造不少于2500万个工作岗位;将投资从目前占GDP的20%提高到25%。采用新技术发展能源、工业和农业,进一步加强发展通讯、信息技术和生物工程技术等。

鼓励私人创业,进一步减少行政壁垒;发展和保证私人企业活动的自由,首先要保护私有财产免受任何侵害。

为鼓励向实体经济部门投资,要降低利率。这先要降低通胀率,发展本国金融市场,利用"长钱"工具（指一年期以上的债务、投资和贷款等——译者注）。

帮助我国生产商开发新的销售市场,促进经过深加工的原料产品、机械制造产品等高技术产品的出口。发展本国工业。

提高能源利用效率。为了降低经济的能耗,将为发展节能商品的生产创造良好条件,支持采用节能技术,首先是在住宅建设领域。

2. 创新是优先战略

创新是优先方向。此外,还要采取新的税收体制,提出发展农业和建设交通基础设施的政策。为了取得经济成就,为了提高国家竞争力,必须大力推进创新。国家将鼓励技术设备更新,帮助商业活动获得现代技术。

创新需要相应的人才。应培养本国的高技术专家,吸引世界各地的优秀人才来参与我国的现代化。应在2020年在我国建成几所世界级的高校,加大对科学领域的投入。

3. 公正有效的税收政策

国家的税收政策应该是公正而有效的,它不仅要保证完成预算收入,而且要鼓励建立新企业,创造新的就业岗位,扩大税收基础。我们不会增加非原料部门的税收负担——虽然这与我国发展多样化经济的政策相矛盾,但我们在其他很多方面有增加税收的潜力:向高端房地产业、奢侈品消费等收税过低的领域征税。打击逃税行为,根本改善征税工作。

4. 我们的新农村

俄罗斯有三分之一的人口生活在农村。我们将为农村的生活创造现代化的条件,重要的是吸引年轻人在他们父辈和祖辈劳作的土地上实现自我。我们将建设乡村的道路、水电等基础设施,配套现代化的学校、医院、文化设施。

发展现代化的农产品销售体系。建立粮食批发中心,农产品仓库。支持农工结合的商业活动,建立完善的农业风险保护体系。

5. 发展基础设施

扩大城市面积1.5—2倍,这将降低住宅和生产用地的价格,大大提高城郊农业经济的收益和农业工人的生活质量。

国家将支持大型基础设施的建设方案,首先是保证我国的道路建设,尤其是优先发展西伯利亚和远东地区。将发展高速公路,为偏远地区建立空中航线。将建立各地交通网络,加速地区道路和农村道路的现代化建设,保证村村通公路。

四、接受人民监督的有效权力

1. 权力服务于人

我们将确保权力被社会问责。每个公民都能从国家网站上获得所需信息,可以向具体的官员提出质询。对工作不称职的官员不仅简单地解职,而且要求在几年内不得任用。发展政府官员——州长、市长和工作人员的竞争上岗制。

在那些容易出现腐败和无效率的敏感和危险领域,比如国家采购、道路建设、住房公用事业、司法领域等,建立对权力的切实的社会监督机制。

我们需要反思维护社会利益的整个体系，放弃过度的惩罚倾向。这种情况会让我们的社会扭曲，变得道德上不正常。执法体系的活动应保护和扶持合法的企业家活动，而不是同其斗争。

使所有公民都可以获得司法服务，包括商业活动的行政诉讼和专门审议公民与官员争议的行政诉讼，启动这一程序是因为公民比官员更脆弱。

2. 人民决定如何建设国家

民主应具有必要的操作机制以及公民经常参与政治和管理的机制，应该有有效的对话、社会监督和沟通的渠道。最重要的立法草案和决议都要经过广泛的社会听证，要有公民、商人、社会组织和工会的参与。集体决定选择最佳方案机制，应成为各级机关的工作准则。

五、在复杂世界中的强大俄罗斯

近几年，俄罗斯已再度成为世界强国之一，不断上升的威望需要它更主动地参与国际事务。

一体化方案为俄罗斯国民和商业的发展创造了新的机遇。俄白哈关税同盟从2012年开始成为现实。统一的经济空间将进一步推进欧亚联盟的建立，开辟后苏联空间相互关系的新时代。

强化与其他国家的密切合作，扩大俄罗斯在世界上的经济和文化影响力。必须利用我国的文化、科学、艺术、体育等成就，营造国际上对俄罗斯的善意。在国外推广俄语学习，使来我国的旅游者和商人感到便利。要特别关心在国外生活的俄罗斯人。

必须提高国家移民政策的质量，使非法移民减少到最低，为此应切实加强移民局的权力；注重合法移民的职业技能、专业领域、文化和行为相容性。

国际政治和经济游戏规则的确立不可能背着俄罗斯或者绕过俄罗斯及其利益。国际合作是双向的。俄罗斯主张在打击国际恐怖主义、控制武器、保障集体安全等领域进行建设性合作和对话。俄也将对外国伙伴无视其意见及其利益的单方行为作出相应的评价和回应。

俄罗斯武装力量应能应对各种外部威胁。我们需要具有高度战斗力、职业化和机动能力的军队；将对武装力量进行深度改造，更新装备并使之现代化；通过军人培训和利用现代技术等手段提高军队的战斗力。

* * *

未来十年俄罗斯的发展——这将是我们每个人自由空间的扩大。依靠他人之手得到的幸福，不对自己的决定负责的幸福，在21世纪是不可能的。俄罗斯不是在挑战面前退缩的国家。俄罗斯将集中和集合自己的力量回应各种挑战。经受住考验，将无往而不胜。正如我们回答今天的挑战并利用我们的机会一样，只有依靠我们自己，才能巩固我们自己和我们在迅速变化的世界中的地位。

译者单位：中央编译局俄罗斯研究中心

其他四位俄罗斯总统候选人的竞选纲领提要

徐向梅 编译

俄罗斯反对派政治人物弗拉基米尔·雷日科夫日前在其个人网站贴出了2012年俄罗斯总统选举普京之外其他四位候选人的竞选纲领提要,译介如下。

日里诺夫斯基:

保护俄罗斯的基干民族——俄罗斯族人在民族共和国的权利;把石油天然气加工公司转成国企,全体俄罗斯公民是其股东;在农村兴建低层住宅;降低汽油价格到每升15卢布;将最低月工资标准增长到1万卢布;军队完全职业化;扩大百万富翁和亿万富豪的人数到20倍;不再用美元保存预算资金,将其投入生产;复兴以东正教精神传统为基础的俄罗斯民族文化;转向爱国主义的外交方针,俄罗斯将不再"喂养寄生虫",不让西方压迫自己。

久加诺夫:

建立人民信任的联合政府;解散现在的国会,2012年12月1日重新选举国家杜马代表和联邦委员会成员;缩减总统任期到5年,一个人担任总统不能超过两次,设副总统职位;从2015年开始选举产生城市和地区一级国民法院;通过新的土地、森林和水法典以及矿产资源法,巩固自然资源的全民所有制;国有银行是银行体系的基础,这将减少通过过高的贷款利息使经济恶化的投机;实行累进所得税制,家庭成员人均月收入低于12000卢布的免税;年内重新审阅反垄断法,废除社会领域商业化法;保证低收入家庭获得免费住宅,对其余家庭发放年息低于5%的低息贷款，支付住宅和公共服务的费用不超过家庭收入的10%，住宅公用事业管理公司转归国有；恢复普遍的免费教育，增加对教育的支出到GDP的8%—10%。

普罗霍罗夫：

公布苏联时期档案，铭记列宁斯大林恐怖的牺牲者；向私人出售国有电视台和电台；国家回归正常的天文时间，停止更改时区的实验；解散国家杜马，新选举将议会门槛降低到3%，一个人担任总统不能超过两个四年；国家公职人员须出售属于他们的企业或企业中的复票股份；办理证件和证明的国家服务应全部免费；规定对由于权力机关和商业机构的过错而导致失去亲人的最小赔偿额为4000万卢布，按比例对伤害进行赔偿；2020年前限制北高加索共和国电力系统职工和司法系统人员的自主性；与经济合作与发展组织国家的投资人共同在西伯利亚和远东地区建立强大的工业区以防止中国过度扩张；国家作为经济主体参与经济的比例将急剧下降，国有企业制度将被拆除。

米罗诺夫：

通过《有关没收社会无效所有者财产（国有化）补偿法》；降低95号汽油和柴油价格到每升15卢布；限制一个人担任总统不超过两届，限制总统的权限，向国家杜马授权独立推荐和任命总理和部长；联邦委员会由选举产生，各级法院的公职由选举产生；以通告的形式进行政党登记，恢复选票上"反对所有人"一栏；取消国家杜马代表和联邦委员会成员一切特权，包括代表的不受侵犯权；把腐败等同于背叛国家，增加对受贿罪的惩罚期限，没收腐败者及其家庭成员的财产；实行累进所得税制，对豪宅和奢侈品收税；增加教育和科学支出到GDP的7%，废除国家统一考试；通过有关民族国家原则的基本联邦法，指明俄罗斯族是国家的基干民族。

译者单位：中央编译局俄罗斯研究中心

普京的胜利及其对俄罗斯的影响

王秋文

2012年3月4日,俄罗斯第六届总统选举落下帷幕。根据俄中央选举委员会3月7日公布的正式统计结果:统一俄罗斯党候选人普京的得票率为63.60%,俄共主席久加诺夫为17.18%,独立参选人普罗霍罗夫为7.98%,自由民主党主席日里诺夫斯基为6.22%,公正俄罗斯党领袖米罗诺夫为3.85%。俄中央选举委员会确认,2012年俄罗斯第六届总统选举有效,俄现任总理、统一俄罗斯党候选人普京当选为新一任俄罗斯总统,任期6年。这将是普京第三次执掌克里姆林宫。

一、总统大选结果分析

3月4日投票结束当晚,初步统计结果显示,普京将以60%左右的得票率胜出。十万支持者在莫斯科市中心马涅什广场举行庆祝集会,普京出席,流泪感谢支持者,动情地高喊:我们赢了!我们赢得公正、诚实!感谢你们!光荣属于俄罗斯!"硬汉"普京的激动足以表明此次总统选举结果的来之不易。

下面对普京此次获胜的情况作一分析。

1. 支持率水平

从普京三次当选总统的情况来看,2000年的得票率为52.52%,2004年是71.31%,2012年是63.60%,此次的得票率水平居中。而投票率为65.34%,也属中等水平。

2. 得票地区分布

在大城市的得票率低,在边远地区的得票率高。在莫斯科、圣彼得堡、叶卡捷琳堡等大城市的得票率低于全国平均水平，在莫斯科的得票率仅为46.95%，未超过半数。相反在经济欠发达的边远地区得票率最高，在车臣、达吉斯坦和印古什等地得票率都超过90%以上。

3. 选民成分

核心选民是中小城市的居民以及同现政权利益相关的人，也包括那些不喜欢其他候选人的选民，当然也有部分废票。俄政治学家表示，废票也是一种态度，反对所有人也是一种选择。

有数据分析，一般执政当局提出的候选人在大城市的得票率都低于全国平均水平，2012年这一现象更加严重，大选前反对派在大城市的各种抗议活动加剧了这种趋势。如果总统选举只在大城市进行，普京可能无法在第一轮胜出。

二、俄罗斯转型政治民主经受考验

2012年的俄罗斯总统选举，与其说是选举新总统，不如说是一场对普京的支持率和信任度的全民公决。

1. 反对派的抗议运动引发了对俄罗斯政治民主的关注和质疑

从2011年12月俄议会选举后开始的大规模游行示威，一直延续到2012年3月的总统大选。3个月来，俄罗斯各地出现了各种规模的反对派游行示威和抗议集会，从抗议议会选举舞弊，发展到反对普京，不满"梅普组合"的轮流执政，提出"没有普京的俄罗斯"的口号，致使普京的支持率一度急剧下降，最低时降到50%以下。

俄国内政治形势的这种严峻程度是近年来没有的。政治民主问题成为了国际社会及媒体关注的焦点，西方媒体指责"俄罗斯民主倒退"。

对此，普京的基本态度是：（1）走上街头的"抗议运动"，这是任何国家在任何时候都可能发生的正常现象，是宪法赋予公民的权利；（2）不管总统选举结果如何，他都尊重俄罗斯人民的选择；（3）他重返克宫，不是为了长期独掌最高权力，而是为了"国家利益"。

2. 俄政府积极采取各种措施，保证选举诚实、公正、民主

为了保证总统选举的顺利进行，俄政府加大力度，采取各种措施保障选举的公正透明。

（1）加强监控。在全国约95%的投票站安装了联网摄像头监控投票过程，在1/3以上的投票站设立了透明投票箱，让民众监督投票过程，杜绝舞弊行为。

（2）增加外国观察员人数。2012年大选邀请了700名外国观察员监督投票，比2008年大选几乎多出1倍。

（3）运用新技术手段全程网络直播选举。据俄媒体称，这是"第一次数字化直播"的选举，仅此一项，耗资4.47亿美元，覆盖9.17万个投票站。在莫斯科有10万人通过6000多个摄像头实时监控3000个投票站的情况。

在此过程中，的确有摄像头拍到个别票站有造票嫌疑，其中一个位于南部达吉斯坦地区塔鲁莫夫区的第1402号票站即有造票嫌疑：有几个人站在电子票箱前，持续大把大把地把选票喂进票箱。最终中央选举委员会宣布该票站的所有选票作废。

3. 反对派抗议集会以"公民运动"的形式影响俄罗斯政治民主进程

俄罗斯是一个缺乏民主传统的国家，转型20年来，政治民主发展仍在探索中。

理论上，民主没有统一的模式，政治民主的发展必须结合本国的发展水平和文化传统，只有符合国情的政治民主才是有生命力的。只有民主意识，而无民主机制的政治民主是不完善的。在践行民主政治的俄罗斯，普京三入克宫，以及对他2018年连任的猜想，引起了俄罗斯内外关于"民主"与"专制"的忧虑，但这又是俄罗斯政治民主发展的现实社会基础，是当代俄罗斯的基本国情。

应该说，俄罗斯近期的"抗议集会"是反对派政治意见的表达，是一种从议会内到议会外的政治行动，这种形式或许会成为一种常态。这种"抗议集会"以一种"公民运动"的形式将促使俄罗斯"有所改变"，进行相应的体制改革，对俄罗斯政治民主的发展产生深刻影响。

三、普京获胜的主要原因

普京获胜,总的来说有三方面因素:一是"需要普京"的社会共识;二是无人抗衡的实力;三是理性强势的竞选策略。

自执政以来,普京的执政成绩得到充分肯定,执政理念得到基本认同。社会上已经形成了"需要普京"的基本共识。普京的强国思想和稳定发展,符合俄罗斯民众目前的基本心理需求。反对派提出的"没有普京的俄罗斯"的口号,让俄罗斯民众对没有普京的俄罗斯将面临的风险担忧,而普京支持者提出的"我们支持有普京的稳定和变化"则让俄罗斯民众相对心安,他们需要的是一个有普京的改变和稳定,这是大多数俄罗斯人的共识。

再有,无论竞选运动如何激烈,其他候选人目前还不具备与普京抗衡的实力。有个形象的说法:久加诺夫太老了,而普罗霍罗夫还太年轻。

第三,普京采取了理性强势的竞选策略,全力争取选民支持,取得了明显效果,选前支持率迅速回升。

(1)普京支持者组织声势更加浩大的"挺普"集会与反对派的"反普"集会相抗衡,显示了政治资源的力量。

(2)普京在2012年1月16日—2月27日大选前的7周时间里,以每周一篇的频率,分别在俄罗斯各大主流报纸上连续发表了《俄罗斯全力以赴——我们应该面对的挑战》、《俄罗斯的民族问题》、《我们的经济任务》、《民主与国家的质量》、《构建公正——俄罗斯的社会政策》、《变得强大:俄罗斯国家安全的保证》以及《俄罗斯与变革中的世界》7篇纲领性文章,全面深入地向选民阐述自己的执政理念和对国家未来的规划,产生了很大影响。有位研究生在接受记者采访时表示,他就是看了这些文章后才转而支持普京的。

(3)顺应科技发展,建立普京竞选网站,以便让年轻选民可以通过他们方便的途径了解普京,争取他们的支持。

(4)再次强调梅德韦杰夫出任总理,表明对统一俄罗斯党的依赖和信任。尽管2011年曾组建"人民阵线",争取支持力量,但仍以统一俄罗斯党的候选人参与竞选。

（5）临近选举前，公开向西方媒体表示：尚未考虑2018年的任期。

四、普京新任期任务艰巨，"新普京时代"决定其历史声誉

毫无疑问，普京新任期任务艰巨，兑现承诺，成为"新普京时代"的重要内容，而"新普京时代"的具体内涵将决定普京在历史上的声誉。

1. 向反对派释放善意，呼吁各政治力量开展合作

大选结束后，为了"共同努力，有效地解决国家所面临的问题"，3月5日普京立即在莫斯科城外的茹科夫卡会晤反对派候选人，日里诺夫斯基、米罗诺夫和普罗霍罗夫参加了会晤，久加诺夫受邀但拒绝出席并对选举违规行为表示抗议。普京邀请普罗霍罗夫入阁任职，但遭到拒绝。普罗霍罗夫表示，在"当下的政治体制中担当任何职务都索然无味"，他要组建一个新的右翼政党，继续参加未来的总统竞选。他认为，一个强有力的新政党可以推动国家发展，俄罗斯现在非常需要这样一种政治力量。

3月7日，普京首次以当选总统身份接受访问时发表了对反对派的看法。对于反对派走上街头，他认为"这是远远不够的"。普京表示，当反对派能够就国家发展道路提出自己的建议并证明其具有吸引力时，反对派就能成为实际的政治力量。因此，如何与反对派进行建设性合作，是普京新任期的重要任务。

2. 影响俄罗斯政治民主发展的制约因素仍将长期存在

任何国家政治民主的运行机制只有在各种政治力量、政治思想保持动态平衡的前提下才能正常发挥作用，目前俄罗斯仍然存在政治民主发展的制约因素。

首先，俄罗斯目前的多党机制还不成熟。一方面，统一俄罗斯党一党独大的局面，使俄政党政治的发展受到严重制约；另一方面，2011年梅德韦杰夫提出的简化政党登记的建议将政党最低人数的限制极大幅度地降低（从4万人降到500人），是否又将走向另一个极端，重新陷入党派混乱，党派丛生的局面，俄罗斯的政党政治依然面临严峻挑战。

其次，俄罗斯根深蒂固的强权政治传统和大国情结，崇尚领袖个人魅力，对

政治民主产生直接影响，也将直接影响"新普京时代"的发展。

第三，总统选举的政治硝烟正在消散，但俄反对派仍在筹划准备于5月7日新总统正式宣誓就任前的5月5日举行"百万大游行"抗议活动。因此，选后的抗议集会虽然声势有所消退，但并未停息。看来，俄罗斯政治民主的发展仍将是一个长期的过程。

3. 未来政策的方向

如果把普京的7篇纲领性文章概括为"新普京主义"，那么新普京时代的政策方向已经基本清晰。首先是稳健的政治改革。大规模的集会浪潮表明俄罗斯民众主动参与国家政治生活的意识正在加强，反对派要求国家推进政治体制改革的愿望日益迫切。

普京主动作出的缓和姿态，可以证明其适度推进政治改革的承诺；其次是确保经济增长和社会保障建设，使俄罗斯国内经济社会发展任务变得更加艰巨；第三是推动平衡务实外交，多元化的平衡外交难度不断增大。总体上普京的改革将保持近年来俄罗斯内政外交的延续性，是稳健的和循序渐进的。新普京时代的政策执行得如何将决定其在历史上的声誉。

资料来源：
① http：//putin2012.ru/
② http：//www.government.ru/
③ http：//rusnews.cn/
④ http：//news.sohu.com/2012/ru/

作者单位：中央编译局俄罗斯研究中心

公正俄罗斯党往何处去？

李兴耕

在2012年3月4日俄罗斯总统大选中，公正俄罗斯党领袖米罗诺夫只获得276万张选票，得票率为3.85%，比该党去年杜马选举中获得的862万张选票和13.24%的得票率减少了近600万张选票和10个百分点的得票率，落到垫底位置。这对公正俄罗斯党来说是一个重大挫折。今后公正俄罗斯党往何处去？其发展前景如何？俄罗斯媒体对此作了广泛评论。

一、米罗诺夫遭到重挫的原因

米罗诺夫在总统大选中遭到重挫的原因至少有以下三个方面：第一，原先在杜马选举中支持公正俄罗斯党的许多选民，在总统大选中转而把选票投给了普京；第二，属于右翼自由派的俄罗斯亿万富翁普罗霍罗夫作为独立候选人参加竞选，夺走了米罗诺夫的许多选票；第三，公正俄罗斯党的思想混乱和组织涣散则是该党遭到重挫的内部原因。

公正俄罗斯党是由原俄罗斯生活党、祖国党、退休者党、社会主义统一党以及"绿色"生态党等联合而成。在第六届国家杜马选举前，该党内部围绕是否支持普京领导的人民阵线展开激烈争论。公正俄罗斯党创始人之一、第五届杜马副主席、原祖国党领导人亚·巴巴科夫于2011年7月21日宣布退党并加入人民阵线。公正俄罗斯党杜马党团副主席、原社会主义统一党领导人舍斯塔科夫也宣布退党并支持普京。在总统大选前，该党内部分歧加剧，引发了新的退党浪潮。

2012年2月28日，原退休者党领导人佐托夫在公正俄罗斯党杜马党团会议上宣布，2012年4月7日将召开俄罗斯退休者党重建大会。原退休者党成员急于召开重建大会，是因为国家杜马在2月27日一读通过了降低政党登记最低党员人数的法案，把原先规定的4万人减少到500人，下调了整整80倍。2月29日，由原退休者党成员组成的"俄罗斯退休者争取公正"社会运动在莫斯科召开中央理事会会议，作出了召开退休者党重建大会的决定。佐托夫宣称："为了防止有的政治骗子征集500人就宣布成立退休者党进行招摇撞骗，我们准备按照老的政党登记法进行注册。"他还说，"俄罗斯退休者争取公正"社会运动现有64个地区分部，完全具有政党登记资格。他指出，迄今为止俄罗斯没有一支真正捍卫广大退休人员利益的政治力量，因此决定把"让我们自己保护自己！"作为党的口号。佐托夫表示在总统大选中将支持普京。"俄罗斯退休者争取公正"社会运动在奥廖尔州、加里宁格勒州、列宁格勒州和楚瓦什等地的基层组织领导人也都宣布支持普京。为了保留自己的议员席位，佐托夫没有立即宣布退党。假如公正俄罗斯党开除他的党籍，他仍然可以继续担任杜马议员。

到目前为止，在参与创建公正俄罗斯党或后来与之联合的政党中，原祖国党、退休者党、社会主义统一党、"绿色"生态党的成员已经公开宣布与该党分道扬镳。原祖国党领导人罗戈津在2011年9月建立了社会政治组织"祖国—俄罗斯公社大会"，并加入了普京领导的人民阵线。罗戈津本人被任命为政府副总理。2008年加入公正俄罗斯党的"绿色"生态党也于2012年2月宣布退党并支持普京。俄罗斯媒体对此评论说，公正俄罗斯党又回到了"原点"。

目前除了米罗诺夫的嫡系，原先的生活党成员外，原人民党领导人古德科夫及其儿子小古德科夫等仍留在公正俄罗斯党内，但他们与党的领导人米罗诺夫和列维切夫的关系龃龉，很不和谐。古德科夫在杜马选举以及总统大选后积极参加了体制外反对派抗议选举舞弊的街头示威活动，拒绝承认总统大选结果，采取与公正俄罗斯党领导人不一致的立场。米罗诺夫公开宣布承认总统大选的合法性并向普京获胜表示祝贺。有俄罗斯媒体报道，古德科夫及其儿子已被公正俄罗斯党开除，但古德科夫本人否认了这一点。古德科夫与乌达利佐夫领导的未登记的

"左翼阵线"有密切联系，一起参加街头抗议活动，声称要以公正俄罗斯党、俄共、亚博卢党和"左翼联盟"为基础建立"联合社会民主党"。

二、公正俄罗斯党往何处去？

在杜马选举和总统大选过程中，公正俄罗斯党曾经与俄共协商，派遣观察员到各投票站进行监督。杜马选举后，两党一致谴责选举舞弊，要求中央选举委员会主席丘罗夫辞职。但是两党都不准备放弃获得的杜马议席，同时力图与亲西方的体制外反对派街头抗议活动划清界限，反对在俄罗斯搞"颜色革命"。

在总统大选之前，米罗诺夫在"俄罗斯广播电台"的辩论节目中宣称："我绝对相信，我们公正俄罗斯党与俄共两党的联合具有历史必然性。我认为，联合应在社会主义纲领和社会民主主义纲领的基础上实现。"在他看来，两党之间的共同之处远远多于分歧。米罗诺夫还表示，假如总统大选进入第二轮投票，公正俄罗斯党将支持久加诺夫。俄共领导人也表示，如果久加诺夫当选俄罗斯总统，将支持米罗诺夫出任国家杜马主席。

显然，这是投桃报李的政治交易，实际上只是一张空头支票，根本不可能变成现实。至于米罗诺夫所提出的两党在社会主义和社会民主主义纲领基础上联合的设想，可能性极小。米罗诺夫本人也说，久加诺夫一直坚持两党联合必须建立在俄共纲领的基础之上，公正俄罗斯党则拒绝接受这一主张。

两党对于总统大选结果的态度也不一样。久加诺夫严厉谴责这次大选是一次"最肮脏的选举"。他拒绝了普京发来的与所有总统候选人会见的邀请。而米罗诺夫则公开承认总统大选结果的合法性，并愉快地参加了与普京的会见。这显示了两党对普京态度的不同。如果说俄共坚持对普京采取"不妥协反对派"立场，公正俄罗斯党则对执政当局采取"小骂大帮忙"的实用主义态度，持"建设性反对派"立场。

在俄罗斯政治舞台上，公正俄罗斯党除了受到执政党的压力外，还受到来自左右两方面的挤压：左的方面是俄共，右的方面则主要是以普罗霍罗夫为新代表的右翼自由派。新的政党登记法案实施后，由于组建政党的门槛大大降低，俄罗斯可能会涌现大批新政党，从而对公正俄罗斯党带来冲击。然而仍然只会有少数政党能够在议会选举中达到5%的得票率门槛而进入下一届杜马。总的来看，公正俄罗斯党的前景充满了不确定性，就像该党在选举中得票率忽高忽低、变化无常所显示的那样。公正俄罗斯党今后的命运有待进一步观察。

资料来源：

①Игорь Кулагин："Справедливая Россия" останется без пенсионеров/ www. pravda. ru/ 29. 02. 2012.

②Антон Куликов: Гудков снова предупрежден. И опять в последний раз / www. pravda. ru/ 15. 03. 2012.

③俄新网莫斯科3月12日电。

④www. newsru. com / В России / 22feb2012/ mirozug. html.

作者单位：中央编译局俄罗斯研究中心

反对派与总统大选

塔·斯坦诺娃娅 著　高晓惠 摘译

2012年3月4日，俄罗斯完成了总统选举。俄罗斯政治技术中心分析部主任塔·斯坦诺娃娅（Т. Становая）在http：//www. politcom. com 上于3月5日和19日连续发表文章谈总统大选的结果，现将其中的两篇摘译如下。

普京的胜利与反对派的策略

此次总统选举是在政治形势发生根本改变、抗议积极性增长、体制内反对派显露危机的背景下进行的。五位参选者当中只有一位新人——普罗霍罗夫，他希望城市中产阶层这一抗议活动的基本群体对他抱有好感。此外，"不变的"久加诺夫和日里诺夫斯基只是未参加2004年总统大选。至于米罗诺夫作为普京的"陪衬"仅参加了2004年的总统竞选，但如今他也在开展独立的批评当局的运动。

此次选举被看做普京"第三轮任期"（有些人认为实际也是第四轮任期）的开始。在社会学家看来，正是普京在2011年9月统一俄罗斯党代表大会上断然宣布回归的决定，成为"中产阶级"愤怒不已的原因，他们对杜马选举舞弊的事实反应也十分激烈。如果说在9月前，在自由派的梅德韦杰夫和保守派的普京之间还存在某种选择的话，那么在这之后选择问题已经不存在了。缺乏选择，害怕停滞，对于近些年日益政治化的社会积极阶层来说，是此次选举最主要的心理因素。

当中央选举委员会决定拒绝"亚博卢"领袖亚夫林斯基登记为总统候选人

时，这个问题日益加剧，因为莫斯科街头抗议者中有不少人支持他。另一位候选人普罗霍罗夫"被推荐"给抗议者，普罗霍罗夫虽然与"选民联盟"合作，但事实上完全扮演体制内的角色，在自己的竞选运动中拒绝发表反普京的言论。左派反对派则支持久加诺夫（俄共领袖和"左翼阵线"领袖乌达利佐夫之间达成了某种协议）。

因此，在社会求变心切的背景下，竞选不再像过去那样走走形式，而具有了可能性，因为近期政党竞争越来越激烈，一方面党在同新的竞争者斗争时要捍卫自己的立场，一方面也要进行积极的扩张。同时，普京的所有竞争者都竭力在同情"街头"反对派和效忠当局之间搞平衡。反对派候选人同"选民联盟"合作，米罗诺夫这位反对派当中与当局关系最密切的人也与普京保持了距离，即使一向效忠的日里诺夫斯基也认为必须向集会者"传递某种信号"，说他将参加莫斯科反对派的行动。但是，他们中的任何人都没有在2月4日的博罗特纳亚广场的集会上发表讲话，只有普罗霍罗夫参加了沿亚基曼卡街行进的示威。但是他十分谨慎，起初他的纲领中有攻击普京执政结果的内容，后来他放弃了这个看起来太"招摇"的做法。

只有久加诺夫在3月4日夜宣布不承认选举结果，声明它不合法。普罗霍罗夫只是尖锐批评了有选举舞弊的行为。至于日里诺夫斯基和米罗诺夫，他们承认选举结果并祝贺普京。

与2004年选举相比，现在社会在很大程度上更多极化。存在消极的多数，他们支持（并多多少少喜欢）现总理，也存在日益积极起来的少数，他们很早就对"民族领袖"抱冷淡态度。城市中产阶层的积极活动，最近的主要任务是抗议选举舞弊，这决定了竞选运动的性质。

这也影响到普京竞选运动的性质。首先，克里姆林宫宣布进行切实的重要的政治改革，选举法和政党体制自由化，同时又竭力把可能的让步降到最低。其次，当局以更大规模更具挑衅性的支持普京的行动来应对大规模的抗议活动。在中央电视频道放映几位候选人的宣传片，而有关普京执政全部经历的宣传片，其规模是前所未有的。

总理没有以个人名义公布统一的竞选纲领，只在联邦级的报纸上发表7篇文章，阐述国家政策的主要问题。总理的主要方向是继续现有方针，走渐进式发展道路，优先发展的方向是社会和政治稳定，经济现代化，武装力量重组。普京支持梅德韦杰夫总统开始的一系列改革（政治改革、刑法改革、司法改革），但对其他改革态度冷淡。如普京对国有公司更抱有好感，在私有化问题上比总统更谨慎。

实际上，选举超出了选票的范围，普京和体制外反对派的斗争变成了体制内的政权问题。社会实际上作出选择：是普京，还是"革命"和"内战"。

在这一背景下，选举的赌注是围绕着会不会进入第二轮来展开的。在竞选运动开始时，克里姆林宫根据一切情形判断不排除有这种可能性，甚至为此做着准备。后来情况发生了变化，普京支持率上升这样的社会调查数据促成了这种变化，俯首山支持普京的集会更巩固了这一变化，当时当局毫不费力地就动员了13万人（这是官方的统计，反对派的统计是约9万人）。当时当局的话语已经彻底改变了，已经公开表示第一轮就会获胜。普京的任务就是保持住"民族领袖"的非正式地位。

主要的角力发生在选举前的最后一个星期：普京先同自己的支持者，然后同外国媒体的代表见面。见面的结果给人留下强烈的印象，普京对自己在第一轮中获胜，对自己的正义性充满信心。普京从来没有消除对待反对派的消极态度。他起初把反对派划分为拿美国人钱的猿人（《丛林故事》中虚构的猿人形象）和成熟的、有积极因素的公民社会，而在竞选运动末期，普京的话语就变得强硬了，最典型的就是他2月29日同自己的支持者见面时的讲话。当时他指责反对派准备挑衅，指责他们破坏制度的稳定，把责任推到当局身上。

但是，"俄罗斯的卢卡申科"对于普京来说也造成极大的不便，至少在同外国人打交道时：总理在同外国记者见面时经常要弱化他对反对派的态度，确认准备将梅德韦杰夫开始的自由改革进行到底。选举后，佩斯科夫很快表示赞同同反对派对话。根据总理新闻发言人的说法，当局将努力"赶上更成熟公民社会的水平"，同时他指出，"将不会再现戈尔巴乔夫的自由主义大发作"。

选举之后，主要的斗争目标转移到选举舞弊问题上。

有几个组织独立地监督违规行为和统计违规票。在"呼声"协会的支持下创立的互联网组织"违规图"统计有超过3000张违规票。"俄罗斯选举"组织在当天中午统计的结果是约2700张，这是该方案的组织者纳瓦尔内通知给"莫斯科之声"电台的。"2012观察"通报有差不多4000张。"选民联盟"的统计是在全国有超过3000张。这些观察的材料虽然证明普京的得票率比官方宣布的要低，但仍能保证在第一轮获胜。而同时中央选举委员会通报说只收到86份投诉。北高加索投票给普京的结果和以往一样仍然很高，这同样降低了选举的可信度。

对于当局来说，主要的任务是减弱对反对派的信任，指责他们自己舞弊并用各种合法和不合法的手段搞"橙色革命"，包括公开的犯罪。当局重新采取更大规模的支持者行动来对抗反对派的大规模行动。不过，在投票策略上，反对派领袖分裂了。"亚博卢"党特别声明，勾掉选票上所有候选人的名字，然后填上亚夫林斯基的名字。雷日科夫、卡西亚诺夫和涅姆佐夫以及部分"选民联盟"的人也同意这样做，但没说投谁。纳瓦尔内提出另一个策略：只要不投普京，随便投其他哪位候选人都行。卡斯帕罗夫支持这一策略。纳瓦尔内认为，支持任何一位普京的竞争者，都会令当局格外紧张。但结果，废票数同杜马选举时一样很低，证明这一策略的失败。

因此，选举的主要赌注完全不在于第二轮，而是当局和观察员对于舞弊的立场谁更令人信服。换句话说，在公民积极性增长，即大量观察员在各投票点实施监督以及大量选票投给普罗霍罗夫的条件下，每一方将会长期坚决捍卫自己的正义性。普京高开的结果强烈地刺激议会外反对派采取更积极的行动。这意味着，普京和反普京的政治斗争还未结束。

总统大选后政党的发展

筹备中的"政党体制自由化"极大地刺激了俄罗斯的政党建设。据报道，已有68个组织准备向司法部递交政党登记申请。据司法部的材料，2011年底，当梅德韦杰夫总统声明打算降低政党登记门槛后不久，就成立了24个组委会，仅在2012年2月份就又成立了28个组委会。近期政党制度可能发生显著变化，不仅涉及体制外反对派，也涉及议会党。

3月12日，莫斯科举行例行工作会议，由总统办公厅第一副主任沃洛金主持，会上讨论了政党法修正案的问题。反对派担心，当局会从一个极端走向另一个极端。这将导致出现许多属于破坏者或者"杀人党"性质的小党，其目标是破坏真正反对派的威信。

总统关于简化政党登记手续的建议是在2011年总统的国情咨文中提出的，在杜马选举之后和大规模抗议活动开始的时候。政党最低人数的降幅很大，从4万人降到500人。在这种背景下，反对派会遇到另一个问题，即在政党间发生的激烈竞争，不是同几个大的政党，而是同几十个小党进行竞争。克里姆林宫早有在这种条件下工作的经验，在2003年强化政党立法前，俄罗斯有130个以上的党，后来数量减少到50个左右，再后来到2004年底要求政党人数至少为5万人时，政党数量急剧减少，到如今仅有7个在司法部登记的政党。

不过，最低数量要求未达标完全不是拒绝登记的唯一标准。比如拒绝人民自由党登记的理由是，组织章程不符合政党法，没有规定集体机关领导人的轮替制，以个人执行机关代替集体执行机关，等等。

目前的自由化，一方面并不能保证建立政党登记正常的通告制度，在对待具体政党方面，当局还保留通过一系列政治决定的行政可能性。另一方面，虽然为出现许多游戏者创造了条件，但克里姆林宫对政党的数量和性质仍将是可控的。比如，在立法中不会取消拒绝登记的可能条件，如党章不符合法律的要求；如果政党的人数减少或没有提供党员名单，司法部及其地方机关可以取缔政党。

因此，比如正义事业党和俄共或者坚决要求将政党数量最低值提高到5000人，或者依据选举的结果区分对待。但沃洛金认为后者不可能。俄共的一位人士说，500人的数字本身并不特别让人不安，关键是是否允许建立政党联盟，恐怕这不会得到支持。关于建立政党联盟的问题，确实是个原则性问题，而且对体制内外的反对派都有利。比如，俄共已经具有同左翼阵线乌达利佐夫合作的经验。卡西亚诺夫已经在3月5日的集会上谈及亚博卢、人民自由党和普罗霍罗夫未来的党建立联盟的可能性。据报,克里姆林宫对这两个问题都不会回应,但不排除日后有讨论建立政党联盟的可能。

这样,议会内政党不得不适应更激烈竞争的新条件,首先这是指公正俄罗斯党,因为党内有人(如波诺马廖夫、古德科夫等)主张同体制外反对派建立更密切的联系。简化登记的客观可能性将加剧党内冲突。米罗诺夫就指责古德科夫在反对派集会上的讲话不合法,并向他发出最后警告。与古德科夫不同,米罗诺夫承认总统选举的结果,称普京的胜利是客观的和可信的。公正俄罗斯党未来的命运,从政党制度未来的格局来看,十分重要。目前形成了两个大的政治集团——中左派(从古德科夫到乌达利佐夫)和自由派(从普罗霍罗夫到雷日科夫的共和派和人民自由党)。在这两大集团中会出现各种情况,如果宣布一体化,如公正俄罗斯党和共和党可能建议在几个党的基础上联合参加秋季的地方选举,也有可能因为客观存在的分歧和各个领袖的野心而反对一体化。

首先,克里姆林宫会逐渐走向管理政党制度的旧逻辑,即政党制度化的主要标准,与其说是其意识形态纲领,不如说是同当局的关系。克里姆林宫善于建立或促成建立右翼政党方案(正义事业党、俄罗斯民主党、自由俄罗斯党),或左翼爱国政党方案(祖国党、人民意志党、俄罗斯爱国者党)。

2004年前,当时政党立法很强硬,除现有政党外还存在着各种"阻流器"或"技术型政党"。有俄共的"阻流器",它们的选民队伍很少,但就是为了反对久加诺夫而成立的。有自由派的"阻流器",比如2007年出现的公民力量党(与右翼力量联盟党竞争,结果在右翼力量联盟的反对派、公民力量党和俄罗斯民主党的基础上建立了亲克里姆林宫的正义事业党)。公民力量党同时与统一俄罗斯、公正俄罗斯和俄罗斯农业党在2007年一道支持梅德韦杰夫竞选总统。2012年2月该党召开代表大会,准备重新向司法部递交申请。从政党立法自由化一开始,将回复到"肮脏的"政党竞争的水平。比如,与雷日科夫的共和党没有任何关系的共和党将要求登记。双生现象,这一同反对派结构斗争的传统"武器"可能将重新得到利用。

现在清楚的是，克里姆林宫在为恢复2003年前存在的旧政党制度创造条件。但还不清楚的是，在实践中，将在何种程度上利用新颁布的法律。当局不排除遵循"人为管制"的逻辑，将极力根据政党登记中的每一具体情况来通过决定，不过，主要的反对派组织仍会获准登记，如左翼阵线、共和党、人民自由党、普罗霍罗夫的党。另一个问题是，这些党将被置于这样的竞争环境下，即克里姆林宫拥有对抗反对派的主要资源。如果说在大规模抗议前，"党外"反对派被排除出选举过程，那么此后它们的可能性仍将是有限的。

译者单位：中央编译局俄罗斯研究中心

普罗霍罗夫的从政历程

高晓惠

俄罗斯总统大选已经落幕,新当选总统普京也已宣誓就职,而曾经的总统候选人米哈伊尔·德米特里耶维奇·普罗霍罗夫,还值不值得让人们了解更多,解读更多呢?从俄罗斯媒体报道的频率看,普罗霍罗夫并没有消失,而且在自由主义阵营中,普罗霍罗夫仍作为一个重要因素而存在着。普罗霍罗夫之所以进入人们的视野,是从他2011年9月起进入俄罗斯自由派政党正义事业党并且担任党的领袖开始的。此前,普罗霍罗夫是俄罗斯著名的寡头,在《福布斯》杂志公布的2011年俄罗斯富豪榜上,46岁的普罗霍罗夫排名第三,身价约为180亿美元。这样一个寡头进入政坛,自然引人注目,因此,普罗霍罗夫从政近一年来的历程以及前景如何,颇值得研究。

正义事业党时期

2011年6月25日,在正义事业党非常代表大会上,普罗霍罗夫加入该党并被一致推选为党的领袖,任期4年。在代表大会当天,普罗霍罗夫发表讲话说,"我们将成为有效的政权党,我们的时间不多,让我们干吧,为了我们正义的事业。"他认为,党的选民应该是年轻人,年轻人愿意选择自己该怎样生活,我们将提供这种可能。"我不认为我们应该是商人或知识分子的党。我们要面向家庭中的主人,无论男人还是女人。"

普罗霍罗夫上任后的主要任务是领导党参加第六届国家杜马选举,他在多种场合表示,他将带领党取得此次选举的胜利并在选举中获得15%的选票。他并且憧憬说，如果能获得如此多的选票，党就应该提出自己的总统候选人人选；如果得到10%—12%，那么可以竞争政府和杜马中的职位。普罗霍罗夫认为，党如果能够正确地表达自己的立场，就能达到这样的目标。普罗霍罗夫上任后并不隐瞒他将对党进行改革，首先就是修改党章：提出取消党的共同主席制，设立党领袖的职位——这也是他上任的条件；缩减党的联邦政治委员会的人数，从32人减少到11人。

普罗霍罗夫出任正义事业党领袖的消息一出，即引起极大关注，同时产生了他为什么要从政的问题。在接受《福布斯》采访时他这样解释道："在2011年三四月，当我们考虑奥涅西姆（ONEXIM）近十年的发展战略时，我们看到，如果再不进行重大变革，如税制改革，那么商业活动的价值将大大下降。商人这个职业在俄罗斯也将打折扣。怎么办？""应从另一角度考虑问题，应投身政治以便从内部摧毁这个体制。"他说，他从政完全出于自愿，完全是自己的选择，没有同任何人协商过。但是，作为一个已经相当成功的商人，普罗霍罗夫为什么要进入政治空间，他从事政治活动是不是克宫的计划，这样的疑问从未停止过，而他本人断然否认这一点。

然而，出乎意料的是，到9月初，在正义事业党计划于14—15日召开杜马选举前的例行代表大会前，就有报道称该党一些地方党组织对普罗霍罗夫担任党领袖表示不满。一些地方党组织质疑普罗霍罗夫滥用赋予他的权力。普罗霍罗夫在准备杜马选举时，把一些有争议的人拉入党的竞选总部并列入党的竞选名单。

9月14日，普罗霍罗夫表示，正义事业党一些党员试图在代表大会上搞突袭。这样，在15日当天，正义事业党举行了两个代表大会，即普罗霍罗夫的支持者和反对者的代表大会。在支持者大会上，普罗霍罗夫号召自己的支持者退党，另建新党。而在反对者大会上，普罗霍罗夫被解除了领袖职务，原执行委员会主席安·杜纳耶夫当选党主席。

普罗霍罗夫初登政治舞台即遭受挫折，其直接原因在党内。首先，普罗霍罗夫接手正义事业党时，党已经出现生存危机，当时党内改组、呼唤新领袖之声不绝于耳。此间多次传出政府要员、时任财长的库德林和副总理舒瓦洛夫将领导党的消息，但他们二人均否认了这一传闻。其次，正义事业党内部的分化。在党内，有明确的亲克宫者，也有持较为反对派立场的人，因而对普罗霍罗夫的态度也便不同。党内元老纳杰日金对普罗霍罗夫抱有极大希望，认为党将会有自己的前景。但是，希望很快就破灭了。有评论说，正义事业党的领袖之变使俄罗斯自由主义从悲剧变成了闹剧。不过，这里有没有克宫的操纵这样更隐秘更深层的原因，还有待证实。

总统竞选时期

有分析家推测说，普罗霍罗夫在受挫后退出政界的可能性很大。然而在政治舞台上消失了3个月后，普罗霍罗夫又露面了。12月8日，杜马选举结束后，他在自己的博客中对此次杜马选举作了点评，他认可选举的结果，认为"普京在某种程度上是目前能够管理这个效率不高的国家机器的唯一人选"。普罗霍罗夫说，俄罗斯发生革命总是导致人的牺牲，降低人民生活水平，因此他反对革命。

12月12日，普罗霍罗夫宣布自己作出了"可能是一生中最重大的决定"，即竞选总统，他称自己的选民是"广义上的中产阶级"，宣布打算"从最基层的地方开始建设一个有长远前景的新党"。2012年1月18日，普罗霍罗夫按法律规定提交200万支持者签名，遂被登记为总统候选人。在此次总统竞选的5位候选人中，普罗霍罗夫是当之无愧的新人，其他都是老面孔。普罗霍罗夫对竞选对手区别对待。他曾承认普京无可替代，但对其他候选人则毫不客气。普罗霍罗夫说俄共领袖久加诺夫、公正俄罗斯党领袖米罗诺夫和自由民主党领袖日里诺夫斯基并不是反对派，说他们"20年来一直是克里姆林宫的代理人"。不过，随着俄罗斯抗议活动的深入，普罗霍罗夫也不得不对普京作出自己的表态。普罗霍罗夫1月31日在接受报纸网在线采访时说："唯一令我感兴趣的问题是：我想请教普京，执政12年对他来说难道还不够吗？我认为，该是为年轻人让路的时候了。"

普罗霍罗夫参加总统竞选的口号曾是"真理的力量"，后改为"舍我其谁"。他的竞选纲领《真正的未来》于1月20日公布。在纲领的开篇他表示坚信民主的基本原则：不是人服务于权力，而是权力服务于人。目前国家的现状问题多多，到了该改变的时候了。普罗霍罗夫的竞选纲领包括政治、经济、社会诸方面。在政治领域，限制总统和州长的任期，最多两届，总统任期4年；恢复地方长官直选；简化政党登记手续，允许形成竞选联盟，降低政党进入杜马的门槛为3%，恢复杜马选举的混合选举制，恢复反对所有人选项，提前举行下一届杜马选举，让权力机构退出选举委员会，扩大杜马的权力，赋予杜马任命政府官员的人事权，等等。在经济领域，提高竞争在国家经济生活中的作用，降低国家作为经营主体对经济的参与，拆除国有企业体系；同垄断作斗争，稳定原料、电能等领域的税率；为高技术人才提供就业岗位；取消战略部门概念，允许私人资本进入基础设施工程，包括铁路、公路、管线、机场等，刺激中小商业活动的发展；大赦经济犯，等等。在权力领域，对国家权力机关进行改革，进行司法改革，同腐败行为作坚决斗争。在社会政策领域，增加对卫生保健、文化和教育的投资；保证新闻自由，国家不得控股广播电视台，等等。整体上看，普罗霍罗夫的竞选纲领具有典型的自由主义特征，可以说普罗霍罗夫是总统候选人中唯一代表自由主义声音的人。但是，他能否在其竞选纲领的基础上联合起俄国内既存的民主派和自由派力量，还是个问题。

普罗霍罗夫竞选总统实际上是重在参与，不过他的得票率为7.82%，位列第三，而在莫斯科的成绩更佳，得到20.21%，因此俄罗斯舆论普遍评价说，他虽然是第三，但实际上是第二。

与当局的关系和普京的态度

在俄罗斯政治中，这个问题是不能回避的。亿万富翁普罗霍罗夫进入政界，这本身就是个轰动事件。大多数人认为，普罗霍罗夫进入政界完全是克宫的操盘，或者说得缓和些，是有克宫的参与。

在普罗霍罗夫有意参与正义事业党之初，党的元老纳杰日金就与克宫商议并得到了克宫的首肯。然而，历经近3个月，普罗霍罗夫的表现不能令克宫满意，因此克宫一手操纵正义事业党罢免了普罗霍罗夫。而普罗霍罗夫针对时任总统办公厅第一副主任苏尔科夫的言论也间接地证明了这一点。普罗霍罗夫称他是玩弄国家整个政治体制的克宫的操盘手，直接导致了他在正义事业党中活动的失败，表示他将不遗余力地使苏尔科夫辞职。

2011年年底，普罗霍罗夫宣布竞选总统，这一举动也同样可以克宫操纵来解释。政治学家德·奥列什金说，普罗霍罗夫绝不是个小人物，他参选总统这么大的事情肯定要得到克宫的认可。俄政治研究所所长谢·马尔科夫说，普罗霍罗夫参加竞选，是为了加强总统竞选的合法性。反对派政治家涅姆佐夫说：普罗霍罗夫的任务是帮助普京赢得大选。他说，他们之间有协议。俄罗斯任何一个富豪都绝对不会去从政，因为他知道这样做的风险有多大。俄国际政治鉴定研究所主任叶·明琴科相信，如果不是克宫的需要，普罗霍罗夫决不可能在这么短的时间内征集到200万支持者的签名。

普京在2011年底的年度连线中回答有关普罗霍罗夫的问题时也说："他的所作所为是符合法律、宪法的，任何人都有权这样做。他是一个始终如一的、不退让的人。我理解他的决定，他是要利用新的平台来推行他认为有利于我国发展的正确思想。"普京甚至这样评价说："我不想祝愿他获胜，因为我也打算推举自己为候选人，但我相信，他将是一个值得尊敬的、强有力的竞争对手。"

在总统竞选结束后，普京以当选总统的身份会见了几位参选人，久加诺夫拒绝参加。在会见中，普京说普罗霍罗夫的竞选运动是有成效的和有意思的，祝愿他在组建新党过程中取得成绩。普罗霍罗夫表示，他将创建新的政治力量，以回报550万选民对他的信任。普京对此加以肯定，他说："我认为，如果您实现自己的建党计划，那我们就有了进行建设性对话的基础。"普京对反对派一直抱有一种不大友好的态度，但他对普罗霍罗夫的态度似乎证明，普京需要像普罗霍罗夫这样一个可控的寡头。

普罗霍罗夫的党何时能够建成

普罗霍罗夫退出正义事业党时就声明要组建自己的政治力量。他在决定参加总统竞选时，也表示如果竞选失败他将组建自己的政党，一个全新的、俄罗斯从未有过的网络政党。梅德韦杰夫总统在任时提出的简化政党登记程序的改革已经生效，这对俄罗斯政党政治的发展是一个刺激，已经有不少新政党申请登记。普罗霍罗夫的党，这已经是俄罗斯媒体对普罗霍罗夫欲建立的党的通用称呼。那么，许诺中的、期待中的普罗霍罗夫的党的组建进展如何呢？

3月初，普罗霍罗夫表示，计划在两个月内进行政党注册。3月19日，普罗霍罗夫在博客上发文说，建党的第一阶段将着重各地区的党建工作和选拔地方组织的领导人。3月22日，普罗霍罗夫开通一个投票网站 http://mdp2012.ru/，为自己创建的政党征集名称。到目前已有超过4.5万个方案。

普罗霍罗夫在筹建过程中多次强调建党不会一蹴而就，因此在4月4日，他在博客中提出，在筹建政党的同时先建立一个公民平台，以便团结那些不准备或根本不打算加入党的人。

4月23日，普罗霍罗夫又发表博文指出建党过程的复杂性。他说，"建立一个大的网络结构永远是一个有一定之规的工作，要花费许多时间……一切严肃的社会运动和政党都要长久地、深思熟虑地，经过负责任的和有信念的人全力以赴的努力才能建立起来。迅速并轰轰烈烈建立起来的往往是许多人为方案。而这些方案现在何在呢？……我认为操之过急是不正确的。我们有时间，我们要认真并深思熟虑地推进我们的工作。"

由此看来，普罗霍罗夫的党的成立还有待时日。同时，还应看到，普罗霍罗夫的党，决不是孤立的，还将面对与其他自由主义政党的关系问题。而整个自由主义阵营内部各个政党和运动的整合，始终是俄罗斯自由主义发展中存在的难以破解的问题。在简化政党登记的新法的促进下，自由主义运动可能会出现一些新党，这将会加强其自身力量，还是又将发生新的分化，都还是未知数。

普罗霍罗夫从政，他拥有什么资源呢？首先是雄厚的财力资源，其次有个人魅力，口才不错，再是有人脉，据说他在圣彼得堡经商时就与普京和梅德韦杰夫相识。他最大的软肋是严重缺乏从政经验。不过也有分析家认为，累积政治经验固然重要，但在俄罗斯更重要的是与当局的关系。曾经也想染指政治的大寡头霍多尔科夫斯基就是一个前车之鉴，由于他威胁到了当局，最终落得个身陷囹圄的下场。观察目前的俄罗斯形势，社会上，尤其是在中产阶级中涌动着不满情绪以及对新人的渴望，这也让当局感到某种压力，所以当局，尤其是普京要作出进行改革尤其是政治自由化的姿态，从某种意义上说当局需要普罗霍罗夫这样一个人物。这样看来，普罗霍罗夫是有政治前景的，接下来就是要看他如何利用自己的资源，如何累积政治经验，并最终在俄罗斯政治舞台上有所作为。

资料来源：

① http：//mdp2012.ru.
② http：//md-prokhorov.livejournal.com.
③ http：//www.ng.ru/politics/2011-09-13/1_pravdelo.html.
④ http：//www.forbes.ru/sobytiya/lyudi/78858-mihail-prohorov-politika-lozh-i-milliardy.
⑤ http：//m.gazeta.ru/interview/nm/s3978101.shtml.

作者单位：中央编译局俄罗斯研究中心

政党・政治

普京会见外国学者谈经济和政治问题

盛世良

2012年10月25日晚上5—7时，普京总统在莫斯科郊外的诺沃奥加廖沃官邸会见出席瓦尔代国际辩论俱乐部年会的外国学者，并回答了他们的问题。同以往一样，回答问题以工作晚餐的方式进行。

瓦尔代俱乐部是普京委托国家通讯社俄新社以及俄罗斯外交和国防政策理事会举办的外国"俄罗斯通"非政府组织，从2004年起，每年秋季举行年会，讨论涉俄重大问题。2012年的议题是"未来诞生于今日：2030年前俄罗斯经济发展的几种可能方案"。与会的四十多名外国专家以西方学者为主，他们中的多数对俄罗斯经济前景表示悲观，认为俄罗斯主要出口商品油气和原材料价格难以持续坚挺，建立有利于经济发展的政治新机制举步维艰，毫不掩饰对普京长期执政前景的失望和反感。

此前8次会见，普京都自己点名外国学者现场提问。这次则先由分别来自德国、加拿大和美国的3名代表，汇集外国学者问题，归总后向普京提出。普京答问的主要内容如下。

加深俄中经济合作

我注意到，中国现正在适当压低经济增长的速度，适当压缩投资增长的规模。这都是正确的，有利于避免经济泡沫，并不意味着经济出现严重问题。中国与欧美的贸易额略有下降。这些都没有什么可怕，不会影响俄中长期合作。

中国是世界第二大经济体,我们希望它的经济继续高速发展。中国是俄罗斯第一大贸易伙伴,俄中贸易额2011年达到830亿美元,高于俄德贸易额(720亿美元)。俄罗斯当然希望跟中国多做买卖,做大买卖。2015年双边贸易额增加到1000亿美元的目标能够实现。这要靠俄罗斯向中国提供能源等资源性产品,因此我们希望天然气合作能尽快达成协议。俄罗斯已经加入世贸组织,不会为中国商品进入俄罗斯设置障碍。增加贸易额,更要靠俄中之间的大项目合作,其中之一是核能合作。田湾核电站第一期运转良好,第二期要继续,而且25%—30%的工程量要由中国技术人员完成。俄中应该扩大货币交换,争取双边贸易以本币结算。卢布已经实现自由兑换,和人民币一起,都可以成为有前途的国际储备货币。

俄罗斯经济问题和出路

(出席会议的西方学者多数认为,俄罗斯在国际金融危机前的经济发展模式已经潜力耗尽。俄罗斯采油量已达顶峰,现在能源价格虽高,但不足以保证增加俄罗斯的外汇收入,内需虽旺,但不足以推动高速增长。)

俄罗斯运气好,有丰富的油气资源。苏联时期,充裕的石油美元使经济丧失了发展的动力,当然苏联经济失败的主要原因是坚持计划经济,反对市场经济,缺乏竞争力。俄罗斯现在也面临挑战,过于依赖油气。我们决心使经济多样化,已有初步成果。油气在财政收入中的比重虽然仍高达一半,但在GDP中的比重逐渐下降,这一趋势今后会继续。

首先,应该节约能源,其次应该促使非能源部门,特别是航空航天和医疗制药部门加快发展,为高技术企业提供优惠税率。

俄罗斯财政应降低对油气收入的依赖度。我们用前几年平均油价为参照,预计今后基准油价和财政收入,但留有余地。现在油价是111美元/桶,但是我们在计划开支时只把油价算做91美元/桶,超额部分为预算盈余。做预算时定的基准油价为:2013年104美元,2014年102美元,2015年103美元。

俄罗斯应该发展加工工业,但不是一般的加工工业,而是有前途的新技术。

如果说 20 世纪是物理学世纪，那么，21 世纪就是生物学世纪，应该发展纳米技术、生物技术。

其次应该利用土质好、土地资源丰富的优势，发展农业。

其三，要利用领土广袤、东西跨度大的优势，发展洲际运输，成为欧美、欧亚的桥梁；利用气候转暖，开发北方航路，与经过苏伊士运河的航道竞争。

俄罗斯要改善经营环境，不仅为了吸引外资，更是为了本国资金回流。这方面也有进展，在世界 180 余国经营环境排行榜上，俄罗斯由前年的 124 位上升到 2011 年的 120 位，2012 年是 112 位。争取若干年后上升到第 20 位，起码也要到 30 位。

要吸引投资。俄罗斯已经建立投资基金。要保障产权，保证外资有汇出利润的权利。卢布已经实现自由兑换，汇出时无须另行上税。要创造稳定的经营条件，让外资在俄罗斯获得比在其他国家更高的利润。

优先引资领域是基础设施和机械制造，汽车制造业在俄罗斯获得的利润高于其他国家，船舶制造业也能做到。俄罗斯希望与其他国家共同振兴飞机制造业，发展医疗和制药业。

要降低腐败程度，但不搞运动，联邦政府一级的反腐成效比地方明显。

要提高劳动生产率，已经与行业公会共同制订了措施，目标是把劳动生产率提高一倍。

高技术工作岗位要增加 2500 万个，不是全靠招新人，主要靠技术培训。即使增加 2000 万个，也会使经济面貌改观。现在技校生太少，不仅高级专家缺，连优秀的工程技术人员、高级车床工也缺。

要吸引人才。俄罗斯有才能的年轻人到欧美去，是正常现象，为了获得高技能的工作岗位和更高的收入，就像中国和印度有不少人在欧美求学和工作一样。在提供奖励方面，俄不如欧，欧不如美。俄罗斯开始吸引世界级专家，月薪 15 万卢布（约合 5000 美元），无偿提供住房和实验室，条件是一年内起码要有 5 个月在俄罗斯工作。现在美国、日本和韩国都有专家想到远东工作，1 个名额平均有 10 人竞争，平均每月引进 10 名人才。

俄罗斯为本国年轻人参与科技创新提供优惠，高校内允许建立小型创新企业，享有租用实验室和仪器的优惠，这样的小企业目前已经有7万个。

增加军费

国家应投资社会领域、创新和国防工业。俄罗斯虽然不像20世纪30年代，面临法西斯德国的战争威胁，但当今世界依然崇拜实力，而不是崇拜法律，俄罗斯不得不对国防投入更多资金。武器的寿命虽可延长，但有限度，俄罗斯不得不生产新武器，购买新的武器系统，不是为了搞军备竞赛，而是为了更换有形陈旧和无形陈旧的武器。在增加军费问题上，俄罗斯社会、俄罗斯精英内部有不同意见，但是，现在已经作了决定，政府内部和总统办公厅内部都不再争论。虽然军费要增加，但2013—2015年预算是平衡的。

俄罗斯石油公司收购 TNK – BP 公司

考虑到这是国有公司收购私有公司资产，有违我们遏制国有经济的观念，这是不利的一面。但也有有利的一面。其一，俄罗斯的秋明石油公司（TNK）与英国石油公司（BP）一直有冲突，公司运转不灵。BP领导对我说，愿意与俄罗斯石油公司合作，我总不能硬把TNK塞给人家。其二，这是BP与俄罗斯石油公司股份互换，让BP控制19.75%的股份，有助于制衡俄罗斯石油公司。俄罗斯石油公司采油量占本国40%，在世界石油公司中排第一，而按销售额计，埃克森—莫比尔第一。

重视机制的作用

俄罗斯从行政命令经济体制过渡到市场经济体制，法制还在逐渐完善中。民法司法程序法2011年才制定。但是，俄罗斯法制与其他国家也有不同之处，例如我国有宪法法院。现在民法典在制定中。有的案子现在无法判，因为用旧法律判，不公正，新法又未制定，处于胶着状态。要制定行政法典，以便解决"民告官"的问题。由于"官"拥有行政资源，"民"处于弱势地位，因此，未来的法律要赋予"民"以优先权。不完善现代化的各类机制，国家不易治理好。

俄罗斯政府在更新

联邦政府成员更新了三分之二。有四个特点：一是选择最有工作能力的人进入政府，其次才考虑更新；二是人员构成上，中央和地方的干部都要有；三是不同社会阶层的人都要有，如果仅用经济部门的人，则容易形成清一色企业家治国的局面；四是让主要干部负责创新机制，例如当初让伊万诺夫（现总统办公厅主任）负责彼得堡的创新工作，梅德韦杰夫负责莫斯科的创新工作（建立了斯科尔科沃创新园区）。

欧亚联盟应吸取欧盟教训

欧盟的政治、经济、社会问题多，我认为这是体制危机。危机不仅限于债务，部分涉及政治层面，是一体化危机，部分涉及技术层面。欧盟体制不完美，但没有更好的体制。希腊、西班牙或意大利的政党在竞选时不择手段，漫天许诺社会福利。当选后不得不尽力兑现，否则下次选不上。但是，劳动生产率的提高和技术进步跟不上消费的这种高速增长，必然寅吃卯粮，债台高筑。希腊和西班牙等国不可能像中国那样，靠技术进步和大量新劳动力投入来提高产值，只好不断增加借贷，酿成欧债危机。

德国比较务实，主张先解决体制问题，再采取经济措施，否则治标不治本，难以走出危机。但是，欧盟迄今为止仍规避体制问题的解决。

欧盟应该拉近与俄罗斯的距离，两者形成合力，产生叠加效应。俄罗斯资源禀赋和教育程度高，基础科学强，人才培训好。在俄罗斯开设的德国和日本汽车企业，只要招到人，立即可以启动，形成生产能力。俄欧理应共同提高竞争力。我早已建议俄欧共同搞导航卫星，使用俄罗斯的格洛纳斯通信卫星，与美国的GPS竞争。欧盟不响应，自己搞一套，事倍功半。

欧盟歧视俄罗斯。它与许多拉美国家实现免签，却不肯与俄罗斯免签，难道俄罗斯的犯罪率比拉美国家高？

跟欧盟相比，欧亚联盟有自己的优势。欧盟 27 国，缺乏共同语言，争论不休。欧亚联盟一是有共同的工作语言——俄语，二是有虽不够发达但依然联成一体的基础设施，继承了苏联遗留的统一的铁路、输电和航空系统。欧亚联盟暂时没有统一的货币，这总比欧盟有统一货币却没有统一经济政策好。欧盟本来应该先形成统一的经济政策，再实施统一货币。

欧盟还有一个缺陷，过于重视政治，扩员服从政治需要，结果扩员过度。

谴责西方媒体双重标准

（路透社欧洲中东非洲总分社主编迈克尔·斯托特在向普京提问时批评俄罗斯监禁"造反猫咪"的两名女子。普京振振有词地反问，语气激烈……）

这两个姑娘如果不犯法，好好待在家里或上班，就不会被判刑。她们违法，国家当然要通过法院作出适当反应。本来没人注意，她们非要招摇，到教堂惹是生非，想引起外国人注意。《穆斯林的无知》的作者和制片人被收监，你们为什么一声不吭？为什么只关心侮辱了东正教的姑娘？为什么"造反猫咪"闹事时你们不问我，判刑了就责问我？也许有的人喜欢在博物馆里搞群交，跟一个孕妇搞群交，这是对女性的侮辱！还把视频放到网上！俄罗斯新法西斯分子在超市张贴广告，呼吁驱逐犹太人和外国劳工，你们为什么不提？难道你们喜欢这种行为？总应该坚持起码的道德底线吧！

作者单位：新华社世界问题研究中心

政党·政治 >>>

俄罗斯第六届国家杜马选举结果及其影响

李兴耕

俄罗斯第六届国家杜马选举于2011年12月4日举行。俄中央选举委员会12月9日公布最终选举结果。之后,反对派谴责政府当局和统一俄罗斯党在选举中弄虚作假,在莫斯科和圣彼得堡等地举行了反对选举舞弊的大规模示威游行,要求普京下台,重新举行诚实的选举。政府当局和统一俄罗斯党则宣称选举结果符合国家现实情况,否认存在严重舞弊。究竟该如何评价这次杜马选举结果及其影响,本文拟进行初步探讨。

一、饱受争议的选举结果

根据俄罗斯中央选举委员会12月9日公布的最终选举结果,统一俄罗斯党、俄罗斯共产党、公正俄罗斯党和自由民主党四个政党进入了新一届国家杜马。亚博卢党、正义事业党和俄罗斯爱国者党则未达到7%的得票率门槛,无缘进入议会。各党的得票率、选票数和议席分配的具体情况如下。(见附表)

	得票率	选票数	杜马议席
统一俄罗斯党	49.32%	32379135 票	238 席
俄罗斯共产党	19.19%	12599507 票	92 席
公正俄罗斯党	13.24%	8625522 票	64 席
自由民主党	11.67%	7664570 票	56 席
亚博卢党	3.43%	2255403 票	0
俄罗斯爱国者党	0.97%	639119 票	0
正义事业党	0.60%	392806 票	0

全国共有6577万名选民参加了投票,投票率为60.21%,比上一届杜马选举下降3.57%。统俄党的选票比上一届杜马减少约1000万,议席减少77席,而俄共、公俄党和自民党则分别增加35席、26席和16席。按选举法规定,四个议会政党将获得总额为12.78亿卢布的国家拨款。亚博卢党虽然未进入杜马,但因其得票率超过3%,每年也将获得4500万卢布拨款,还可以在下一届杜马选举活动时免费使用电视广播时间。

俄罗斯第六届国家杜马选举结果具有以下三个特点:

(一)统俄党得票率大幅下滑,在杜马中失去了三分之二以上的宪法多数,但仍是议会第一大党

这意味着统俄党在涉及修改宪法等重大问题上必须寻求其他党派的支持,不得不与之进行对话并达成协议。统俄党得票率下滑是由多种原因造成的,其中最主要原因是选民对国家经济发展缓慢、政治体制改革停滞不前、腐败猖獗和群众生活艰难感到不满。梅德韦杰夫总统和普京总理在2011年9月宣布的"王车换位"权力交接计划,使选民们感到自己的民主权利遭到侵犯,引起愤慨。

(二)议会反对党势力明显加强

俄共得票率接近20%,公俄党和自民党得票率也分别超过10%。三党合计获得将近2889万张选票、45%得票率和212个议席,只比统俄党少349万张选票、4%得票率和16个议席。这一新的态势对统俄党的政治垄断地位形成严峻挑战。反对党得票率的增加反映了广大选民迫切要求改变现状的愿望。虽然三个反对党的竞选纲领各不相同,但它们提出的遏制腐败、消除贫富悬殊、增加对富人征税力度、改善社会福利和实现社会公正等主张得到选民的支持。

(三)体制外反对派通过示威游行和群众集会方式表达对选举结果的抗议

规模最大的是2011年12月10日和24日在莫斯科博洛特纳亚广场和萨哈罗夫大街举行的示威游行,参加者多达数万人,其中有知识分子、文化工作者、大学生和各类中产阶级人士,包括自由派、无政府主义者、民族主义者、环保分子

等。示威活动的发起者既有未经注册的以卡西亚诺夫和涅姆佐夫为首的"人民自由党"、"团结"运动、乌达尔佐夫领导的"左翼阵线"等；也有获准注册的亚博卢党等党派。著名博主阿·纳瓦利内、作家鲍·阿库宁和杂志编辑列·帕尔费诺夫通过网络（包括"推特"、"脸谱"）开展示威活动的组织工作。纳瓦利内甚至把统俄党称做"骗子和小偷党"，这一名称后来在社会上广泛传播。得到西方"民主基金会"资助的"戈洛斯"协会（全称是"保卫民主权利和自由地区公民组织"）则扮演了推波助澜的角色。示威活动参加者的成分复杂，组织松散，政治诉求各不相同。从年龄来看，中青年人占大多数，虽然也有老年人和退休者，但相对较少。参加抗议活动的许多人虽然对选举结果不满，但也并不支持卡西亚诺夫、涅姆佐夫等自由派人士。因此，当自由派领导人发表演讲时遭到与会者的嘘声。议会反对党的有些成员也参加了这些示威活动，但并未发挥主导作用。俄共主席久加诺夫在严厉谴责选举舞弊的同时，明确表示反对右翼自由派鼓吹"橙色革命"的言论。三党都分别在莫斯科和圣彼得堡等地举行了反对选举舞弊的示威活动，但规模有限。三党都不赞成自由派提出的立即解散杜马的主张，不愿轻易放弃自己在选举中获得的胜利成果。

一些俄罗斯评论家把中央选举委员会公布的选举最终结果与俄民意研究机构在杜马选举前的民意调查结果作了比较，认为二者基本相符，差别不大。全俄社会舆论研究中心2011年11月25日公布的民意调查显示，当时统俄党支持率为53.7%，俄共16.7%，自民党11.6%，公俄党10.0%。也就是说，统俄党在选举中的实际得票率低于大选前的民意调查4.4%，而俄共和公俄党的实际得票率却分别高于民意调查2.4%和3.24%，自民党则基本持平。俄罗斯多数媒体由此得出结论，尽管选举中存在某些舞弊现象，但总体来说，选举结果反映了当前俄罗斯政治现实。2011年12月9日，中国外交部发言人在答记者问时表示，约700名国际观察员观察了此次俄罗斯杜马选举，普遍对选举结果予以肯定。中方认为，俄杜马选举结果体现了俄罗斯人民的意愿。

二、面临严峻挑战的发展前景

（一）由于统俄党在杜马选举中受挫，不得不在杜马的机构设置和职位分配等方面对反对党作出让步，实行一定程度的分权

在上一届杜马中，统俄党独占了杜马主席、第一副主席和六个副主席职位，俄共、自民党和公俄党分别得到一个副主席职位；在32个杜马委员会中，统俄党占据了大多数委员会主席的职位。而在新一届杜马中，统俄党虽然仍占据许多关键性领导职位，但数量有所减少。该党获得了杜马主席（谢·纳雷什金）、第一副主席（亚·茹科夫）和四个副主席（安·沃罗比约夫、奥·莫罗佐夫、谢·涅维洛夫、柳·什韦佐娃）职位；俄共首次获得第一副主席（伊·梅尔尼科夫）职位；公俄党获得一个副主席职位（尼·列维切夫）；自民党也获得一个副主席职位（伊·列别杰夫）。杜马委员会由原先的32个减少到29个，其中15个委员会主席由统俄党议员担任，6个委员会主席由俄共议员担任，公俄党和自民党则分别担任4个委员会主席。

（二）由于执政党与反对党的力量对比发生此消彼长的重大变化，杜马内部的斗争将变得更加激烈

执政党不得不在许多方面与反对党进行协商，讨价还价，争取达成妥协。三个反对党可能在一些问题上结成联盟，采取一致行动，共同对付统俄党。梅德韦杰夫总统也意识到这一点。他在2011年12月4日与统俄党代表进行交流时说："鉴于杜马组成愈加复杂，无论在什么情况下，我们都不得不在某些问题上达成联合协议。这是正常的，这就是议会制，这就是民主。"

（三）这次杜马选举结果可能促使俄罗斯加快政治体制改革的步伐

普京在2011年12月15日与民众连线对话电视直播节目中表示，在2012年3月总统选举中将增强透明度，为全国9万多个投票站装配摄像头，允许反对派监督投票的全过程。梅德韦杰夫在国情咨文中提出了政治体制改革的具体建议，其中包括：直选各地区行政长官、简化政党注册手续、降低总统选举候选人登记

门槛等。12月23日，梅德韦杰夫向杜马提交了有关政党登记和总统候选人提名的两项法案，将组建政党的最低人数要求由原来的4万人降低至500人，取消关于政党各地区分部的成员最低人数限制以及至少在半数联邦主体拥有分部的规定。政党提名的总统候选人征集签名数量也从原来的200万降低至30万，独立参选人征集签名的数量不超过10万，同时取消政党必须征集签名才能参加杜马选举的规定。梅德韦杰夫还建议在全国设立225个选区，实行比例代表制选举议员，使所有地区在杜马中都有代表。如果这些建议获得杜马通过成为法律，无疑将使俄罗斯政治体制发生某些变化。有些原来被拒绝登记的政党（如"人民自由党"等）可能获准注册为合法政党。

（四）这次杜马选举结果导致俄总统办公厅、政府、议会以及统俄党的人事安排发生一系列变动

原统俄党最高委员会主席格雷兹洛夫不再担任杜马主席，原总统办公厅主任纳雷什金当选新杜马主席，原副总理茹科夫担任杜马第一副主席，统俄党中央执行委员会主席沃罗比约夫担任该党杜马党团领导人。除此之外，最引人注目的莫过于被称做克里姆林宫首席智囊和政治设计师的苏尔科夫在杜马选举后调职，不再担任总统办公厅第一副主任，改任专门负责现代化改革和创新政策的副总理。俄媒体对此作了多种不同解读：一些评论家认为，苏尔科夫仅仅是统俄党在杜马选举中受挫的替罪羊；也有媒体认为，苏尔科夫的职位变动是由于他对博罗特纳亚广场示威活动发表了与普京周围的人不一样的观点。苏尔科夫宣称，反对派示威活动的参加者来自俄罗斯的"社会精英"，这一评价显然不符合克里姆林宫的官方立场。

（五）这次杜马选举是2012年3月总统选举的预演，必然会对总统选举产生重要影响

俄罗斯大多数观察家不否认普京将赢得总统选举，问题只在于普京能否通过第一轮投票就胜出，还是不得不经过第二轮投票。反对派提出的各位总统候选人的目标是把普京拖入第二轮投票。据全俄社会舆论研究中心的民意调查，普京的

支持率在2010年底是56%，之后一直呈下降趋势，到2011年12月10—11日降到42%，而反对党的总统候选人久加诺夫的支持率为11%，日里诺夫斯基为9%，米罗诺夫为5%。看来普京要在第一轮投票中获得50%以上的选票有一定难度，很可能要经过第二轮投票才能决出胜负。俄共的久加诺夫最有可能在第二轮投票中与普京进行对决。

资料来源：

① 俄《独立报》（《Независимая Газета》）。
② 俄联邦中央选举委员会网站（www.cikrf.ru）。
③ 全俄社会舆论研究中心网站（www.wciom.ru）。
④ 列瓦达分析中心网站（www.levada.ru）。
⑤ 《外交部发言人就俄罗斯国家杜马选举结果等答问》，外交部网站2011年12月9日。
⑥ 俄罗斯总统网站（http://kremlin.ru）。
⑦ 俄新网中文网站（http://rusnews.cn）。

作者单位：中央编译局俄罗斯研究中心

俄罗斯的抗议活动及其主要诉求

高晓惠

2011年12月4日，俄罗斯第六届国家杜马选举后，俄罗斯社会，主要是体制外的反对派力量立即爆发了主要针对选举舞弊的抗议活动。现将抗议活动的基本情况介绍如下。

基本情况

实际上，2011年12月4日选举日当晚在莫斯科和圣彼得堡等大城市就有抗议活动发生。5日，由"团结"运动组织了经莫斯科市政府批准的抗议集会。抗议集会结束后，一部分人前往卢比扬卡广场方向遭到拘留，其中著名反对派亚申和名博主纳瓦尔内被判拘禁15天。6日，抗议活动的规模明显扩大，在莫斯科市中心凯旋广场举行了未经批准的抗议集会，警察拘留了300人左右（有材料说600人），其中包括反对党亚博卢领袖米特洛欣和体制外反对派领袖涅姆佐夫和利莫洛夫等人。

实际上，莫斯科、圣彼得堡以及俄罗斯其他城市几乎每天都有各种各样的抗议集会，其中规模较大、被俄罗斯媒体评价说具有全俄性质的抗议集会发生在12月10日和24日。

12月10日，俄罗斯的99个城市和国外的42个城市都发生了不同程度的抗议活动。有材料说，莫斯科的反对派集会达到近10年以来的最大规模。据统计，在莫斯科博罗特纳亚广场的集会参加者达到85000人，甚至也有说达到15万人，但也有材料认为更接近实际的数字是5万至6万人，官方认为是25000人。抗议活动组织者对媒体公布了一个名为"争取诚实的选举"公民集会决议案，提出5点要求：尽快释放所有政治犯；废除伪造的选举结果；要求中央选举委员会主席丘罗夫辞职并对他的活动进行调查，调查破坏和伪造选举的全部事实，惩罚犯罪者；允许反对派政党登记，通过民主的政党法和选举法；重新举行公开和诚实的选举。

12月24日举行的全俄性质的抗议活动以在莫斯科萨哈罗夫大街的规模为最大。在"脸谱"网站登记表示参加此次集会的为54000人，但实际参加者远远超过这个人数，有人统计人数达10万至12万人；不过，俄内务部统计，集会参加者不超过29000人。这次集会在12月10日提出的要求基础上又增加了两点要求，即成立协调选举观察员工作并对选举进行监督的莫斯科选民联合组织；在2012年3月4日的总统选举中不投普京一张选票！

除体制外反对派的抗议活动，体制内的反对党及合法登记的政党也都自己组织或者参加了群众性示威活动。12月17日，亚博卢党在莫斯科举行集会。12月18日，俄共在莫斯科举行集会，久加诺夫表示，如果他在总统选举中获胜，将在2012年12月重新举行杜马选举。

在这两次规模较大的抗议集会之后，俄罗斯迎来了每年的最长假期新年长假。因此，经过"争取诚实的选举"集会的组织者的多次协调，计划将在2012年2月4日举行一次大规模集会。正如"团结"运动领袖涅姆佐夫向媒体通报所说的，之所以选择这样的日子，是考虑到组织集会活动的难度，考虑到公共假期，考虑到即将到来的总统选举等因素，而且分析当局满足抗议者要求的情况也需要一些时间。

列瓦达中心根据集会组委会提供的材料对集会参加者作了基本的统计分析。统计显示，60%的参加者不到40岁；超过70%的人受过高等教育；1/4的人或是拥有私人企业，或是拥有自己的雇员；12%的人是大学生。70%的人赞同自由主义的民主观点；24%的人信奉左翼思想；只有6%的人是民族主义者，信奉"俄罗斯思想"的人只占少数。97%的人打算参加下一次集会，并且准备叫上他们的亲人和朋友。而参加集会的主要原因，当然首先是针对选举，认为选举不公,计票过程存在舞弊情况,而另一个则是对现状的普遍不满情绪,虽然集会参加者的收入水平普遍良好。

存在的问题

参加抗议活动的人员庞杂,什么样的人都有,组织成分也很复杂,有议会内的反对党,有议会外的形形色色的运动。据现有材料来看,影响最大的是现在名为"争取诚实的选举"公民集会,这个集会已经形成了自己的组委会。组委会的构成可以分成两大部分:一个是以"团结"运动及领袖涅姆佐夫、亚申、卡西亚诺夫、卡斯帕罗夫,"人民自由党"及领袖雷日科夫、"左翼阵线"运动及领袖乌达尔佐夫等为代表的力量,一个是利用因特网等媒体进行宣传活动的名博主纳瓦尔内、作家阿库宁和名记者帕尔费诺夫等新一代政治领袖。而参加集会的社会政治活动家也是行色各异,比如在24日集会上发言的除了上述人士外,还有前圣彼得堡首任市长索布恰克的女儿克谢尼娅·索布恰克,"亚博卢"党领袖、准备参加总统竞选的亚夫林斯基,前不久被梅德韦杰夫总统解职的前财长库德林。苏联前总统戈尔巴乔夫也向集会组织者发来了致词。而民族主义分子、现"另一个俄罗斯"的领袖利莫诺夫组织的抗议活动则保持着相对的独立性。参加24日集会的大富豪、也准备参加总统竞选的普罗霍罗夫评价集会"很快乐",因为来参加集会的人并不属于哪个组织,而是听从自己心灵的召唤,表达自己的立场而已。

由上述特征也自然导出另一个特征,就是示威活动缺乏一个共同的思想,共同的纲领。不能说,反对派没有自己的纲领,可以说每个反对派领袖都有自己的一整套政治方针,但真正能够令所有反对派都接受的共同思想,好像还没有出现。现在来看,能够取得比较一致意见的是非常具体的一些方案,如中央选举委员会主席丘罗夫辞职,"不让普京入主克里姆林宫"。但是,除了集会、抗议、示威之外,如何达到反对派的目标,还是未知数。这是反对派自身的弱点。

再从广大民众的角度来看,实际上民众对体制外的一些反对派代表人物,如涅姆佐夫、卡西亚诺夫、卡斯帕罗夫等人缺乏信任感,而在年轻网民当中影响较大的一些人,如名博主纳瓦尔内,对于更广大的民众来说影响力还是有限的。因此,当反对派领袖在集会上发表演讲时,集会者会对他们抱以嘘声。

因此,在这几场大规模集会之后,反对派活动的命运值得怀疑,已经有人在问:下一步该怎么办。

当局的应对方案

抗议活动的规模表现了俄罗斯社会对现状的不满程度,也挑战了普京在俄罗斯的权威。虽然在普京当政时期,俄罗斯经济发展,国力有所回升,但必须看到,这些成绩的取得在很大程度上得益于"石油美元"的帮助,在世界性金融危机和石油价格走势不稳定的状况下,俄罗斯的经济发展面临着严峻考验。与此同时,普京执政的问题也日渐显露,尤其是普京搞的"王车易位"的政治游戏,在看似不违背宪法要求的名义下践踏民主,因此对普京控制社会的威权统治表示出强烈不满,提出越来越高的政治改革的呼声,这在某种程度上也反映出可控民主的危象。可控民主的理论家苏尔科夫调离总统办公厅主任一职,改任主管现代化方针的副总理也许就是某种信号。

考虑到民意的要求,俄罗斯当局并不采取激烈手段对付示威集会活动。现任总统办公厅主任伊万诺夫表示,大规模示威活动的出现正说明俄罗斯有自由,也就是说有民主。这种做法,正如俄罗斯学者分析的,只能说是当局的一种策略,因为执政当局明确表示,选举结果是合法的,有效的,不可能取消选举结果。但是也不排除当局为应对选举后出现的新局面会在某些方面作出一定的让步。这样的让步姿态已经作出了。

12月15日,在作例行的"年度连线"中,普京声明在2012年恢复联邦主体首脑的选举,但又强调将以不同于2004年之前的规则来实行。12月22日梅德韦杰夫总统的2011年年度国情咨文又提出了一系列政治改革方案。梅德韦杰夫总统的政治改革措施总是很快出台,但有时却很短命,这恰恰表明俄罗斯的民主政治发展还很不完善。国情咨文中的新政是否会促进民主政治的发展很不好说,但至少可能会增加俄罗斯现有政党的数量,集会当中颇为活跃的几个反对派运动有望获得登记成为政党。如果是这样，或许这将是反对派抗议活动的直接成果。

再有，当局已经在人事安排上作出了一定的调整，比如上述提到的苏尔科夫的调任。再有，统一俄罗斯党主席格雷兹洛夫将不再担任新一届国家杜马主席。当然，类似的人事调整还会继续。

还可能，当局会进一步加深同反对派的对话。在对反对派的态度上，梅德韦杰夫总统比较积极，相较之下普京的态度较为强硬。或许，抗议活动将会软化普京的态度，迫使他同反对派加强对话。

不过，作为策略的应对措施只是一时之计，俄罗斯长远的战略发展还需要进行切实的政治制度的改革。

资料来源：
① 俄《独立报》网站（http：//www.ng.ru）。
② 俄《新报》网站（http：//www.novayagazeta.ru）。
③ 俄罗斯维基网站（http：//ru.wikipedia.org/wiki）。

作者单位：中央编译局俄罗斯研究中心

漩涡中的俄罗斯：社会、政权和反对派

伊·布宁、阿·马卡尔金 著　高晓惠 译

俄罗斯政治技术中心主任伊·布宁和第一副主任阿·马卡尔金2012年6月18—19日在《时报》上撰文《漩涡中的俄罗斯：社会、政权和反对派》认为，俄罗斯又处在历史的漩涡之中。2011年12月开始的政治抗议虽是局部的，但却异常活跃，发展虽不是很迅速，但也没有"消散"并采用了新形式。当局在总统选举胜利后信心十足，但以往的稳定感却消失了。社会对当局行为的正确性越来越抱怀疑态度，但由于担心发生大动荡，暂时没有撕破同当局的关系。现将文章译介如下。

社会

俄罗斯社会上有两种流行观点。一种基于抗议积极性的增长，认为会产生革命形势；一种相反，从大多数居民的惯性出发，认为大多数人反对首都抗议者的"积极性"。这两个极端看起来都不正确：俄罗斯社会要复杂得多，既有"百分百"的效忠者，也有极端反对派。

坚定的普京分子约占20%，是现政权的支持者，他们仅以现政权为转移，不考虑经济行情。他们把普京看做民族领袖，据列瓦达中心3月份的社会调查显示，17%的俄罗斯人已决定在下一届总统选举中支持普京。

坚定的反对派约占20%—25%，成分复杂，有按西方标准看的中产阶级，有年轻的激进大学生，有参加过1980年代末民主运动的老战士，也有来自左翼阵营的、赞同俄共意识形态的人。反对派认为现总统将国家引入了死胡同。看到普京制度还将延续12年，这迫使许多人在2011年12月走上莫斯科街头。

坚定的反对派有能力从自己的队伍中推举出少数积极者，能够建立政治组织和参与抗议活动的人。坚定的普京分子则把希望寄托在当局身上，主要依靠行政资源。

所谓"有创造力的阶级"在这个积极的少数中起重要作用。他们拥有更多资源，能迅速进行动员，会使用因特网，遵从西方标准。梅德韦杰夫周围的人将这个"阶级"视为现代化的基础。这一"阶级"原本看好梅氏，但2011年9月的权力"轮替"使他们对梅氏彻底失望，梅也便失去了自己可能的政治支柱。对普京来说，他不清楚这些人的情绪，与其格格不入。这个"阶级"视现总统是工业社会的人，他十分了解工人、工程师或军官对国家的意义，但看不到互联网的必要性。

最后，第三部分人占55%—60%，可以称之为"摇摆分子"或中间分子。他们包括：不问政治的人，其投票动机主要从社会经济状况出发。在危机前时期，这些人主要效忠现政权。正是这部分人形成了以坚定的普京分子为核心的"普京多数"，但在2011年12月杜马选举后开始动摇。大部分人已经不准备投票给统一俄罗斯党了，认为统一俄罗斯党是官僚党，"骗子和盗贼的党"，他们同意或部分同意这一说法。2008年危机导致社会从当局手中得到的"实惠"大大降低，腐败、管理效率低下、当局脱离社会等弊病凸显。

今天看来，大部分"摇摆分子"与反对派的接近只是一时的。总统选举中，这部分人仍支持当局。第一，他们依托普京，不打算背弃他。第二，"90年代人"害怕混乱，害怕事态发展的不可预见性。第三，没有看到可替代普京的人。总统选举比议会选举更重要，这是"命运的选择"。许多"摇摆分子"希望在议会中看到久加诺夫或米罗诺夫，但很难想象他们当国家首脑。无可替代性是最广泛接受的动机，这也表明"摇摆的"俄罗斯人对普京的支持热情在降低，"摇摆分子"的效忠仍然是相对的和有条件的。在社会领域通过不受欢迎的措施可能引起这些人的抗议情绪，导致与反对派接近。而且不可替代性的效力是否能延续到下一届总统选举，也是可怀疑的，根据列瓦达中心3月份的材料，有43%的人不想在2018年看到普京,还有34%的人对这个问题没有确定答案。

当局和反对派

2011年12月,当局在几周内作了三次政治选择。最初把希望寄托在严厉对付反对派上(12月5日大规模拘押),然后当抗议活动参加者人数超过了所有人的预期,就企图通过实施曾经一拖再拖的一系列自由主义改革来缓解。梅氏采取的、普京亦抱容忍态度的这些措施未能拉拢"有创造力的阶级"。当局选择改革明显具有应急性。

所有这一切使当局在2011年12月底采取第三个重要决定——克服忙乱状态,选择保守主义的动员作为自己的战略路线。普京的任务是让在2011年末投票给统一俄罗斯党的"摇摆分子"回到政权方面来。

保守主义的动员产生了显著结果。第一,赢得总统选举,甚至连部分反对派也相信,普京确实是在第一轮中获胜了。第二,社会对反对派大规模行动的态度变坏了。据全俄社会舆论调查中心的调查,2012年5月支持抗议的人为22%(去年12月为35%),谴责的为40%(去年12月为24%)。但40%中有26%的人认为,人们有权参与,只有14%的人建议禁止此种行动。

不过,当局的问题与其说在于反对派,不如说在于效忠者,在于效忠者是否打算以满足其所需来换取对当局的支持。如果他们的期望受到欺骗,那么对当局的支持将下降。

然而保守主义动员的范围是有限的。当局指望的社会阶层基本上惰性十足,他们很难"转起来",相信没必要进行独立行动。而当局本身似乎也担心支持者的活动规模过大,任何人都不打算培育出新的"加邦神父"(与百年前的悲剧事件相类似,当时效忠的工人组织急剧激进化)。

反对派和当局

反对派的主要成绩是摆脱了边缘状态。体制内外政治力量的界限没有了。但如今反对派遇到了新问题。不是在意识形态的标志上,而是在对当局的态度上自身发生了分化。这在某种程度上可以同俄国历史上形成的多党制相类比。

当今俄罗斯缺乏货真价实的"布尔什维克"。只有利莫诺夫还带有一点布尔什维主义的色彩，对他来说，所有集会组织者都太温和。

"孟什维克"的数量要多得多，如纳瓦利内、乌达尔采夫、涅姆佐夫、亚申和波基马廖夫。他们的主要任务是将普京从总统职位上拉下来，他们的全部活动都志在于此。在策略问题上，与布尔什维克不同，他们表现出最大的灵活性（乌达尔采夫甚至进入了梅总统倡议组建的政治改革工作组），强调最好采取和平斗争方式，不采取革命手段（这符合绝大多数反对派的情绪）。他们的主要活动方式是街头抗议。他们在众多反对派积极分子中得到大力支持，但"摇摆选民"对他们的态度很谨慎，甚至否定。

"立宪民主党人"比"孟什维克"更温和，如雷日科夫这样的反对派政治家，以及阿库宁、帕尔费诺夫这样的文化学者、"意见领袖"。他们同样消极地对待当局，但认为推翻普京的任务没那么迫切，因为总统的社会支持率还很高，他们认为拆除现制度还需要很长时间。"立宪民主党人"同他们的前辈一样，与其说愿意上街，不如说更追求选民政治。在莫斯科发生大量拘押抗议者事件后，他们决定参加大规模的抗议活动，但仅限于"作家散步"和6月12日行进等不太过火的行动。

最后，十月党人比立宪民主党人更温和，如普罗霍罗夫和库德林。前者参加了总统竞选，这得到了克宫非正式的允许。后者曾是普京政府成员，同普京关系良好。与立宪民主党不同，他们不是赞同拆除现制度（即使在将来），而是对它进行大修，即真正的而不是模仿的政治自由化。他们也来参加集会，但感到很不自在，他们在通过政治决定时很谨慎。如果说普罗霍罗夫已经决定建立政党，那么库德林似乎在等待自己的机会。

现有的政治力量内部也划分有各种思潮。如在公正俄罗斯党内，米罗诺夫是"十月党"，祖波夫是"立宪民主党"，波诺马廖夫显然接近"孟什维克"。同样，"立宪民主党人"雷日科夫和"孟什维克"涅姆佐夫是人民自由党的领袖。

当局对待各个反对派集团的策略让人想起斯托雷平（众所周知，普京十分崇拜这位国务活动家）。协调好同"十月党人"的关系，不妨碍他们的发展，只在特殊情况下、在缺乏其他可行决定的情况下邀其进入政权。不情愿地容忍"立宪民主党人"，但把他们限制在"地方水平"，扼制他们的自负，极力不扩大他们的影响。竭力将"孟什维克"排斥到边缘，采取尽可能的行政司法措施，哪怕不排除对部分积极分子使用刑事调查手段。

下一步怎么办？

可以想象，近期，当局将实施政治方针，逻辑出发点是"向左走一步，向右走一步"。自觉选择改革方针或反改革方针的可能性都很小，当局将对具体问题作出反应，认为策略比战略更好。彻底的自由主义改革（按普罗霍罗夫—库德林方案），无论他们的主观意愿是什么，都将拆除现制度。但当局并未感到自己被逼到了死角。反改革政策几乎是不可能的——限制权利和自由，"拧紧螺丝帽"，不触及最高官僚，这是大部分"摇摆的"俄罗斯人不赞同的。

近期反对派的命运将取决于当局的政策。压制最激进的部分，多半会导致各反对派集团的接近。搜查激进派的住宅遭到所有反对派的谴责。同时，如果说当局不去理他们，那么他们的分歧就会日益浮出表面。

事态进一步的发展将以社会抗议增长的程度为转移。它有可能越过界限，或者由于当局作出不受欢迎的决定，或者与世界经济行情有关，或许这两个因素是相互促进的。在这种情况下，惯性可能让位于非常形势促使作出的紧急决定；采取极端措施——拧紧螺丝帽或作自由化的尝试，都是有可能的。但是，"强有力的手"的制度，如果没有社会最积极阶层的支持，在当今全球化的世界几乎无法生存下去。

译者单位：中央编译局俄罗斯研究中心

从"梅普组合"到"普梅易位"的俄式政治结构

王秋文

2011—2012年俄罗斯政坛最大的热点,就是"梅普组合"的"王车易位"。这是梅普早在4年前的约定,只是现在公之于众而已。"梅普组合"的形成和出现是当代俄罗斯政治结构的特有现象。"梅普组合"曾被高度评价,也曾受到质疑,2011年更高调表达"普梅易位",这些都充分体现了俄罗斯转型政治结构的显著特点。

一、"梅普组合"体现了俄罗斯转型过程中对政治民主的基本遵循和追求

1. "梅普组合"是在民主政治的基础上,在2008年特定的历史条件下形成的一种特殊的政治结构

在俄罗斯社会转型中,政治民主的基本形式初步形成。根据宪法:总统任期4年,连任不得超过2期。因此,在2008年第2个总统任期结束时,普京不可能再继续连任总统。普京的政治理想是:"给我20年,还你一个奇迹般的俄罗斯",可以说其重振俄罗斯的理想尚未完成。于是,普京亲自挑选了年轻的接班人梅德韦杰夫参加新一届总统竞选,结果,梅德韦杰夫以70.28%的高得票率当选,而普京则屈尊出任政府总理。2008年的俄罗斯政坛形成了独具特色的"梅普组合"的政治结构:由年轻的总统和主政的总理组成,从而开始了"梅普组合"执政时期。

显而易见,在"梅普组合"中普京占主导地位,他依然是俄罗斯的政治领

袖。不过在形式上普京做到了遵守宪法规定，不再继续谋求连任。这体现了当代俄罗斯对政治民主的基本遵守和追求，得到了国际社会的普遍认同。

2. "梅普组合"成绩显著，组合结构被认为是有效的政治机制，也是俄罗斯转型政治民主的成就

梅德韦杰夫上台后提出了司法改革、反腐败和社会经济现代化以及4个"И"计划等一系列改革措施。2009年梅德韦杰夫在其国情咨文中提出推行"建立在民主价值和机制基础之上的全面现代化"。其"现代化"构想被认为是启动俄罗斯的"体制性变革"的新战略。英国《独立报》评价：梅德韦杰夫承诺开创俄罗斯民主新时代。"全面现代化"战略意在显示梅德韦杰夫在"梅普组合"中的总统地位。

但始料未及的是，2008年底全球经济危机迅速波及了俄罗斯，面对危机，梅德韦杰夫作为总统提出的改革构想退居次要位置，而普京作为政府总理负责的解决危机的问题跃居主要位置，危机形势下实际权力转向新总统的可能性大大削弱了，总理的经济职能更加凸显，梅普携手应对危机。

在总统支持下，普京政府实施了有效的反危机计划，使危机产生的社会后果远小于1991年的动荡或1998年的崩溃。国际社会对业已形成的"梅普组合"的政治结构在克服危机的实践中体现出的高效工作能力表示认同，"梅普组合"的政治结构被认为是有效的政治机制，这也是俄罗斯转型政治民主的成就。

二、"梅普组合"的政治结构也曾备受质疑，其局限性和复杂性体现了俄罗斯政治民主的现实

1. "梅普组合"政治结构具有相对稳定性，这一方面是由于组合从基础上的不平等，另一方面也是转型政治民主的局限性和复杂性所决定的

"梅普组合"从形成之时，就不是一种平等的政治结构，而是以普京为主导的政治结构。正如俄著名政论家尼古拉·彼得罗夫评价"梅普组合"的运行和稳定性时所表示的，"只要普京需要，他在梅普组合中永远占主导"。因此，"梅普组合"从形成之初就被质疑。雷日科夫当时就表示，很难估量梅德韦杰夫的政

治前途。90%的杠杆攥在普京手里，这使梅德韦杰夫处境模糊，他好像是主要人物，可最有影响的却是普京。而且如果2012年以后普京准备回到克里姆林宫，梅德韦杰夫怎么办？

梅普的高支持率是"梅普组合"政治上相对稳定的唯一基础。相对稳定的"梅普组合"不是政治制度本身，而是"梅普组合"搭档者的个人魅力，因此，"梅普组合"的政治结构是一种人格魅力的政治体制，其内部关系和谐的基础是不平等，一旦寻求平等，"梅普组合"的组合关系就会出现危机，这是普京的政治地位和俄罗斯政治发展的现实状况决定的。

2. "梅普组合"在治国策略上的差异为俄罗斯政治民主的发展提供了不同的模式选择

梅普虽有许多相同之处，但在治国策略上仍有许多不同之处。如果说普京是俄罗斯的民族领袖，那么梅德韦杰夫则是俄罗斯的革新派领导人。

梅德韦杰夫上台后，表现出了一个现代化、有工作效率和理性的管理者的形象。完善政治制度，发展公民社会，被认为是公开、民主、开放的政权，这在俄罗斯历史上"尚属首次"。梅德韦杰夫政治改革扩大了政党、社会组织和公民对政治进程的参与程度，"游戏规则"更加透明。

在经济发展模式上，梅德韦杰夫强调发展"智慧型经济"，力推新一轮私有化改造，实现经济现代化转变，其经济发展目标是高新技术产业。普京则要建立"创新经济"，实行"有限私有化"，主张在国企的私有化改革中国家仍需持股51%以上。普京强调稳定发展，不应卷入"不合理的自由主义倾向的改革"。

在政治民主化问题上，梅德韦杰夫强调政治民主化是实现经济现代化的前提条件，主张实行一系列的政治改革，建立真正的多党制，公平竞争，轮流执政。而普京表示政治体制改革"需要极其谨慎"，要"逐步完善"，反对实行西方式民主政治，欣赏中国的发展模式。

"梅普组合"不同的治国方略为俄罗斯政治民主的未来发展提供了不同的模式选择的可能性。

3. "梅普组合"的公开分歧一度成为 2011 年俄罗斯政坛最大的担忧

随着 2012 年总统大选的临近，关于"梅普组合"不和谐的报道日渐增多。套用一句时髦的话，"梅普组合"常常"被不同"。2011 年 3 月，梅普对利比亚局势的表态被认为是"梅普组合"的公开分歧。2011 年 3 月 21 日，普京表示，联合国安理会关于在利比亚设立禁飞区的决议存在"缺陷和不足"，"它实际上允许对一个主权国家进行侵略，让人联想起中世纪的十字军东征"。梅德韦杰夫随后表示，在对利比亚局势发表声明的时候必须非常准确，无论如何使用类似"十字军东征"这种表述是"不能接受的"。同时指出，他不认为联合国安理会 1973 号决议是"不正确的"。梅普的公开分歧，成为 2011 年俄罗斯政坛最大的担忧。尤其是两人一直都不肯公开表示是否参加 2012 年总统选举，其一举一动都更加备受关注。之后，民意测验中梅普的支持率都有很大降低。

三、"普梅易位"评价不一，能否顺利完成有待 2012 年俄罗斯选民的抉择

2011 年 9 月 24 日梅德韦杰夫在统一俄罗斯党代表大会上宣布了一个经过"深思熟虑的""明智的""正确的决定"，提议支持普京参加 2012 年总统大选，普京欣然同意，并提议梅担任下届政府总理，梅也表示愿意"从事具体工作"。就这样，俄罗斯"2012 政坛之谜"的谜底揭晓：按照几年前就达成的协议，"梅普组合"换位不换人、轮岗不轮休。"梅普组合""王车易位"，虽没有出乎预料，但产生了很大影响。

一种意见认为，"梅普组合""王车易位"的高调表达，预示了俄罗斯未来 20 年的政治格局，维护了俄罗斯的稳定局面。既然"梅普组合"早就达成协议，提前公布有利于俄政局稳定，百姓安心，甚至连俄罗斯未来 20 年的政局都豁然开朗了。按照修改后的总统任期，普京 2012 年当选后可能连任 12 年，2024 年后梅德韦杰夫连任 12 年。这样，2036 年前的俄罗斯政治格局已经明了。俄社会学家查普林说，"在俄罗斯历史上如此和平、体面、诚实、友好地实现权力交接，这还是第一次。这是政治道德的典范，这会让我们前几任领导人和其他国家百姓

政党·政治

嫉妒的……"

另一种意见则认为,"梅普组合"的"王车易位"是民主的倒退,甚至是对民主的嘲讽。反对派也表示,梅普轮流坐庄,无益于俄罗斯改革,是俄罗斯民主制度的缺失。"普梅易位"宣布后也出现了一些反对派的抗议示威活动。议会选举后的大规模游行表明,"新梅普组合"仍面临严峻考验,在政权稳定的同时还必须面对如何发展国家的问题。

应该说,从"梅普组合"到"普梅易位"的政治二人转,世界政坛实属罕见。这是俄罗斯民主政治的现实写照,具有鲜明的俄罗斯特色,似乎不可思议,但又符合俄罗斯现实的政治民主程序。对俄罗斯来说,政治民主重要,俄罗斯强大同样重要。俄罗斯的强国梦想使其许多现实问题变得简单。普京执政可以保持俄罗斯政策的连续性,这就是俄罗斯的选择。而且,俄罗斯总统是在全民直选的民主选举制度中完成的,普京也表示,他等待也期待人民的选择。2012年3月俄罗斯的总统大选将决定"普梅易位"能否顺利实现。

作者单位:中央编译局俄罗斯研究中心

俄罗斯问题研究（2012）

"普梅易位"以来俄罗斯政党的最新动态

李兴耕

自 2012 年 5 月普京第三次就任总统、梅德韦杰夫转任总理以来，俄罗斯政党格局发生了明显变化，出现了令人瞩目的新动向，现将有关情况综述如下。

一、俄罗斯涌现出大批新党

2012 年 4 月 4 日，经过修改的俄罗斯《政党法》——简化政党登记程序法开始生效。根据该法律，为组建政党进行登记的党员人数门槛从原先 4 万人降低到 500 人。这一法律经议会上下两院批准并由当时的总统梅德韦杰夫签署公布。梅德韦杰夫声称，实施这一法律后，俄罗斯不会再有体制外反对派这个概念：依法登记的政党都将成为体制内政党，而不依法登记的反对派将被视为违法者。① 2012 年 5 月 7 日普京重返总统宝座后，在短短 3 个月内，司法部陆续批准了数十个政党的登记申请。据俄司法部官方网站公告，截至 8 月初获准登记的合法政党有 37 个。② 另外还有 197 个政党的组委会正在申请登记。③ 有的评论家用"雨后蘑菇"这一俄罗斯成语来形容新建政党数量之多。其中有的党原先曾经在司法部登记，后来由于不符合《政党法》的规定被取消登记，有的党由于组织变动或与别的政党合并而失去登记资格。现在这些党重新列入了登记政党名录。

统一俄罗斯党、俄罗斯联邦共产党、俄罗斯自由民主党、公正俄罗斯党、俄

---

① http://rusnews.cn/xinwentoushi/20120405/43397167.html.
② http://www.minjust.ru/nko/gosreg/partii.
③ http://minjust.ru/node/2162.

罗斯爱国者党、"亚博卢"联合民主党和正义事业党这7个政党在简化政党登记程序法实施前就已获准登记。前4个党在2011年第六届杜马选举中达到了7%的得票率门槛而进入议会，属于议会党。统一俄罗斯党是政权党，俄共、自由民主党、公正俄罗斯党则是议会反对党。俄罗斯爱国者党、"亚博卢"联合民主党和正义事业党这3个党由于在选举中没有达到7%得票率门槛而未进入议会，属于议会外的合法政党。

2012年8月8日，俄罗斯中央选举委员会第134次会议确认，截至2012年8月2日在司法部登记的政党中，28个政党符合《政党法》第36条第2款的规定有权参加选举。这些政党是：1. 统一俄罗斯党；2. 俄罗斯联邦共产党；3. 俄罗斯自由民主党；4. 俄罗斯爱国者党；5. 正义事业党；6. 公正俄罗斯党；7. "亚博卢"联合民主党；8. 俄罗斯共和党—人民自由党；9. 俄罗斯民主党；10. "保护俄罗斯妇女"人民党；11. 绿色同盟—人民党；12. 俄罗斯退休者党；13. "俄罗斯城市"党；14. "青年俄罗斯"党；15. "新俄罗斯"党；16. 俄罗斯生态党"绿党"；17. 俄罗斯共产党人党；18. 俄罗斯人民党；19. 俄罗斯农业党；20. 争取公正党；21. 自由公民党；22. 社会网络党；23. "市民联盟"党；24. 社会公正共产党；25. 俄罗斯社会民主党；26. 社会保障党；27. "智慧俄罗斯"党；28. "公民力量"党。①

另外有9个党虽然获准登记，但目前没有列入有权参加选举的政党名单。这些政党是：俄罗斯网络党、"俄罗斯全民联盟"党、俄罗斯退休者争取公正党、"祖国"党、俄罗斯"保卫我们的祖国"保守党、保皇党、俄罗斯和平与统一党、"公民纲领"党、"廉洁——人、公正、责任党"。

目前俄罗斯的合法政党数量比实施简化政党登记程序法前多了30个，增加了4倍多；有权参加选举的政党多了21个，增加了3倍。

二、新党的组织成分混杂，政治倾向各异，有些党缺乏群众基础

新登记政党的组织成分混杂，政治倾向各异，既有现政权的坚决支持者，也

---

① http://www.minjust.ru/nko/vybory/partii.

有持反对派立场的左翼或右翼政党，还有中间派政党。即使在同一政治流派内部，也存在相互竞争的几个政党。例如：在以共产主义为奋斗目标的政党中，除了久加诺夫领导的俄共外，新登记的有俄罗斯共产党人党和社会公正共产党，正在申请登记的还有"争取社会公正共产党"和俄罗斯共产主义工人党。这些党的有些成员曾是俄共党员，由于不赞成久加诺夫的政策主张而被俄共开除或自动退党，现在另立门户，与俄共展开竞争。信奉社会民主主义的政党也不在少数，俄罗斯社会民主党已重新获准登记，正在申请登记的还有俄国社会民主工农党、俄罗斯联邦社会党等。自由主义阵营也分成几个政党。例如：老牌右翼自由派雷日科夫、涅姆佐夫、卡西亚诺夫领导的俄罗斯共和党—人民自由党、波格丹诺夫领导的俄罗斯民主党、前总统候选人、亿万富翁普罗霍罗夫创建的"公民纲领"党（他本人未加入该党）等；著名博主、反对派活动家阿·纳瓦利内计划成立"人民同盟"党，该党组委会已向司法部提出申请，声称将成为俄罗斯第一个真正实行党内民主、在电子民主原则基础上运作的政党。有不少党把反对腐败、争取社会公正和廉洁作为斗争目标（如争取公正党、俄罗斯退休者争取公正党、社会保障党等）。还有一些党主张民族主义、爱国主义、生态保护主义，如"俄罗斯全民联盟"党、"祖国"党和"绿党"等。有的党公开鼓吹在俄罗斯恢复君主制，保皇党已获准登记，正在申请登记的还有"君主专制俄罗斯"党和"帝国党"。有些党自称代表特定社会阶层、地区或群体——退休人员、妇女、青年、知识分子、学者、城市和广大市民的利益。有些正在申请登记的政党采用了"反对一切"党、"海盗党"、"汽车党"和"爱情党"等稀奇古怪的名称。总之，在简化政党登记程序法实施后出现的政党虽然很多，但鱼龙混杂，有些党缺乏广泛社会基础和生命力，随着时代发展势必遭到淘汰。

三、普京通过软和硬两种手段实施政党改革，发展前景有待观察

从表面来看，俄罗斯政党似乎又回到叶利钦时期混乱无序的局面。但实际并非完全如此。现今的俄罗斯政党体制既不同于叶利钦时期，也与普京在2000—2008年总统任期以及"梅普组合"时期有不少差别。叶利钦时期始终没有形成

一个强大的政权党作为政府的后盾，反对党在议会中占据了主导地位，"府院对立"成为那时的政治常态。2000年普京首次当选总统后，提出了建立"有两三个或四个政党参加的多党制"的目标，致力于打造一个强大稳定的政权党——统一俄罗斯党作为依靠。在普京总统推动下，2001年制定了政党法，规定每个党至少必须拥有1万名党员。2002年又通过了新的杜马议员选举法，规定在2003年杜马选举中得票率达到5%的政党可以进入议会，在2003年以后的杜马选举中得票率门槛提高到7%。在普京总统第二任期内对政党法进一步作了修改，把每个党的最低党员人数从1万提高到5万；禁止政党建立竞选联盟；政党必须重新注册，达不到要求的政党被撤销登记资格。此后，俄罗斯政党数量大幅度减少，出现了重新分化组合的高潮。在2007年第五届杜马选举和2011年第六届杜马选举中形成了4个议会政党及少数几个议会外政党的格局，初步实现了普京2000年提出的建立有三四个政党的多党制目标。在2011年杜马选举中，统一俄罗斯党的得票率有所下降，在杜马中不再占有2/3的绝对多数，但仍是议会第一大党。俄共等议会反对党势力明显加强。议会外的反对派也更加活跃，杜马选举后在莫斯科博罗特纳亚广场及全国各地不断举行反对选举舞弊的大规模街头抗议活动，出现了像著名博主纳瓦利内、左翼阵线运动协调人乌达尔佐夫那样的街头示威活动的带头人。在这样的背景下，为了缓解社会矛盾，巩固和加强当局的执政地位，俄罗斯领导人加快了政党改革的步伐。此前，梅德韦杰夫总统在2009年4月签署了修改《政党法》的法律，规定从2010年1月1日起政党登记的党员人数门槛由5万降到4.5万，从2012年1月1日起降到4万。他还签署法律文件，规定从第七届杜马选举起进入杜马的得票率门槛从7%降到5%。2012年4月4日开始生效的简化政党登记程序法是上述改革的组成部分。普京重返克宫以来，司法部批准了大批新政党的登记；与此同时，统一俄罗斯党作为执政党也采取措施加强自身的组织建设和思想建设，完善党内民主选举制度和党员教育培训机制。为了推进政党改革，普京采取软和硬两种手段。简化政党登记程序以及同反对派领导人举行对话等属于软手段。对一些组织非法街头抗议活动的反对派头面人物（如纳瓦利内、乌达尔佐夫等）提出起诉并给予罚款或监禁处罚，则属于硬手段。通过软硬兼施、又打又拉的办法，把反对派纳入体制内政党范畴，以促进俄罗斯的政治稳定和社会经济发展，这就是普京的真实意图。但是问题在于并非所有反对派都愿意成为"体制内政党"。例如，纳瓦利内、乌达尔佐夫等反对派活动家并未放弃发动街头示威活动的计划，直到最近还在通过网络发起"百万人大行军"的示威活动。对于新登记的政党来说，只要目前不允许在杜马选举中结成竞选联盟的法律仍然有效，大多数新党就很难在下一届杜马选举中达到5%得票率门槛而进入议会。俄罗斯著名政治学家阿·马卡尔金认为，如果右翼自由派不能联合起来，必将在杜马选举中遭到惨败。在他看来，目前右翼反对派缺乏有威望的、能够把各派别团结起来的领导人物。[①] 左翼政党内部也缺乏共识，分歧很大，俄共领导人久加诺夫2012年已68岁，目前也找不到各派都能接受的新领袖。总的看来，普京政党改革措施能否奏效，其发展前景如何，还有待观察。

作者单位：中央编译局俄罗斯研究中心

---

① Ольга Шульга：На правом фланге согласия нет, а есть конкуренция／Независимая газета／2012－08－03.

政党·政治 ▶▶▶

对普京再任总统以来政治改革成效的检验

——俄媒体关于10月地方选举的评论

李兴耕

2012年10月14日是俄罗斯地方选举的统一投票日。这一天，在全国83个联邦主体中，有77个联邦主体的4800多个地区、市镇举行了不同层次的选举。阿穆尔州、布良斯克州、梁赞州、别尔哥罗德州和诺夫哥罗德州举行了州长直接选举。6个联邦主体举行了地方议会选举，希姆基和加里宁格勒举行了市长选举。登记选民人数达到2200万人。统一俄罗斯党在选举中以较大优势获胜，囊括了全部5个州长职位。这次地方选举是对普京第三次就任总统以来政治改革实际成效的检验，引起舆论界的密切关注和广泛讨论。现将俄媒体关于10月地方选举的各种不同评论综述如下：

一、"政治形势研究中心"学术委员会主席阿·切斯纳科夫2012年10月17日在《俄罗斯报》上发表了《十月的教训》一文①，从6个方面分析了这次选举的结果。他认为：第一，新的直接选举地区行政长官程序获得了成功。无论从选举的结果或投票率来看，都毫无疑问。选举参加者的范围扩大了，竞争者之间的斗争变得更加激烈，对选举的关注度提高了。统一俄罗斯党不仅显示了其选举机器运转正常，而且表明目前没有遇到真正的对手。第二，选举展示了多党制的发展前景。除了老党外，有19个新党参加了选举，竞争性大大加强。第三，选举表明了执政党的领导能力。当然，统一俄罗斯党是在普京总统和党的领袖梅德韦

---

① Алексей Чеснаков: Уроки октября. Российская газета — федеральный выпуск №5912(239). 17. 10. 2012.

杰夫总理的大力支持下获胜的。该党在各地区选举中得到的选票数高于在杜马选举中的得票率,这具有十分重要的意义。统一俄罗斯党重新获得了市民的支持,加强了在俄罗斯中心地区的势力。第四,选举显示了反对党的实际分量。共产党和自由民主党维持原状,公正俄罗斯党遭到惨败,在多数地区下降到第四位。第五,展示了改变游戏规则的前景。在这次选举后,只需进行一些局部变革,而政治改革的基本革新措施(简化政党登记程序、直选州长等)证明都是行之有效的。第六,新的选举运动的起始条件已经确定,它将一直继续到2013年9月8日的统一投票日为止。

二、著名政治评论家伊凡·罗金2012年10月16日在《独立报》上发表了《大党的选举——为什么打开多元政治结构的闸门?》[①]一文,分析了俄罗斯政治体制改革的成效和存在的问题。他提到,在10月地方选举中,俄罗斯有40个政党获准注册。现在任何专家都无法预测,到2013年9月8日举行下一次地方选举时俄罗斯将出现多少政党,也无法对俄罗斯到底需要多少政党达成一致意见。即使政党多元化过程的推动者也未必能够回答这个问题。目前还有数百个政党筹委会提出了注册申请。2011年底,俄罗斯总统梅德韦杰夫在其最后一个总统咨文中宣布实行政党体制自由化方针,而欧洲人权法庭作出判决,要求俄当局恢复俄罗斯共和党的注册资格。共和党成为俄罗斯合法政党名单中的第8个政党。从5月中旬起,俄司法部接连批准了一系列政党的注册申请。除了原有的7个党以外,在不到半年的时间里涌现出33个新党。一些观察家注意到,负责政党注册的政府机关采取了"斯达汉诺夫工作法",但令人遗憾的是,数量指标掩盖了这些新党的实际质量。为什么要建立这些党?谁建立了这些党?它们有什么用处?对这些问题都没有明确的解答。有几个党自称"人民党",例如:"保护俄罗斯妇女"人民党、绿色同盟—人民党以及俄罗斯人民党。后者的领导人亚历山大·瓦谢尼在提到自己的职务时不是按照政党的说法,而是按照商业方式——董事会

[①] Иван Родин: Мегапартийный выбор. Почему были открыты шлюзы для многообразия политических структур. Независимая газета. 16.10.2012.

主席。这种对待政党的商业态度毫不奇怪，专家们对此早就提出过警告。许多专家认为，列入"40个政党名单"的某些政党是典型的"拆台者"（спойлер，来自英语 spoiler，指在选举或体育竞赛中一些并没有机会取胜，但是千方百计使其他参加者也无法取胜的参与者），他们在总统办公厅有关部门的策划下从事这样的勾当。那些在名称中带有"退休者"、"人民"以及"公正"等字眼的党，显然是针对公正俄罗斯党而建立的。而俄共也有了两个明显的竞争对手——"社会公正共产党"（简称 КПСС）和"俄罗斯共产党人"党。针对"亚博卢"党的也有两三个党。但是，不能把当局从原先那种严格的、仅有少数几个政党的体制转到目前超级自由主义（сверхлиберальный）的多元化政党体制，完全说成仅仅是为了建立"拆台者党"。从国家的两位最高领导人的言论中也许可以了解他们的真实意图。2011年12月22日梅德韦杰夫总统在国情咨文中说："我听到有些人谈论必须实行革新，我理解他们。必须让所有积极公民都有合法参加政治生活的机会"。普京第三次当选总统后，于2012年7月31日在"谢利格尔—2012"青年大会上回答"为什么在俄罗斯要有那么多实际上得不到社会支持的政党？"问题时说：这样做的目的"正是为了使这些政党懂得，社会不支持他们。这里包含着重大的深刻含义，因为假如禁止某些人建党，有人就会认为，因为上帝睡着了，至少是打盹了，所以漏掉了他。当人们从地下走出来，说明自己的观点、自己的信仰，表达自己的立场，提出自己的纲领，这时就会真相大白：社会是否支持组成政党的这些人，或者为了得到选民的支持，他们必须作出变化。这就是重大的政治含义。"

三、俄罗斯"真理报网站"发表了安东·波诺马廖夫撰写的《选举的总结——对反对派的教训》一文，介绍了"发展公民社会基金会"于2012年10月19日召开的"根据新规则举行的选举结果"圆桌会议的讨论情况[①]。基金会主席康·科斯金说，这次选举的特点是恢复了州长直选制，许多新党参加了竞选，但是它们的表现不好。经过几次选举之后，将来这些党可能会获得较好的成绩，但

---

① Антон Пономарев: Итоги выборов—урок для оппозиции. http：//www. pravda. ru//19. 10. 2012.

并不是所有的党都会是这样。那些"拆台者党"以及在地区选举中不能积极开展活动的党将被迫退出政治舞台。除了统一俄罗斯党，其他几个议会政党的选票都下降了。虽然自由民主党和俄共减少的选票不算太多，而公正俄罗斯党则遭到惨败。统一俄罗斯党显示出能够克服2011—2012年、甚至2010—2012年以来的消极趋势。该党重新把城市争取了过来。统一俄罗斯党在10月选举中的胜利与普京重返克里姆林宫有直接联系。由于普京采取了积极的政策，社会恢复了政治信心。普京的个人声望对提高政权党在地方选举中的得票率产生了积极影响。基金会地区研究部主任维·伊凡诺夫认为，所有的反对党都没有表现出争取胜利的愿望和创新力，只在屈指可数的几个地方取得了不错的成绩，例如俄共在布良斯克和自由民主党在乌德穆尔特。公正俄罗斯党则全军覆没。而新的"博罗特纳亚"反对党的成绩单也令人沮丧，只有俄罗斯共和党—人民党在巴尔瑙尔给人留下一些印象。"政治专家小组"领导人康·卡拉切夫也表示赞成关于反对党无法动员自己选民的论断。他认为，反对派政治家必须更加关注建立竞争的阵地。竞争迫使统一俄罗斯党实行变革，而反对党没有任何变化。他认为，如果反对党不从这次选举中吸取深刻教训，反对党的前途将变得暗淡。

全俄社会舆论研究中心主任瓦·费多罗夫在谈到这次地方选举的投票率时说，通过对俄罗斯历次选举中的投票率统计数据的分析，可以看到，中央政权机关选举的投票率较高，而地方选举的投票率一般只有30%。参加投票的青年人少于老年人，这是俄罗斯的历史特点。他认为，基本选民都参加了这次选举，选举结果并不是偶然的。俄共有自己的基本选民，统一俄罗斯党的基本选民数量大大超过俄共。自由民主党也有基本选民，但不够稳定。而公正俄罗斯党则没有稳定的基本选民。

作者单位：中央编译局俄罗斯研究中心

普京会见俄罗斯州长直选的五位获胜者

高晓惠

2012年10月14日是俄罗斯5个州（阿穆尔州、别尔哥罗德州、布良斯克州和诺夫哥罗德州）进行首场州长选举的直选日，这是自2004年最后一次俄罗斯州长直选之后，事隔8年俄罗斯再度恢复直选。选举的总体结果确认了"统一俄罗斯"党的优势地位，现任州长——也是"统一俄罗斯"推出的候选人——全部在第一轮中获胜，而且得票超过第二名的幅度高达40到60个百分点。这5位新当选的州长是：阿穆尔州州长科任米亚科，别尔哥罗德州长萨夫琴科，布良斯克州州长邓宁，诺夫哥罗德州州长米津，梁赞州州长科瓦廖夫。

恢复州长直选的法令于2012年5月在梅德韦杰夫总统任内通过。根据该法令，俄罗斯各联邦主体行政长官的候选人先由各政党推选产生，然后该联邦主体居民再通过直接投票的方式从这些候选人中选举出地方行政长官。"联邦法律规定，俄罗斯各主体最高负责人由俄罗斯公民在普遍、平等、直接、不记名投票的基础上选举产生。"通过直选产生的地方行政长官的任期为5年，不得连任两届。不过，虽然新法案规定地方行政长官实行直选，但仍保留了克里姆林宫的影响力。法案规定，若发现行政长官有腐败行为或涉及其他利益冲突，总统有可能免除其职务。此外，如果行政长官违反俄联邦或地区法律，总统也可以将其召回。

10月24日，普京在新奥加廖沃同新当选的五位州长会面。首先普京祝贺他们当选。

在会见时，普京并未否定过去推选地方首脑的制度。他提醒说，这个制度是相当民主的，立法会议代表为地方执政当局未来的首脑投票。但针对新的地方长官直选，总统强调，直接的不记名投票负有特殊的责任。而且这个责任既是建立在选民，也是建立胜利者的基础上的。"你们肩负着比任何普通公民要重大得多的责任"普京道。他补充说，人们信任有经验的、有工作能力的领导人，但还有很多问题，有很多未解决的问题。"选举过后，工作责任并未完结，而仅仅是开始。最重要的责任是实施你们在竞选过程中自己确定的及你们认为至关重要的那些计划和任务。人们期待着你们的行动，正如人们说的，期待着你们无论如何不要言行不一。"

总统承认，他毫不怀疑现任州长，特别是近几年在工作上表现出良好能力的人一定会得到人民的支持。"你们的选民们期待你们完成有效的、坚持不懈的和目标明确的工作，你们所在地区的公民会感觉到你们的工作成果，而间接的成果将影响到全国。"

俄罗斯地方行政长官直选的后续效应还有待观察。

作者单位：中央编译局俄罗斯研究中心

俄罗斯总统 2012 年国情咨文评析

李 莉

12月12日是俄罗斯宪法日，2012年普京总统选择这个具有特殊意义的日子发表国情咨文，在某种程度上也体现出对宪法的尊重。咨文关注到国内、国际形势的变化，也综合考虑了政治体制和社会生态的微妙因素，因此总统咨文既描述了俄罗斯所处的时代特征和发展阶段，又务实地阐述了国家中长期发展规划和具体目标。

咨文的主要内容

1. 民生问题。普京在咨文中开宗明义，咨文的重点是"俄罗斯前进道路中的某些原则性问题，不仅是中期而且也是长期远景的问题"，"国家现阶段的任务是建立富强和幸福的俄罗斯"。这便为咨文定下了一个基本方向：关注民生和民主。

首先是住房问题，特别是社会领域的专家、医生、教师、学者、工程师等住房问题，以及青年、现役军人及退伍军人的住房问题。普京强调要积极发展贷款业务和租赁市场。其次是医疗问题，包括医生工资待遇问题。当前俄医疗事业的发展与公民日益提高的社会需求还远远不相适应，甚至由于医生收入水平较低，出现了日常生活中的贿赂现象。因此，必须提高医疗服务水平和医生工资。第三是教育问题，普京强调教育发展的均衡原则和创新原则。转变教育投资方向和思路，由过去的向莫斯科和圣彼得堡等大城市倾斜转向地方大学倾斜，特别是那些与地方企业有科研开发合作的大学。吸引最优秀的大学生进入教育、医疗、科学等创新领域。第四是人口问题，俄罗斯人口问题的突出矛盾得到一定程度缓解，出生率显现出上涨的趋势，国家将持续人口政策，给予多子女家庭经济补偿和经济资助。咨文也强调了基础设施建设，加大对道路及交通设施的投资额度。

2. 爱国主义。第三次重返克宫，普京面临的内外环境都很复杂。俄罗斯与西方在文化认同、道德价值和国家精神等方面的冲突已经成为另一战场。普京需要一套强有力的观念团结社会和国家，而爱国主义是维护民族同一性和国家认同的最强纽带。

普京指出，"在21世纪经济、文明和军事力量的新分布背景下，俄罗斯应该成为一个主权的、有影响力的国家。我们不仅应该自信、坚定地发展，同时还要保持自己民族的、心灵的同一性，不要作为一个民族失去自我。俄罗斯就是俄罗斯。"普京强调，"应该将个人的生活、工作与关心周围环境、整个民族意志和国家利益结合起来。在宪法中，公民对国家的义务是俄罗斯国家性的基本原则。正是在公民义务中、在爱国主义中，看见了我国政治的巩固基础。缺乏公民义务，社会不可能存在；缺乏公民义务，国家特别是多民族的国家也不可能存在。"在促进民族统一和加强爱国主义教育的同时，普京强调，不应该通过禁止和限制的方式，而是应该加强社会稳固的精神道德基础，用俄语、历史、文学、世俗伦理和传统宗教基础等手段潜移默化。

3. 政治改革。普京关注到不断上扬的公民意识，以及政治体制自身的一些问题，根据国内外形势的发展变化对政治体制进行了适切性调整。他指出，政治制度变化和现代化是自然的过程，甚至也是必要的过程。

普京首先表明："俄罗斯没有其他别的选择，除了民主"。但同时又强调，俄罗斯的民主是具有民族自治传统的人民的选择，反对外部强加的"输入式"民主。从根本上这还是"主权民主"的概念推演。普京认为，民主包括遵守和尊重现行法律、规则和标准。执政党、政府、总统可以更换，但不应动摇国家和社会的基础，不能中断国家发展的连续性。其次，普京强调了政治竞争，提倡良性的政治竞争，反对民族主义和分离主义；反对外部势力直接或间接的干涉俄罗斯内政。普京也指出国家应该保障所有政党获得大众信息资源的平等通道，不仅是在选举期间,还包括日常生活当中。普京总统提及了混和体制和竞选联盟,在今后也将得到恢复。

4. 反腐败。俄罗斯尖锐的腐败问题是社会矛盾激化的来源,降低了普京的执政威信,甚至已经威胁到政权的稳定性。因此,2012年的国情咨文再次将反腐败作为重要议题。普京在文中表达了反腐败的决心和反腐败的力度。

针对严重的腐败问题,甚至还包括日常生活的贿赂问题,普京提出了国家管理的新模式:第一,工作目标应该是可被检验的、透明的、合理的;第二,普遍实施新的监督形式和监督方法;第三,提供有竞争力的工资、物质、精神及职务升迁鼓励体系,促使其不断改进工作,而懒散的工作人员将会被开除公职。普京指出,如果选择了国家公职,就应该对那些限制、对社会监督、对完成社会需求有所准备。通过法律提案禁止官员在国外拥有账户(包括有价证券和股票)。至于在国外的不动产,官员应该进行申报,报告完成交易合同的价值,并申明收入来源。完善监督体制,与监督收入和财产并行的还应该监督官员的支出和获得物。普京指出,"国家的道德声望是俄罗斯发展的基本条件,因此政权的净化和更新政策应该坚决地、持续地进行。"

5. 经济改革。长期以来,俄罗斯经济高度依赖能源产业。尽管一直致力于摆脱对能源的依赖,但成效并不明显。2012年国情咨文中,普京再次强调要调整产业结构,推动创新型经济。

普京指出,能源经济的直接后果就是国家发展失衡、劳动市场失衡和社会领域失衡。俄罗斯应该发展创新经济,新经济增长模式的中心应该是:经济自由、私有财产和竞争,发展现代市场经济而不是国家资本主义。因此,俄罗斯经济未来将要致力于改善投资环境,加快推进私有化进程。普京还强调要创造2500万个就业岗位,解决就业问题。预计2013年上半年,解决征收奢侈品税的问题。强调区域平衡发展,"向东方发展"是俄罗斯21世纪的重要方向,西伯利亚和远东是具有巨大潜力的地区。针对俄罗斯经济"离岸化"严重,普京支持政府采取相应的配套措施解决这个问题,同时加强离岸经济的透明性,开放税收信息。

咨文的特点

1. 连续性。普京执政理念和治国战略具有连续性。本质上普京仍然坚持"主权民主"思想。同时，普京希望通过爱国主义来整合国家思想，在强国的爱国主义中又注入了道德精神基础。普京强调历史的连续性。"为了复兴民族意识，我们应该将历史时期连接在一起，并明白一个朴素的真理：俄罗斯不是从1917年甚至也不是从1991年开始的，我们有统一的、连续的、千年的历史，依靠于此我们可以获得内在力量和民族发展的意义。"社会政策的连续性，即坚持俄罗斯中期社会和政治稳定的既定政策，实现国家富强和民族复兴。

2. 务实。与往年相比，2012年国情咨文内容具体、明晰。一些原则性的、宏观性的问题较少涉及，主要着眼于具体的民生问题（教育、医疗、住房、基础设施）、反腐败问题等。较少谈及成就，主要致力于国家中长期的战略任务和发展目标。在教育、住房和社会等民生领域，非常明确地强调了联邦主体的义务和责任。一方面为俄罗斯的未来发展指明了方向，又为实现远景规划提出了具体的施政措施。

3. 时代感，也是一个亮点。普京对当前时代特征进行了总体描述：全球化的发展愈发不平衡。对俄罗斯乃至全世界来说，未来数年将是决定性的，甚至可能是转折性的。世界将进入大转折、大震荡的时代。普京也对俄罗斯所处的历史发展阶段进行定义：俄罗斯走完了最重要的恢复和重建工作，即将进入新的发展阶段，建设一个富裕、安康的俄罗斯。通过未来的中期发展，实现主权的、有影响力的国家。

4. 回避敏感问题。2012年的国情咨文也回避了一些问题，如反对派和街头运动。在外交政策领域，普京认为世界是多极化的，强调解决国际问题应该秉持协调原则。但历来受到关注的大国关系并没有涉及。对叙利亚、伊朗问题也没有表明态度。比较有趣的现象是2005年国情咨文也没有谈到国家外交政策。

咨文的评析

首先，咨文的重点落在关乎俄罗斯民众切实利益的民生问题。咨文提出的中期发展目标整体上来看也是比较具体、务实的。全俄社会舆论研究中心数据显示：36％受访者认为目标是具体的且近期能够实现；42％受访者认为目标是具体的，但担心其结果不能实现。调查显示在最受关注问题的队列中，反腐败占17％，位列第一；改善民生、教育、人口等位列其后。这一方面说明咨文比较准确地把握了民众的关注取向和利益重点，另一方面也显示了民众的信心和耐心在减弱。因此普京未来的主要任务，套用我们中国的说法就是：保增长、保稳定、保民生、促发展、反腐败。

其次，普京的政治体制具有一定的弹性和灵活程度，俄罗斯从民主程序上致力于更加公正、开放和竞争的政党政治活动。简化政党登记制度、恢复地方直选等改革措施旨在增加政治竞争，咨文还谈及恢复混和体制和竞选联盟问题，各个政党平等使用大众信息资源等问题，目的是吸引更多政党和社会力量参与到国家政治进程中。当然，普京的制度改革与叶利钦时期无序的党派之争不同，俄罗斯已经建立起一支任何政党都无法与之鼎足而立的政权党。改革对内可以安抚反对派和群众不满情绪；对外可以回应西方国家在民主问题上对俄罗斯的指责，减轻国际压力。

最后，威胁稳定的因素也是存在的。首先是制度的风险。创新经济的前提是保证自由和竞争，这些需要有效的政治体制进行保障。普京的执政理念认为国家的推动力是首要的，能够保障优先发展项目，降低风险；但是国家的干涉却可能带来低效、腐败和权力寻租。因此考验普京的是政治体制与经济体制的适切程度。第二是社会发展的风险。俄民众普遍不太关心政治，调查显示：没有关注国情咨文的占受访者51％，不太关注的占20％。社会中存在的庞大的不参与群体是俄罗斯政治稳定的不利因素。如果缺乏经济良性发展，民生得不到改善，政权稳定的基础就会动摇。社会动荡加剧的时候，消极参与团体就可能成为强大破坏力的潜在力量。

作者单位：中国社会科学院俄罗斯东欧中亚研究所

俄罗斯保守主义现代化的实现路径

阿列克谢·朱京 著 黄登学 编译

  2011年3月9日,"统一俄罗斯"党网站刊登俄政治舆情中心副主任阿列克谢·朱京的长篇报告《保守主义现代化:当代发展的思想体系》。对俄罗斯保守主义现代化的时代背景、价值内核及改革原则进行了论述,分析了保守主义现代化的实现路径。现将部分内容介绍如下。

  实现社会现代化是一个系统工程,是俄罗斯保守主义现代化的核心选择。整顿和改善社会;扩大个体自由的空间;充实"新思想";实现社会的"资本化"和"大社会"的重新一体化是其五个主要方面。

一、整顿和改善社会

  整顿和改善社会的状况是俄罗斯保守主义现代化的首要任务。保守主义现代化思想所提出的整顿和改善社会,就是要通过将酗酒、吸毒、暴力、对别人与自己生命的轻视以及对法律与所有权的不敬挤向社会与道德的边缘,从根本上改变社会实践与社会习俗。整顿和改善社会计划包括的范围极其广泛:家庭、儿童、健康、安全、责任及社会风气等。

  巩固家庭与保护儿童是整顿和改善社会的出发点。当前,家庭已经成为绝大多数俄罗斯公民生活价值的核心,是避免俄罗斯社会衰退与混乱的最后一道防线。对于很多人来说,家庭本身代替了社会,并与社会变得格格不入甚至成为社会的敌人。个体意义与"大社会"价值的消失将所谓"自己人"的小圈子缩小到了近亲的范围:其他所有的人都变成了既不值得同情,也不值得合作共事并且可以对其为所欲为的"外人"。

在一个社会联系断裂的社会里,家庭背负着"过于沉重的负担":它被迫担负起一些不应由自己承担的功能,从而无法继续胜任自己的直接任务。巩固家庭——就是巩固现代社会的主要准则。

俄罗斯社会改善措施取得成效的一个重要"框架式"条件,是建立强大的现代化的社会制度和能够生产必要的社会财富的高效率国家。社会改善的一个必要条件,是承认传统价值观是现实生活不可分割的一部分。只有当破坏性习惯被符合快速发展的社会需求的习惯所取代时,才会实现社会改善的最终目标。改善社会是解决保守主义社会现代化的天然前提条件。

二、扩展个体的自由空间

现代社会赋予个体按照自己的意愿行动的权利自由,但在现在的俄罗斯社会,个体自由却遇到了相当多的障碍,它们常常需要个人具备坚定一贯的勇气或者做好定期违反法律与道德准则的准备。由于动机与目标扭曲变形,成本与个体风险成倍增加,结果造成人们失去了根据职业或者志向进行工作,取得创造性成果和大展事业宏图的机会。

在现今的俄罗斯,个体的自治在很多方面是以消极的形式——生活价值降低、目标迷失、孤独与无助——表现出来的。对人个性尊重的缺失问题早已从道德领域转移到了经济与政治领域。自治的个体以及主要社会行为体在许多方面与主要的社会机制格格不入。

在今天的俄罗斯,限制个体自由的主要原因在于社会制度的混乱无序。

保守主义的社会现代化要求扩展个体的自由空间,主要的条件是要重建现代的社会制度,实现创新与个体行为有机结合的稳定社会秩序,重建与强化国家的行为能力。只有赋予国家生产现代社会财富首先是确保社会环境安全及可预见性的能力,才能为扩展个体的自由空间创造基础。

还必须实现个体的新型现代化,改造个体的人生价值观,并把个体的行为目标集中在高效能的活动上。扩展个体的自由空间,要承认各种所有高效劳动以及与此相伴而生的各种素养如高超的技能、坚忍不拔的精神、机敏聪慧、才干、团队合作能力、执行力与自制力等的社会价值。

扩展个体自由空间的一个重要方面是实现职业化,也就是能够集中精力去从事自己自由选择的活动,有机会去提高技术水平并运用所积累的知识与技能推动职业长进与社会进步。职业化是未来社会扩大个体自由的迫切要求。如果能以新的生活方式作为支撑,扩展个体自由空间的目标就会成为现实。新的生活方式要求巩固高效的、社会需要与得到社会支持的各种个体活动以及与其相关的职业与社会角色的中心地位。发明家、工程师、科学家、卓有成效的企业家、教师与医生、工人与农民、军人与内行的管理者应当成为社会的主角。家庭、身体与精神健康、关心亲人、社会团结以及关注社会利益应当重新成为社会的价值追求。

三、"新思维":社会意识的现代化

现代社会价值的真正意义是它能够以新的方式引导人们的行为,产生新的生活坐标、新的动机与新的思想。社会意识的现代化不是取决于其解决历史问题的能力,而是取决于其解决今天的任务以及应对未来挑战的能力。在确立现代制度并消除妨碍其正常运转的障碍后,社会意识的现代化依然不会自动到来,前一时期草草地从破产的旧制度的价值观念中解放出来并未能使俄罗斯社会意识实现现代化就证明了这一点。

社会意识的现代化是一个长期的过程,需要在价值和观念的所有方面付出长期的、目标明确的努力。俄罗斯社会意识的现代化要求:重新确定主要的社会价值理念并充实相应的意义,在它们之间建立正常的比例关系;填补公众目标体系中的"空白点";重建社会制度的道德基础;在传统与现代、科学与宗教之间建立新型的关系。

现代的个人主义。就抽象的形式而言,现代个人主义是通过一整套的生活目标确定的:追求自由的自我实现,争取做自己命运的主人,渴望建功立业,并最终争取在自己自主与自愿选择的各种不同活动领域取得领先地位。

个人主义作为一个生活原则，其价值依据是由个人主义与制度之间的不可分割的联系所决定的。通过制度采取行动，是实现个人主义价值无可选择的方面。个人主义只有在制度化的环境中才能成为现代的个人主义，而社会准则的改造也要为个体自由创造空间。如果不能扩展到追求充实的生活，包括建立理性和积极的社会联系，个人主义的价值依然是不完整的。

高效劳动、交换、积累以及协调的社会价值。 在社会意识的现代化进程中，首先必须恢复高效劳动的崇高社会价值。在现代社会，可以创造新价值的劳动是社会的核心准则。

卓有成效的工作状态应被看做是一种崇高的社会价值追求。

需要获得价值意义的还包括像交换、积累、协调等这种有益的社会活动。

协调作为一种特殊活动也应当赋予价值地位。持续一贯的协调能力是进入现代复杂社会的通行证，现代复杂社会只有依靠持续不断地协调各种不同的人类活动才可能形成。协调是一种特别复杂、困难和有价值的活动，是人类社会共同体内部实现协同运转的一个主要机制，它能够确保人类采取联合或者协同一致的行动，同时又不损害参与者的自治。

此外，要想实现社会意识的现代化，还需要改变从事"制造非凡价值"——新形式与新思想的特殊人类活动的价值地位。制造新形式与新思想成为集体发展的一种战略资源。

科学与宗教的协同作用。 社会意识的现代化需要重新确定科学与宗教之间的关系。

在将传统向现代社会传播的过程中，俄罗斯具有深厚历史根基的宗教——东正教、伊斯兰教、犹太教和佛教扮演着独特的角色。教会拥有强大的力量，但它不能代替或者越权取代世俗制度。教会是最重要的但却不是唯一的传统载体；俄罗斯科学与世俗文化政教分离的传统已经长达几个世纪。科学与宗教需要联合起来，共同"培育"新的思想。

作为现代化"同盟"的俄罗斯传统。 社会意识的现代化并不仅仅归结为确立现代的价值观，传统也是现代社会必然的本质属性。缺乏积极而理性的传统的现代社会是肤浅和短暂的。社会意识的现代化需要不断去和传统对话,实现现代与传统价值观的"连贯统一"。传统价值观仍然继续是俄罗斯社会的基础,在俄罗斯社会的文化内核当中居中心地位的依然是"信仰—期望—爱"这一价值综合体。

21世纪崭新的现实世界再一次要求恢复俄罗斯传统的基本价值观。在俄罗斯社会中,传统美德构成了合理化的、个体化的、简明化的现代价值观——信任、个人乐观主义与社会团结的非理性基础。但传统的意义并不仅仅归结为支持个人主义的、唯理性主义的以及包罗万象的价值观,在崭新的现代世界,传统还具有独立价值。不重建只能来自于传统的社会秩序的道德基础,社会意识的现代化是不可想象的。

四、俄罗斯社会的"资本化"

现代社会最重要的本质属性与结构特点是"高质量"的人力与社会资源,包括人们的健康、精神特性、职业经验、知识与技能的储备和积累等。不大力投资发展教育,保护健康与健康的生活方式,要形成和发展人力与社会资源是不可能的。

积蓄现代人力与社会资源并将其投向社会(实现所谓的"资本化")是保守主义的社会现代化的思想核心。要使俄罗斯社会的"资本化"政策取得成效,需要实现制度与实践的现代化,确保将财政资源、健康、知识及信任转化为人力与社会资本。

国家是社会"资本化"政策的首创者。社会性国家不可能取消,它是俄罗斯宪法规定的构建其现代社会的最重要机制。社会政策需要重新确定,而其手段则应该扩展,旨在"屏蔽"市场的传统社会政策是一条死路,也是持续不断和毫无结果的冲突的根源。

实现社会"资本化"的先决条件是,原则承认教育、科学与文化是一个统一的空间,在该统一的空间内培育才智、精神风貌与社会技能,实现知识、技能与价值观念的传递、交流与发展。俄罗斯社会的"资本化"要求实行发展型社会政策,保守主义的现代化要求在动态的比例平衡中实现两种"古典"社会政策模式——"补助性"与"共同分担性"模式的融合，同时发挥新模式——旨在实现俄罗斯社会资本化的"社会性投资"政策的主导作用：有针对性地向俄罗斯公民及其建立的信任网络充分提供个体与社会资源。

五、重建"大社会"

未来重新一体化的现代俄罗斯社会就像若干个同心圆：第一个同心圆是巩固的家庭，第二个同心圆是超区域社会职业共同体，第三个同心圆则是重建的俄罗斯政治民族。

政治民族的构建。苏联的垮台进一步加剧了俄罗斯人对集体认同的需要，广阔的幅员版图、统一的地域、共同的语言和文化、共同的历史命运以及强烈的认同意识是现代俄罗斯政治认同的基本特点。

建立俄罗斯政治民族，需要以不同的速度在几个方面同时推进。

政治民族是"手工制造"的现代世界的组成部分，它也并非一经建立便一劳永逸，而是需要不断地重建与更新。现代社会是一个复杂的社会，其特点不仅表现在社会的多元化，而且表现为文化的多元化。重构政治民族的主要任务之一就是在充满文化差异的条件下保持一个统一的意义与认知空间。现代俄罗斯保守主义既反对谋求自足性的大众文化，也拒绝所谓"高雅"文化的代表所特有的那种对待大众文化的蔑视态度。"高雅"文化与大众文化虽然以各自不同的语言说话，但却都应当传递互不矛盾的思想和意义，这些思想和意义都来自于俄罗斯政治民族整体性的社会与历史经验。此外，政治民族的每一步重建还都应当考虑到所走过的道路与未来目标，并以新的思维重新理解自己作为统一的意义整体所走过的历史，避免自己沦为某一特定发展阶段的"俘虏"，确保自己在时间上的一体化。

苏联历史：俄罗斯政治民族的连接环节。确定苏联时期在俄罗斯历史上的地位是重建俄罗斯政治民族时间连续性的主要问题。历史意识的现代化也是社会现代化的一部分，其主要任务就是要提高社会理解复杂历史意义与洞察各种矛盾间相互联系的能力。

有关苏联历史的社会讨论是从和解与和谐的思想以及恢复对历史的完整认识开始的,但很快这个讨论就变成了政治斗争的工具。

必须把现代与过去、政治与历史分开,并从对历史的讨论中剔除现实政治的因素。重新理解苏联历史才刚刚开始,但必须承认的一点是:苏联时期的历史意义就在于它实现了俄罗斯向现代社会的转型。苏联历史的最重要借鉴就是充分认识保守主义的现代化思想所提供的发展模式的意义。

译者单位:山东大学政治学与公共管理学院

当代俄罗斯智库

李铁军

智库即智囊机构，也称"思想库"、"智囊团"，是指由专家组成，为决策者在处理社会、经济、科技、军事、外交、生态等各方面问题出谋划策的公共研究机构。俄罗斯智库结构复杂，与欧美那些更具独立性的智库不同，既有官方智库，也有民间智库，甚至还有外国资本支持的智库；既有综合型智库，又有行业、部门和专业型智库。当代俄罗斯正在经历一个复杂的民主和现代化进程，公民社会建设尚处于初步发展阶段。国家、商界、社会和学术界四者之间还没有建立成熟稳定的互动机制，所以俄罗斯智库都面临着寻求自身定位的问题。从俄罗斯当前的政治生活现实来看，要建设真正意义上的独立智库还任重道远。当代俄罗斯的主要智库可分为三类：官方智库、学术性智库和商业性智库。

一、官方智库

官方智库包括俄联邦总统和联邦政府组建的智库（比如总统经济委员会、俄罗斯战略研究所），一些由政要领导的准官方智库（比如战略研究中心），以及科学院系统的智库（比如世界经济和国际关系研究所、美国加拿大研究所）等。

1. 总统经济委员会

2012年7月16日，俄罗斯联邦总统弗拉基米尔·普京签署总统令，宣布成立俄罗斯联邦总统经济委员会，其宗旨是"作为总统的咨询机构，对俄联邦社会经济政策各个重要方面建言献策，确定其战略和实施策略，确立保障经济可持续发展和技术升级的各项机制"。这是迄今成立的最年轻的官方智库，也称为顶级智库。

　　普京总统亲自出任经济委员会主席，俄联邦政府经济发展部长 А. Р. 别洛乌索夫和前任经济发展部长、现任总统助理 Э. С. 纳比乌琳娜出任经济委员会副主席，秘书长则由总统专家局局长尤达耶娃担任。委员会成员包括许多政府要员、财阀和知名学者，所以被称为顶级智库。

　　7月20日，普京总统主持召开经济委员会第一次会议，对这个俄罗斯当前最年轻、最高级别的智库寄予厚望，他请求智库专家们协助总统和政府分析研究经济形势，为国家的经济管理行为建言献策，希望专家们提出切实可行的决策方案，并对国家的各项决策及其后果进行专业评估。有意思的是，这次会议还特别邀请了德意志银行驻俄罗斯分析部门负责人、首席经济学家 Я. Д. 里索沃里克列席。这反映出俄罗斯执政当局不仅重视本国智力资源，对引进外部智力资源也十分关注。

　　2. 俄罗斯战略研究所

　　俄罗斯战略研究所是俄罗斯联邦政府智库，根据俄联邦总统1992年2月29日第202号总统令成立于莫斯科。作为国家智库，主要职能是在维护国家安全领域，为联邦政权机关确立国家政策的战略方向提供信息和分析保障，从战略层面对涉及俄联邦外交、国防、经济、生态及其他方面安全的重大问题提供综合性专家分析，并提出切实可行的建议。

　　战略研究所下设周边国家问题研究中心、人文研究中心、亚洲和中东研究中心、经济研究中心、欧洲大西洋研究处、国防政策处、六个区域信息分析中心（波罗的海地区、黑海—里海地区、乌拉尔地区、亚太地区、圣彼得堡、伏尔加河流域）、两个国外分部（法国、土耳其）。

　　战略研究所现任所长是 Л. П. 列舍特尼科夫，主要学者有 К. А. 科卡列夫（常务副所长），Л. М. 沃罗比约娃，В. М. 布林科夫，А. В. 格拉佐娃，В. М. 扎哈罗夫，Г. В. 克列基宁，А. А. 尼古林，В. Е. 诺维科夫，И. В. 普罗科菲耶夫，Г. Г. 季先科等。

　　作为专业从事战略安全研究的政府智库，战略研究所与俄罗斯所有国家机构均有良好合作关系。研究所根据需求为总统办公厅、联邦会议上下两院、联邦安全委员会、联邦政府开展专题研究。

3. 战略研究中心

战略研究中心成立于1999年,"战略研究中心"基金会的创办单位包括高等经济学院、俄罗斯科学院国民经济预测研究所、俄联邦政府立法和比较法学研究所、俄联邦政府经济改革工作中心、经济分析研究所等机构。

战略研究中心是专业从事社会经济政策研究的重要智库,参与俄罗斯社会经济领域多数改革的设计和实施,包括:(1)教育、卫生、军人社会保障、退休制度、移民政策等社会领域的改革;(2)战略规划、行政改革等政权建设领域的改革;(3)经济发展研究:竞争政策、经济特区、金融市场发展、农业发展、科学创新和发展机制、长期对外经济战略、基础设施;(4)能源和交通研究,包括提升道路交通安全、住房市场、自然资源利用等领域。《俄罗斯联邦2010社会经济发展战略》就是该研究中心的成果,中心还负责设计俄联邦总统提出的一系列"国家工程"改革。

战略研究中心约有100名左右常任研究人员,现任总裁是 М. Э. 德米特里耶夫(2000—2004年任俄联邦政府经济发展和贸易部常务副部长),基金会董事长由俄联邦总统国民经济和国家行政学院院长 В. А. 马乌出任,现任伊尔库茨克州州长 Д. Ф. 梅津采夫任基金会副董事长,基金会监事会主席由俄联邦政府副总理 Д. Н. 科扎克担任。

研究中心的赞助商都是俄罗斯目前实力雄厚的大公司,包括"俄罗斯天然气公司"、卢克石油公司、俄罗斯石油公司、通讯投资公司、西伯利亚石油公司、"统一电力系统"公司等。

4. 俄罗斯现代发展研究所

俄罗斯现代发展研究所成立于2008年3月,其前身是俄罗斯信息化社会发展中心。俄罗斯信息化社会发展中心是俄罗斯通过《信息化社会宣言》后建立的科研机构,主要负责研究信息和通讯技术。

现代发展研究所的宗旨是整合最优秀的专家力量,为制定重要国策提供建议

并起草重要文件。研究所现设有六个项目

管理部，分别负责国家工程、社会政治发展问题、信息化社会发展问题、社会经济发展问题、社会工程、国际发展问题。现代发展研究所所长、董事会主席 И. Ю. 尤尔根斯是梅德韦杰夫总统的智囊，俄罗斯很有影响的经济学家，他还是高等经济学院教授，俄罗斯联邦社会院委员，俄罗斯联邦总统公民社会和人权机制发展促进委员会委员。研究所董事会的成员大都是俄罗斯知名学者、政界人士等。现代发展研究所很多成员都是最新成立的总统经济委员会的成员。

现代发展研究所 2010 年发布的题为《21 世纪的俄罗斯：理想的明日形象》的报告曾引起俄罗斯社会的广泛反响。

俄罗斯 2012 年总统大选前，现代发展研究所所长尤尔根斯曾经强烈支持梅德韦杰夫竞选连任。大选结果当然众所周知。总统大选结束后，尤尔根斯曾在访谈中说，现代发展研究所的地位将会有所下降。

5. 经济战略研究所

经济战略研究所成立于 1990 年 9 月，由俄罗斯著名经济学家、俄罗斯科学院通讯院士 А. И. 阿格耶夫创立，接受俄罗斯科学院社会科学部的学术和方法指导。

经济战略研究所现有 300 多名研究人员（其中有 100 多名博士和副博士），主要研究方向是国家治理、公共管理和公司管理。研究所的创始人阿格耶夫担任总所长，所长是俄罗斯科学院院士 Б. Н. 库兹克。

经济战略研究所下设 24 个学术研究中心，在俄联邦 25 个城市设有代表处，16 个国外代表处。目前的研究课题包括战略管理、俄罗斯发展方案、全球竞争力研究、行业（包括能源和高技术产业）创新计划。研究所的合作伙伴和客户包括一万多家俄罗斯国内外机构。

二、学术性智库

这一类智库属于非政府、非商业的独立社会团体，侧重于学术研究，研究成果的学术性强于实用性，一般都与科学院机构和各种学会有关联。智库经费多来自于机构和个人赞助,很多智库接受国外资助。

1. 外交和国防政策委员会

外交和国防政策委员会由一批知名政治家、企业家、实业界领袖、社会和国务活动家、国家强力部门、军工综合体、学术界和媒体界知名人士于1992年2月发起成立,总部设在莫斯科。成立宗旨是促进制定和实施俄罗斯发展战略构想、研究俄罗斯外交和国防政策、促进国家和公民社会建设。

外交和国防政策委员会现有170多名成员,都是知名政治家、学者和企业家。委员会主席团主席由高等经济学院世界经济和世界政治系主任 С. А. 卡拉加诺夫担任,他也是外交和国防委员会的创办人之一。委员会主席团成员还包括世界经济和国际关系研究所国际安全中心主任 А. Г. 阿尔巴托夫院士、后工业社会研究中心总裁 В. Л. 伊诺泽姆采夫、劳动和社会关系学院院长 Е. М. 科若金、国家杜马议员、"政治"基金会总裁 В. А. 尼科诺夫、俄罗斯国防企业促进协会副总裁 В. А. 鲁巴诺夫、"俄罗斯选择"全俄社会运动主席 В. А. 雷日科夫、俄罗斯银行协会总裁 Г. А. 托苏尼扬、"复兴资本"银行董事长、现代发展研究所基金会董事长 И. Ю. 尤尔根斯等重量级人物。

外交和国防委员会成立以来,完成了很多重大研究课题,其中最有影响力的研究项目包括:"俄罗斯战略"、"俄罗斯与白俄罗斯"、"俄罗斯与乌克兰"、"俄罗斯与波罗的海"、"俄罗斯与世界"、"军事改革"、"俄罗斯与北约"、"俄罗斯与欧盟"、"俄美对话"、"俄罗斯与日本"等。

2. "INDEM" 中心

INDEM 是俄语 "Информатика для демократии" 的缩写,意为 "民主信息学"。INDEM 中心是苏联解体后俄罗斯最早成立的独立公共学术研究机构之一,1990年9月注册时的名称是 INDEM 应用政治研究中心。1997年10月,经中心主任 Г. А. 萨塔罗夫(曾担任俄联邦总统叶利钦的顾问)倡议,成立了 "民主信息学" 地区公共基金会,简称 INDEM 基金会。

INDEM 中心的宗旨是运用政治学、社会学、法学、经济学、社会心理学、信息学的最新成果促进俄罗斯民主制度的形成和发展,普及民主制度的运行知识和最新的研究方法。

研究中心拥有一大批高水平的学者从事社会学、政治学、选举技术研究，在为俄罗斯各级候选人提供咨询服务方面拥有丰富的经验。研究中心善于运用社会学、民俗学、社会心理学、数学模拟和现代数理统计手段研究当代俄罗斯社会的社会政治结构、民众的政治认同和政治思维趋势、政治判断能力等课题，此外，INDEM 基金会还设立了司法促进中心、反腐败委员会等机构，对促进司法公正、反腐败问题进行深入研究。

3. 国家战略委员会

国家战略委员会成立于 2001 年 6 月，由 20 名俄罗斯宏观经济、地缘政治、民俗文化等领域知名专家合作创办，主要任务是研究俄罗斯发展战略，分析俄罗斯国家和社会中长期发展趋势，对国家发展进行中期和长期预测，分析俄罗斯政府执政举措、权力结构变迁、当代俄罗斯政治格局和动态，在政府和独立智库之间建立有效的沟通机制。

国家战略委员会有三名主席，分别是：И. Д. 季斯金——俄罗斯联邦社会院公民社会制度发展委员会主席、全俄舆论研究中心学术总监；С. А. 马尔科夫——俄罗斯联邦国家杜马议员、莫斯科国际关系学院政治学系教授、政治研究所所长；В. А. 霍米亚科夫——应用和区域政治研究社社长。

国家战略委员会完成的主要课题都与俄罗斯的发展战略研究有关，比较知名的课题包括"俄罗斯经济：国家和商业"、"普京总统第二任期的国家战略和日程"、"俄罗斯国家：昨天、今天和明天"等。

4. 盖达尔经济政策研究所

该研究所的前身是 1990 年成立的苏联国民经济学院和苏联科学院经济政策研究所，1992 年，更名为转型期经济研究所，研究所的创始人是俄联邦前副总理 Е. Т. 盖达尔，在其 2009 年去世前一直担任该所所长。2010 年，经研究所集体倡议，俄罗斯联邦总统批准，研究所更名为盖达尔经济政策研究所，简称盖达尔研究所。

盖达尔研究所是俄罗斯经济研究领域的主要智库之一，从事经济理论和应用研究，为俄罗斯联邦各级政府机关就国家财政、货币信贷和汇率政策、私有化政策、体制改革和经济增长等问题提供咨询，还为世界银行、国际货币基金组织、经济合作发展组织以及很多大公司提供咨询服务。研究所现设有 21 个学术部门，五大研究方向，分别是：宏观经济和财政；实业部门；制度发展、产权和公司管理；政治经济学和地区发展；法律研究。

盖达尔研究所现有 140 多名研究人员，其中 1 名院士，10 名博士，39 名副博士。

盖达尔去世后，经过集体选举，С. Г. 西涅尔尼科夫－穆雷列夫出任研究所学术总监。董事会成员包括 В. Ф. 马乌、С. В. 普里霍季科、А. Д. 拉特金、С. Г. 西涅尔尼科夫－穆雷列夫、А. В. 乌柳卡耶夫。监事会成员包括俄罗斯储蓄银行董事长 Г. О. 格列夫、前财政部长 А. Л. 库德林、俄罗斯"统一电力系统"公司董事长 А. Б. 丘拜斯等。

盖达尔研究所完成的著名项目有"提高国家道路交通支出的效率"、欧盟资助完成的"俄罗斯 2010 城市经济发展战略"、国际复兴开发银行资助的"俄罗斯联邦和地方财政关系立法发展"等。

5. 战略和技术分析中心

战略和技术分析中心是俄罗斯研究国防工业和军事技术合作的主要智库。中心成立于 1997 年 4 月，创办人是俄罗斯外交部部属莫斯科国际关系学院的一批毕业生。

战略和技术分析中心主要研究俄联邦军事技术和军事工业政策问题，包括俄罗斯常规武器出口问题、俄罗斯军事技术合作制度研究、俄罗斯和外国武器供应对地区和全球安全的影响、俄罗斯军工综合体动态、转型和重组、军工综合体的国家管理机制、军工政策的决策机制、俄军新武器装备研制以及国防部武器采购情况研究等。此外，中心还出版专业军事杂志，为俄罗斯政府部门、国防企业、银行和投资公司提供咨询服务。

中心领导人是创办人 Р. Н. 普霍夫（主任）和 К. В. 马基延科（副主任）。普霍夫自 2007 年起担任俄罗斯国防部顾问，马基延科则是俄联邦国家杜马国防委员会学术专家委员会成员。

6. 俄罗斯社会政治中心基金会

俄罗斯社会政治中心是在1991年俄罗斯的民主改革浪潮中由当时的俄联邦总统叶利钦下令成立的，目的是保障各社会政治团体与国家政权机关之间的务实互动。1995年，俄罗斯社会政治中心变革成为提供信息、分析、研究、咨询和教育服务的独立非营利性基金会。根据俄联邦总统1996年6月2日的命令，俄罗斯社会政治中心基金会的创办单位包括俄联邦总统办公厅、莫斯科市政府和一批主流学术智库。

基金会的宗旨是推动建设俄联邦文明有序的政治、经济和人文空间，发展国家政权机关、社会团体、政党和学术界之间的务实互动和信息交流，加强俄联邦在国际社会中的地位。

俄罗斯社会政治中心首任负责人是俄罗斯著名学者和社会活动家 А. М. 萨尔明教授。2005年12月萨尔明去世后基金会总裁由 А. И. 穆济康茨基担任。2009年11月，因为穆济康茨基被任命为莫斯科市人权事务全权代表，由 А. Ю. 特鲁别茨科伊出任基金会总裁。

7. 库尔吉尼扬中心

库尔吉尼扬中心是俄罗斯著名政治学家、社会和政治活动家 С. Е. 库尔吉尼扬联合一批政治学家、社会学家和文化学家成立的国际公共基金会"试验创作中心"的简称。中心成立于1990年11月，当时是"试验创作中心"公司内的一个独立社会组织，1996年中心重新注册成为"试验创作中心"基金会。

库尔吉尼扬中心早期主要从事政治咨询，为俄罗斯在野的反对党提供咨询服务。至今仍和左翼反对党有密切的合作关系。库尔吉尼扬中心目前从事的研究课题包括：俄罗斯社会转型进程的政治哲学；俄罗斯资源安全；俄罗斯国家的宗教—文化挑战；政治、经济和学术文化精英；不稳定分配体系的管理原则和技术等。中心的研究成果经常被俄联邦中央和地方国家机关使用。

库尔吉尼扬中心现有100名左右研究人员，在塞浦路斯、塔吉克斯坦和阿塞拜疆设有分支机构。2005年和中华人民共和国国务院发展研究所欧亚社会发展研究所签署了合作协定。

三、商业性智库

俄罗斯的商业性智库通常采取合同制工作方式，自负盈亏，商业客户较多，力求研究成果和客户群体的多样化。

1."政治"基金会

政治基金会成立于1993年，由В.А.尼科诺夫、Г.А.萨塔罗夫、А.М.萨尔明、А.М.米格拉尼扬等一些俄罗斯著名政治学家合作创办。

"政治"基金会的宗旨是联合和协调政治家、学者和企业家共同致力于促进国家政治和经济领域的根本性改革，建设公民社会和法治国家。基金会的主要活动包括：（1）内政和外交领域的应用研究和基础研究；（2）为国家各级政府和立法机关提出建议；（3）组织和实施竞选活动；（4）对法律、法规和其他重要文件进行专家评估；（5）提供咨询、学术信息和组织管理服务；（6）观察国家政治和社会生活；（7）评估投资项目的政治风险；（8）为金融工业集团、政党和政党领袖营造正面形象；（9）参与联邦、地区和国际项目。

基金会在公关领域的项目很多，在为政党、社会团体、公司机构、政治家和企业家塑造正面形象方面经验十分丰富。作为专业从事选举服务和形象公关服务的智库，"政治"基金会事实上与俄罗斯所有国家机构都有直接联系，包括总统办公厅、联邦会议上下两院、联邦政府、俄中央银行以及各联邦实体的领导人。除此之外，基金会也完成了很多学术课题，比如"独联体国家的经济和人文协作问题"、与莫斯科卡耐基中心合作完成的"俄美关系：如何做得更好"、"中亚安全问题"等。

"政治"基金会还是俄罗斯很多智库的创办单位，包括政治技术中心、政治咨询中心协会、议会项目中心、俄罗斯社会政治中心基金会、INDEM基金会、地区项目中心等。

"政治"基金会现任总裁В.А.尼科诺夫是俄罗斯著名政治分析家和政治家。他当年是苏联最年轻的历史学博士（33岁），曾在苏共中央主管意识形态的机关任职。1991年任苏联总统办公厅主任助理，1991年8月事件后，任苏联克格勃主席助理。苏联解体后，多次当选为国家杜马议员，参与创办多家智库机构。除了"政治"基金会外，他还是"俄罗斯世界"基金会执行主任、"俄罗斯统一"基金会总裁、外交和国防委员会主席团成员、俄罗斯社会政治中心基金会董事，莫斯科大学国家管理系系主任，俄联邦政府国防部、内务部和外交部的顾问。

2. 政治技术研究中心

政治技术研究中心是一家多元化咨询公司，成立于1991年12月。除了直接从事学术研究之外，还承接政治公关、商业公关、研究公司文化、培训和市场营销研究等商业项目。政治技术研究中心一直是政治和商业公关领域的佼佼者。

该中心提供的服务包括组织选举活动、提供政治咨询；分析和预测政治形势、分析市场发展；提供各种专业分析特别是政治形势监测；研究公司文化、提供管理咨询；形象管理；组织和实施公关活动、营造舆论、应对危机公关；为各种机构塑造、推广和修正形象，等等。

政治技术研究中心参与了俄联邦所有的全国性选举活动以及俄联邦大多数主体的选举活动。该中心的政府客户包括俄联邦总统办公厅、经济发展部、财政部、通讯和大众传播部、莫斯科市政府、联邦安全委员会、联邦统计局以及很多州政府。很多大公司也是该中心的客户。

该中心现有正式职员70人左右，都是政治学、社会学、心理学、政治和商业公关、广告领域的资深专家。中心总裁是俄罗斯著名政治学家 И. М. 布宁，董事长是 Б. И. 马卡连科。

3. 俄罗斯政治行情研究中心

政治行情研究中心1992年成立于莫斯科，创办人是俄罗斯科学院和俄美大学的一批学者。首任主任是俄罗斯科学院俄国史研究所的历史学家 В. 别列佐夫斯基。他与研究工人和工会运动的青年学者 В. 切尔维亚科夫于1991年在俄美大学成立了群众政治运动研究所。该研究所主要研究新俄罗斯多党政治体制的形成过程，并收集相关文献。1992年在该研究所基础上成立了俄罗斯政治行情研究中心。

该中心的研究方向是分析和预测俄罗斯政治和经济进程、监测大众媒体、政治和选举咨询，研究政治进程对经济领域的影响。1994年中心开始进入大众媒体分析监测和政治咨询市场。1999年的国家杜马选举中，该中心为当时的"团结"选举集团（"统一俄罗斯党"的前身）提供专家分析服务。2000年以来，俄联邦总统办公厅和统一俄罗斯党成为其主要客户，所以，在俄罗斯媒体报道中，政治行情研究中心经常被称之为与俄联邦总统办公厅关系密切的智库。

该中心发表的很多研究报告曾引起学界和媒体的广泛关注，比如《俄罗斯重新划分产权的新阶段》（2005）、《俄罗斯主要公司和政权：互动技术》（2007）等。

现任总裁是政治学家 А. А. 切斯纳科夫，他还是"统一俄罗斯"党总委员会副书记。

4. 全俄社会舆论研究中心

全俄社会舆论研究中心（1992年前称"全苏舆论研究中心"）是俄罗斯历史最悠久、最著名的舆论调查公司。

全俄社会舆论研究中心由苏联劳动部和全苏工会中央委员会于1987年12月创办。中心的创始人、首任总裁是著名社会学家、经济学家和政治学家 Т. И. 扎斯拉夫斯卡娅院士（前苏联200多名院士中仅有的5名女院士之一），副总裁是著名哲学家和社会学家 Б. 格鲁申。在格鲁申的努力下，全苏舆论研究中心在苏联各加盟共和国以及俄罗斯各地区建立了社会学研究中心网络，在此基础上中心在1988年就苏联人民代表大会选举事务组织了首次大规模民意调查。1988年，社会学家和政治学家 Ю. А. 列瓦达加盟中心，并于1992年取代扎斯拉夫斯卡娅成为中心总裁，在他的领导下，中心成为俄罗斯最权威的民意调研机构，并自负盈亏，不再接受国家财政拨款。2003年8月，俄罗斯联邦财产关系部决定变更全俄社会舆论研究中心的法律地位，导致中心领导层发生变化。列瓦达率领整个研究团队离开全俄社会舆论研究中心，另行成立"全俄舆论中心分析局"。经法院诉讼判决后，列瓦达新成立的机构变更为现在的"列瓦达分析中心"（简称列瓦达中心）。2003年全俄社会舆论研究中心被改组为国有独资股份公司，В. В. 费奥多罗夫出任中心总裁，俄联邦劳动和社会保障部、财产关系部和总统办公厅都派代表出任公司董事。

全俄社会舆论研究中心是俄罗斯主要的舆论研究机构之一，其重点业务是根据俄联邦和地方政权机构的订单对各项工作的政治、社会和选民性质进行社会学研究，此外也进行大量的市场营销调查。全俄社会舆论研究中心定期发布俄罗斯政府、政治家和各政党支持率，公信力很高。

5. 社会舆论基金会

社会舆论基金会是俄罗斯从事公众舆论研究的专业机构，最初（1991年）是全俄社会舆论研究中心成立用于从各慈善基金会募集资金的独立社会组织，1992年，社会舆论基金会从全俄社会舆论研究中心分离出来，成为独立的社会学研究机构，主要就国家内政和外交方面的专题组织民意调研，从事社会问题、经济问题、市场营销研究。该基金会2009和2010年均在专业民意调研机构排行榜中名列榜首。

基金会的主要客户包括俄罗斯联邦总统办公厅、俄联邦政府、俄联邦央行、俄罗斯天然气公司、各大电视台和新闻通讯社。

社会学家 A. A. 奥斯隆担任基金会总裁。现有80名左右员工，500余名地区中心工作人员，1500余名访谈人员，在俄罗斯大多数联邦主体设有子公司和长期合作伙伴。

作者单位：中央编译局俄罗斯研究中心

当代俄罗斯政治信息传播方式及特点

苏史生

同苏联时期相比,当今俄罗斯政治信息传播渠道和方式发生了哪些变化,具有哪些新的内容和特点?

一、当代俄罗斯政治信息传播方式

1. 通过电视直播,传播政治信息

通过电视直播传播政治信息,并不是一个新颖的传播政治信息的渠道和方式,因为世界各国政府早就通过电视这一重要媒体向本国和国际社会传播其认为有必要对外传播的政治信息,比如,美国的总统竞选直播、中共党代表大会相关会议的直播等,而当代俄罗斯政府及其领导人时常通过电视直播,即时回答观众或者听众即兴提出的各种问题,是其一个重要特点。比如,2010年12月16日,时任俄罗斯联邦政府总理的普京就同时通过电视、广播和因特网与俄罗斯普通百姓直接对话,这是普京担任总统和总理以来第九次在年终与俄罗斯公民直接对话,所以当天的直播节目被冠名为"与弗拉基米尔·普京对话——续"。此次直播共持续了4小时26分钟,普京共计回答了90个问题,其中普京自选31个问题,节目主持人随机抽取了其他问题,内容涉及经济、社会、政治、民生、司法、安全和打击恐怖主义等方面,其中很多问题直接关涉当代俄罗斯政治生活,比如,普京在回答原莫斯科市长"卢日科夫为什么被解职?"问题时,指出:"我已经解释过,作出这一决定是因为在莫斯科市长和总统之间发生了冲突。我再重复一次,在我们当代体制下总统有权直接领导州长,而州长们是他的下属。

每一位州长都应该以适当的方式摆正与自己领导人的关系。"

有些问题提得比较尖锐，比如有人直截了当地发问："您从前的副手谢尔盖·索比亚宁担任莫斯科市长一职，不过分吗？"还有人发问："您认为霍多尔科夫斯基坐这么多年牢公正吗？"普京对上述问题的回答，释放出俄罗斯领导人对待相关人事安排以及俄政府对待昔日寡头的政治态度和信息。

2. 通过网络等新媒体发出政治信息

目前，俄罗斯官方和各政党都设有自己的网站，及时向国内外传输自己的各种信息。按照类别可以作如下划分：（1）官方网站，比如俄罗斯联邦总统网站（Kremlin.ru）、统一俄罗斯党官方网站（Edinros.ru）等；（2）新闻网站，比如：Strana.ru、Vz.ru、Rian.ru、Regnum.ru等；（3）专家网站，比如：Russ.ru、Kremlin.org、Liberty.ru、Mediacratia.ru等；（4）"特殊使命"网站，比如：Vladimirvladimirovich.ru等。

俄联邦总统网站即时、高效地向俄罗斯国内外传送各种政治信息，比如，2010年1月22日俄联邦总统主持召开了由各联邦主体领导人参加的国务会议，这次会议的主题是俄罗斯政治制度发展问题。俄联邦总统网站及时公布了梅德韦杰夫总统在此次会议上发表的讲话以及参会者的发言。

统一俄罗斯党官方网站也及时向国内外发布该党的意识形态思想和政治信息，比如，被俄罗斯媒体称做克里姆林宫的首席政治智囊和理论家的弗拉季斯拉夫·苏尔科夫提出或者参与制定了一些新的政治理论主张，其中包括"主权民主"。2006年2月26日，苏尔科夫在统一俄罗斯党的干部培训中心作了题为"主权是竞争力的政治同义语"的报告，报告指出原先俄罗斯流行的"可控民主"这个说法不确切，因为"可控民主"会使人得出一个印象，似乎这种体制受到某种外部力量的控制。而"主权民主"则把民主与国家主权联系在一起，强调民主要符合本国的历史传统和具体国情。弗拉季斯拉夫·苏尔科夫的这一报告被放到了2006年2月26日统一俄罗斯党官方网站上，对于及时传播统一俄罗斯党的政治主张起到了重要作用。后来，"主权民主"与"现代化"、"创新型发展"等政治主张都成为俄罗斯主流意识形态的重要组成部分。

此外，普京、梅德韦杰夫等俄罗斯领导人还开设了博客，向外传输各种信息，比如，2009年10月30日，是俄罗斯政治镇压受害者纪念日，梅德韦杰夫在网上发表了题为"对民族悲剧的纪念如同对胜利的纪念一样神圣"的视频博客。

3. 通过报刊等纸质媒体，传播政治信息

（1）通过报刊传送政治信息

目前，俄罗斯各政党还利用报刊等纸质媒体宣传、传播自己的政治主张和见解，比如，2009年11月20—23日俄罗斯共产党在《真理报》上发表了俄共中央主席团的题为"关于纪念弗拉基米尔·伊里奇·列宁诞辰140周年"的决议，决议对列宁的生平给予了高度评价，并详细介绍了2010年俄共将要举办的一系列纪念活动。

（2）推出特定的出版物传送政治信息

有时，一些俄罗斯政党还根据需要专门出版一些特定的出版物来宣传自己的政治见解和政治主张，比如，2010年1月，俄罗斯自由民主党编辑委员会出版了题为"俄罗斯自由民主党的意识形态"的小册子，对俄罗斯自由民主党的意识形态和纲领政策进行了全面阐述。

4. 通过各种论坛，传播政治信息

俄罗斯领导人还通过举办论坛的方式向国内外传播政治信息，比如，2010年9月9日至10日，举办了俄罗斯雅罗斯拉夫尔全球政治论坛（该论坛是由梅德韦杰夫倡导于2009年创立的），此次论坛的主题是"现代国家：民主标准与效率准则"，梅德韦杰夫在论坛上发表了题为"现代国家：民主标准与效率准则"的演讲，集中论述了有关现代化与民主和自由问题。

5. 通过竞选活动，传播政治信息

通过竞选活动发出政治信息，是当代俄罗斯政治信息传播的重要途径之一。比如，为了积极应对2011年举行的俄罗斯国家杜马选举，普京在2011年5月6日统一俄罗斯党会议上提出了建立"全俄人民阵线"的建议。这一倡议迅速产生了反应，全俄人民阵线协调委员会很快组建起来，根据俄政府网站统计，截至2011年6月14日，加入该阵线的组织已经达到500个左右。

6. 通过解密、公开相关档案文件，传播政治信息

俄政府根据需要适时地解密并公布一些档案文件，从而为改善和发展俄罗斯与相关国家之间的关系创造条件。比如，2010年4月28日，根据俄罗斯总统梅德韦杰夫的决定，俄罗斯国家档案馆在其网站上以扫描的彩色图片形式公布了卡廷森林事件第一卷档案文件的原件。这些档案文件的解密，不仅有利于世人搞清楚卡廷森林事件的真相，从而有助于搞清楚这起悲剧事件的真正元凶，而且有利于改善、增进波兰与俄罗斯两国及两国人民之间的信任和友好关系，也有助于俄罗斯政府在国际社会树立一个负责任、公正、正义的政府形象。

7. 通过举办记者招待会，传播相关政治信息

通过举办记者招待会传输政治信息，是当代俄罗斯政治信息传播的又一重要渠道。比如，2011年5月18日，在有俄罗斯"硅谷"之称的斯科尔科沃高科技园区的莫斯科高级管理学院，梅德韦杰夫总统亲自主持了他担任俄总统以来的最大规模的记者招待会，参加记者招待会的815名记者中，有大约300名外国记者。在两个多小时的时间里，梅德韦杰夫总统就俄罗斯现代化进程、地方行政长官产生办法、总统选举、梅普关系、中俄关系、俄乌关系、俄罗斯与北约关系等问题发表了自己的看法。

二、当代俄罗斯政治信息传播方式的特点

从上文的叙述中，可以提炼出当代俄罗斯政治信息传播方式具有如下一些特点：

（1）在政治信息传播过程中，纸质媒体的作用在下降，网络等新媒体的作用在提升。在当今俄罗斯，报纸继续成为老辈俄罗斯人所欢迎的接收信息的主要方式，中年俄罗斯人花在读报上的时间在减少，而对互联网的关注程度越来越高；年轻的俄罗斯人泡在网络上的时间要比他们花费在阅读报刊上的时间多出若干倍，并且这一趋势将会继续得到发展。

（2）与苏联时期相比，当今俄罗斯政治信息传播具有开放性、即时性等特点。当今俄罗斯不仅通过传统的纸质媒体，而且通过电视直播、举行记者招待

会、接受记者专访、开设各种大型国际性论坛等方式向国内外传输各种信息。俄领导人及各政党领导人不仅可以同俄媒体面对面交流，而且可以同普通俄罗斯民众直接面对面沟通，这样，既有效传播了相关政治信息、政策信息，而且拉近了政府、政党与民众之间的距离，便于达成更多的社会共识，且有利于俄罗斯国际形象的树立和国际威信的提高。网络、博客等新媒体的运用，使当今俄罗斯政治信息传播非常高效。

（3）当今俄罗斯政治信息传播方式，体现了俄罗斯领导人亲民、平等、高效的工作作风，从上文叙述中可以看出，俄领导人通过电视、广播、网络直播的形式与媒体代表和普通俄罗斯百姓面对面交流过程中，媒体代表和百姓们所提出的问题往往很尖锐，而俄罗斯领导人在回应这些问题时则比较诚恳。这种沟道方式，比较亲民，具有很强的亲和力，从而潜在地增强了政治信息和政策信息传播的效力。

（4）当今俄罗斯政治信息传播方式基本上复制了西方国家的经验，很少有自己的创新，因此，俄罗斯政治信息的传播机构和传播者们应当加强研究、开发自己的传播政治信息的独特方式和技术。

作者单位：中央编译局俄罗斯研究中心

俄罗斯修订《非营利组织法》

徐向梅

2012年7月20日，普京总统签署《非营利组织法》修正案草案。修正案经公示后将于11月中旬生效。该修正案提案是6月30日由6名统一俄罗斯党议员提交的，7月13日即由国家杜马三读通过，并于7月18日获得议会上院联邦委员会批准。

俄《非营利组织法》修订的主要内容

《俄罗斯非营利组织法》最早出台于叶利钦执政时期的1996年，后个别条文多次调整，普京执政以后在2002、2003、2004、2006、2008、2010、2011年也多次进行修订。

本次修订涉及的主要内容包括：

1. 赋予接受国外资金及其他财物资助并参与俄联邦境内政治活动的独立法人非营利组织以"外国代理人"地位，无论资助来源于其他的国家、国家机关，外国和国际组织、外国公民、无国籍公民，或者是获得其授权的俄罗斯法人。

2. 建立履行外国代理人职能的非营利组织名录。已登记的社会组织有意接受国外资助并参与俄境内政治活动，则必须在参与政治活动之前向联邦国家登记机关递交申请将自己纳入到履行外国代理人职能的非营利组织名录。

3. 作为"外国代理人"的非营利组织必须向联邦国家登记机关通报其所获国外资助的数额、资金支出与财物使用的目的，以及实际支出和使用的形式和期限。

4. 这类非营利组织出版或者发布的资料,包括通过大众传媒或互联网,都应该明示这些资料是由履行外国代理人职能的非营利组织出版或发布的。

5. 这类非营利组织及其地方分支机构的年度财务报告必须接受审计。每半年一次向联邦执行权力机关提交有关自己的活动、领导机关人员构成的报告,每季度提交其经费支出与财产使用目的的文件,每年提交年度审计结果。外国非营利性非政府组织的俄罗斯分部需每年向俄职能机关提交从俄罗斯审计机关获得的审计结论。这类非营利组织需半年一次在自己的官方网站或其他媒体上公布自己的活动报告。

6. 任何非营利组织接受境外资金或其他财物价值超过20万卢布的都必须接受俄反洗钱法的监督。

7. 本联邦法律不适用于合法登记的宗教组织、国家社团、国有公司及其建立的非营利组织、行业协会、工商业团体,不适用于国家和市政(包括预算内)机关。

8. 界定政治活动的范畴,科学、文化、艺术、卫生、公民疾病预防和保健、公民社会支持和保护、母亲与儿童保护、残疾人社会支持、倡导健康的生活方式、体育运动、动植物保护、慈善活动、公益和志愿活动,都不属于政治活动。

9. 对违法违规开展业务的非营利组织规定了监督和惩罚措施。

俄修订《非营利组织法》的国内外反应

俄《非营利组织法》修正案从提出到通过整个过程相当迅速,并且几乎是获得了议会上下两院议员的一致认可。但该法案的出台却在俄国内外激起不小的波澜。

法案提交杜马当日,正值美国务卿希拉里·克林顿访问圣彼得堡,俄国内一些社会组织代表会见希拉里,提出了对该法案将触及俄罗斯所有维权组织并有可能导致它们中的大部分被迫关闭的担忧。希拉里也当即表示会关心修改支持俄非营利组织的途径问题,以使这些组织避免遭受到国外资助名义的打击。美国助理国务卿迈克尔·波斯纳批评说,由于俄议会通过互联网违法内容以及接受外国资助的非营利组织的相关法案,俄罗斯的媒体自由状况恶化。英国外交部也称该法案是在社会上散布不信任情绪,为俄公民社会的发展造成不必要的阻碍。

对西方政治家的言论,俄罗斯官员和一些专家指斥是对俄国家机关工作的粗暴干涉,是西方国家在政治上使用双重标准。俄罗斯政治信息中心主任阿列克谢·穆欣在接受俄新社访谈时表示:"美国国务院和英国政府忘了,此类外国基金会和外国代理人在他们的领土上从事政治活动也是明令禁止的。"俄罗斯普列汉诺夫经济大学副校长、社会院成员谢尔盖·马尔科夫则声言:"我们需要按自己的方式行事。"

2012年7月25日,全俄社会舆论研究中心公布的一项调查结果显示,俄罗斯普通百姓对刚刚通过的有关"外国代理人"法持支持态度。调查的议题是,该法案会导致什么后果,俄罗斯人如何理解自己的社会:这是保卫国内政治稳定还是与反对派斗争的工具?受访者中5%的人认为该法能够减少外国干预俄罗斯事务的可能,7%的人认为非营利组织的活动将变得更为有序,3%的人希望能给国家带来稳定,减少有境外资金支持的抗议活动。还有1%的人认为该法案将会降低腐败和增加预算收入。认为会给国家带来消极后果的人非常罕见。只有1%的人担心法案会导致抗议活动增长,国家实行书报检查,排挤异己,甚而造成宏观形势的不稳定。被社会广为接受的观点是,该法案是防止外国干涉俄罗斯事务的必要工具(67%),而非政权借此削弱和打击反对派(16%)。

修订《非营利组织法》是俄罗斯的内政,从叶利钦时代到普京时代从来没有停止过。当然,本次修订也是针对性很强的。随着俄罗斯政治和社会的转型,作为公民社会发展核心元素的社会组织数量迅速增加,活动范围日益扩大。在2011年国家杜马选举和2012年春天总统大选前后俄罗斯爆发的大规模抗议浪潮中,一些社会组织在其中发挥了不小的作用,无论是媒体上还是抗议活动本身,包括一些著名的反对派活动家自身的背景,很多都难以洗脱境外资助的影子。俄罗斯自身存在的经济、社会和政治问题固然需要解决,但是限制和防止外国干涉本国事务,避免民众受到境外势力的误导,维护社会的稳定,无疑也是俄政府志在解决的问题。本修正案的出台在很大程度上是为了规范非营利组织的活动,完善非政府组织立法，从更深刻的目的上也是维护国家安全和社会稳定的重要举措。

不过，为了平抑争议，安抚受到惊扰的社会组织，俄罗斯当局也采取了一些怀柔措施。受普京总统委托，梅德韦杰夫总理承诺政府将增加对非营利组织的拨款，从10亿卢布到30亿卢布，并表示："政府将切实支持那些整体上对我国来说有益的和正面的非营利组织的工作。"

作者单位：中央编译局俄罗斯研究中心

美国"重返"亚太与俄罗斯亚太战略的调整

程春华

2011年11月以来,美国加强"重返"亚太攻势:频访亚洲相关国家、在澳大利亚等地驻军、欲建亚洲反导体系、拉拢东盟日韩、构建跨太平洋战略伙伴关系(TPP)、在缅甸等国推进民主等。2012年1月5日,美国总统奥巴马公布军事战略评估报告《维持美国的全球领导地位:21世纪国防的优先任务》,强调将战略重心转移至亚太地区。2012年4月30日,美国高层与菲律宾、日本高层会谈,强调深化同盟关系。美国"重返"亚太动作频频,一时搅得亚太风起云涌、惊涛骇浪,引起包括俄罗斯在内的国际社会密切关注。

俄罗斯学者对美国"重返"亚太的看法与主张

俄罗斯学者认为,美国"重返"亚太的动因主要有促进美国经济复苏、遏制中国、保持经济领导地位、平衡亚太力量对比、履行对盟友责任、在亚太保持主导地位等方面的需要,一定程度上反映了世界上老牌国家为维护既得利益与旧的世界秩序,而对部分"不听话"的新兴国家进行围堵的较量。俄学者指出,美国"重返"亚太触犯了俄罗斯利益,对俄美关系、中美关系都有损害,如加深俄美、俄中"战略互疑"与矛盾等,使亚太局势更加复杂和不稳定,因此要从战略上积极应对美国"重返"亚太。

关于如何应对美国"重返"亚太,俄罗斯学界众说纷纭,但归纳起来大致有两种主张。

第一种主张可称为"助美制华论",提出俄罗斯要在中美之间保持"中立",

甚至帮助美国制衡中国，使俄罗斯国家利益实现最大化，代表人物有德米特里·特列宁等。第二种主张可称为"协作制美论"，认为美国在亚太影响力上升会损害俄罗斯利益，主张与中国等亚太新兴国家加强战略协作关系，制衡美国在亚太的影响力，代表人物有弗拉基米尔·波尔加科夫、亚历山大·卢金、米哈伊尔·季塔连科等。

"助美制华论"者评估俄罗斯在亚太局势的前景时认为，俄罗斯"既面临卷入超级大国冲突的风险"，又面临"坐山观虎斗"、谋取"渔翁之利"的机遇。[1] 莫斯科卡内基中心主任德米特里·特列宁认为，中国崛起对俄罗斯是严峻的挑战，特别是对西伯利亚地区；莫斯科应该避免单边倒向北京，必须加强同中国周边国家的关系，特别是与印度协作以制衡中国。[2] 俄罗斯地缘政治问题研究院院长列昂尼德·伊瓦绍夫承认俄印加强伙伴关系有遏制中国能量的考虑。

"协作制美论"者从战略上强调亚太对俄罗斯的重要意义与作用。俄罗斯科学院远东研究所弗拉基米尔·波尔加科夫指出，华盛顿在亚太地区恢复和加强与老盟友的关系，并制定以遏制中国为目标的政策，有损俄罗斯的利益。俄罗斯科学院东方学所东亚研究中心主任德米特里·莫西亚科夫指出，俄罗斯是太平洋国家，整个亚太地区对俄罗斯都是非常有吸引力的。

"协作制美论"得到俄罗斯大部分学者乃至高层决策者赞同，主张加强俄中等国之间的战略协作，以及金砖国家、上海合作组织等多边框架内的协作，以平衡美国及其盟国的影响。俄罗斯外交学院亚历山大·卢金指出，正是由于同中国和其他亚洲伙伴的联系，俄罗斯才处于世界影响力的核心。

俄罗斯应对措施：积极调整亚太战略与政策

针对世界与亚太地区形势的变化，俄罗斯开始从总体战略思想与定位、经

---

[1] 亚历山大·卡布耶夫、基里尔·别良尼诺夫：《美国把中东换成远东——美国逼近俄罗斯亚洲边境》，载《生意人》报 2012 年 3 月 13 日。

[2] 德米特里·特列宁：《可信的朋友？俄罗斯和中国彼此如何理解对方》，莫斯科，2012 年，第 64—65 页。

济、安全、外交等方面调整其亚太战略与政策。

一是在总体战略思想与定位上，俄罗斯逐步增加"欧亚主义"在国家战略思想中的分量，更加重视亚太对其依托"欧亚联盟"实现全面复兴的支柱作用。

与叶利钦重视大西洋主义不同，普京更重视欧亚主义。俄罗斯国防与外交委员会主席谢尔盖·卡拉加诺夫主张，"文化欧洲化"的俄罗斯未来在于"经济亚洲化"。因此，俄罗斯认为，世界的"重心"正由西方向亚太"东移"，俄罗斯的战略重心也应向亚太"东进"。

调整亚太战略使俄罗斯的"双头鹰战略"更加名副其实。提交普京智囊——瓦代尔俱乐部会议的报告《东进：俄罗斯和亚洲，还是俄罗斯在亚洲》明确了俄罗斯的"东进"战略，即在顾及其他亚太地区事务参与者利益的同时，俄罗斯必须进一步加强同亚洲国家，特别是中国的经贸往来和政治合作；俄罗斯在该地区大国形象的全面确立，应在俄罗斯亚洲战略的实施中起到重要作用。

二是经济上，金融危机与欧债危机使俄罗斯的西方市场萎缩、自身经济困难，其经济战略由过于重视西方调整为更加重视加强与亚太的经济联系。

金融危机与欧债危机使欧美陷入困境，有时反而需要同样遭受危机的俄罗斯提供帮助，而中国、韩国、印度等亚太国家所受冲击较小，其抗危机能力与成长潜力不可小觑，为俄罗斯提供了良好的合作与发展机遇。俄罗斯迫切需要搭乘亚太"经济快车"，积极利用亚太国家的资金、技术与市场为经济发展服务。2012年2月俄联邦外长谢尔盖·拉夫罗夫称，俄罗斯加强在亚洲和太平洋地区的经济存在是莫斯科的优先发展方向，利用亚太地区机遇解决西伯利亚和远东地区振兴问题非常重要。

俄罗斯积极利用亚太经济合作组织等平台，加快融入亚太经济一体化进程。2012年9月海参崴（符拉迪沃斯托克）APEC峰会与2013年APEC议会论坛将促进俄罗斯加速远东地区经济发展计划的实现，并使俄罗斯更进一步融入亚太地区的经济生活以及一体化进程中。俄罗斯前总统梅德韦杰夫在《一体化为发展，创新为繁荣》一文中写道，打击恐怖主义和跨国犯罪是俄罗斯2012年在担任亚太经济合作组织轮值主席国期间的首要任务。俄罗斯科学院远东研究所专家安德烈·沃罗金指出,对于作为亚太议会论坛主席国的俄罗斯来说,主要的任务是要更积极地融入到亚太地区,如果将俄罗斯纳入到亚洲自由贸易区,将为俄罗斯的发展打开一扇富有前景的大门。

三是安全上,美国重返"亚太"等因素使俄罗斯安全战略调整为更加重视维护亚太安全稳定,进一步介入亚太安全事务和开辟军火市场,为经济发展提供安全保障。

俄罗斯将其近半陆军精锐兵力和多数海军主力舰艇部署在远东地区;在北方四岛问题上态度强硬。俄罗斯在远东地区显示实力,旨在维护自身安全利益,提高对亚太事务的"话语权",削减美国反导体系和北约东扩挤压其西部战略空间的压力。

俄罗斯实行一种相对中立与全方位合作的安全政策,以回应美国的军事战略调整。拉夫罗夫说,俄罗斯有充分的理由被认为是亚太地区军事政治稳定和持续发展的重要因素;中国、印度和越南是俄罗斯在亚太地区的战略伙伴。关于2012年4月24日俄中"海上联合—2012"军演,俄罗斯科学院远东研究所专家安德烈·达维多夫指出,俄中军演在某种程度上是对美国及其盟国军演的一种回应。

俄罗斯国防出口公司总经理阿纳托利·伊赛金指出,俄罗斯未来将进一步扩展亚太(军火)市场。2011年亚太地区占俄罗斯出口武器份额的43%。除印度和越南等俄罗斯武器的大客户外,马来西亚希望购买俄罗斯的尖端武器,而印度尼西亚则在购买步兵战车等武器基础上继续扩大进口俄罗斯武器的种类和数量。中俄在军事技术合作项目、中国无法生产的新式武器及零配件等方面有进一步合作的潜力。

四是外交上,俄罗斯更加重视与中国、印度、越南、印尼等国的双边关系及参与东盟等亚太多边机制。

俄罗斯外长谢尔盖·拉夫罗夫指出,2011年俄罗斯强化了针对亚洲的政策,包括把俄罗斯,首先是把东西伯利亚和远东地区同亚太地区的一体化有效融合。俄罗斯在金砖国家模式下加强了合作并发展了同亚洲主要国家的关系,特别重视与中国和印度发展战略合作伙伴关系,加深了同日本、韩国、东盟以及亚太地区其他国家的多层面合作，与美国一道参加了东亚峰会。

俄罗斯将进一步重视多边场合下的亚太外交。普京在其外交竞选纲领《俄罗斯与不断变化的世界》一文中特别提到了亚太地区在世界事务中作用的提升，并阐述了对俄中关系的看法。普京指出："俄罗斯需要一个繁荣和稳定的中国，中国也需要一个强大和成功的俄罗斯。"① 普京称，印度是亚太地区的另一个重要的战略合作伙伴；同时还应加强联合国、金砖国家、二十国集团、八国集团、上海合作组织、东盟、亚太经济合作组织等多边机构的作用。

作者单位：中央民族大学世界民族学与人类学研究中心

---

① 弗拉基米尔·普京：《俄罗斯与不断变化的世界》，俄罗斯驻华大使馆，2012年3月1日，http://www.russia.org.cn/chn/2735/31294582.html。

社会经济透视

俄罗斯经济形势与普京的经济政策

程亦军

2012年5月7日,克里姆林宫举行了隆重的总统就职典礼,从而正式拉开了普京第三个总统任期的序幕。普京重新上台后的首要任务是振兴国民经济,以此巩固执政基础,进而逐步实现强国战略,使俄罗斯重新回到世界政治舞台的中心。与10年前相比,今日的俄罗斯社会已经发生了一系列重大变化,普京面临新的形势和课题。

当前俄罗斯经济形势的基本特点

1. 国民经济处于危机后的恢复期

从纵向的经济发展轨迹来看,早在苏联后期的1990年俄罗斯经济便出现衰退,苏联解体后不成功的社会经济转型进一步加重并延长了这一衰退,直到2007年各项宏观经济指标才全面恢复到1989年的水平。正如俄学者指出的那样:"我们今天(指2007年)所做的一切充其量只是重复了1989年的工作。"换言之,俄罗斯用了整整18年的时间,经历了多轮的衰退与复苏,又重新回到了最初的起点。这一事实表明,近年来广受赞扬的普京执政时期(2000—2008)的经济增长并不是真正意义上的增长,而只是恢复性的增长。2008年俄罗斯经济才实现了真正意义上的增长,但只维持了大半年时间,第四季度便在国际金融危机的冲击下再度滑坡,2009年更是大幅下降7.9%,成为全球主要经济体中下降幅度最大的国家。经过2010年、2011年的恢复性增长,至今国民经济尚未完全恢复到危机前的水平。

由此可见，20多年来，俄罗斯经济始终处于下降——恢复——再下降——再恢复这样一种不健康的发展状态，至今还没有走上持续稳定的增长轨道。

2. 国民经济能源化倾向进一步加剧

能源工业为俄罗斯创造了60%的财政收入、70%的对外出口、1/4的国内生产总值。可以形象地说，俄罗斯人每挣4个卢布，其中1个卢布就是靠出售石油等能源产品换来的。

在消费疲软、投资乏力的情况下，出口是俄罗斯经济增长的重要支柱，而在出口结构中能源原材料、特别是包括石油在内的矿产品占据着绝对优势地位。根据俄罗斯联邦国家统计局提供的数据，在全部九大类出口商品中，矿产品出口占比最高，而且呈现持续上升的趋势。例如，1995年矿产品出口占比为42.5%，2000年达到53.8%，2005年上升到64.8%，2008年更是达到了69.8%，2010年略微下降，为67.4%，2011年又上升到68.8%。最近10年俄罗斯财政状况的改善，居民生活水平的提高，外汇储备的增加，稳定基金的建立，社会养老基金的补充，抗击国际金融危机时政府使用的救助资金等，无一不来源于石油出口的收入。

成也能源，败也能源。一方面能源工业养活了俄罗斯，在国际能源价格大幅上扬时能源工业为国家创造了巨额利润，既增强了国力，又改善了民生。另一方面，对能源的高度依赖严重限制了科技进步和创新，严重制约了其他行业的发展，从而使得经济结构失衡的状况日益加重，进而为国家的经济安全埋下了隐患。2008年国际金融危机再次充分证明了这一点。

3. 国家面临着重新工业化的重任

国内有学者认为，俄罗斯目前已经进入后工业化时代，笔者不赞成这种说法。所谓后工业化应当是指在高度发达的工业化基础上建立起来的一个更加高级、发达的发展阶段。这个阶段起码要具备两个基本特征，一是有高度发达的服务业、特别是金融服务业；二是要有强大的创新能力，而这两条俄罗斯经济都不具备。

按照当前的国际标准来衡量，俄罗斯已经不是一个现代工业化国家，它在许多方面已经严重衰败和落后。20世纪90年代,在社会经济转型过程中,俄罗斯整个工业体系遭到毁灭性打击,除了能源工业、食品加工业和军事工业等少数行业得到一定发展外,其余大多数行业都在萎缩,甚至已经消失,少数仍在勉强支撑的行业经营惨淡,设备老化,技术落后。长期从事企业研究的俄罗斯科学院经济研究所教授索罗金指出,10年前俄罗斯企业设备服役期有37%超过20年,现在服役期在20年以上的设备超过50%,其中不少设备已经使用了半个多世纪。用这些老旧设备生产有竞争力的产品是不可能的。如今俄罗斯市场的轻纺服装、日用百货、电子产品、机械设备、交通工具等几乎完全依赖进口,连以往被俄罗斯人视为骄傲的航天工业产品也需要部分从国外进口。重新工业化(或称再次工业化、二次工业化),用现代化的工业设备、生产工艺、经营理念、管理模式重新武装俄罗斯,是当前摆在俄罗斯面前的首要经济任务。

普京的经济政策

在总统大选前后,普京频繁地就国内经济形势和经济政策发表文章和讲话、回答网民提问,其中于1月30日发表在《新闻报》上的《关于我们的经济任务》一文最为全面和系统地阐述了其经济思想和经济政策。总括而言,普京的经济政策主要有以下几个方面。

1. 调整经济结构

普京指出,俄罗斯目前依然延续着苏联时期的不合理的经济结构,自身经济发展严重依赖国际市场,一方面大量出口能源原材料等低端产品,另一方面大量进口民用消费品、技术和高附加值产品,由此使俄罗斯这样一个大国在承受着巨大的市场风险的同时,在国际经济体系中处于一种十分不体面的境地。这种状态显然与俄罗斯的国家形象不相匹配,也是不可持续的。因此,必须调整经济结构,发展多元化经济,改变在国际经济体系中的地位。为转换原料供应商的角色,俄罗斯必须大力发展新兴技术、新兴产业,建立符合国际标准的、有竞争力的新工业体系和基础设施,推动服务业和农业的现代化。

2. 鼓励和扶持重点工业的发展

普京一再强调,俄罗斯必须、也有能力重新成为技术强国,重新成为发达的工业化国家。为此,联邦政府必须明确优先发展方向,指导资金和智力投向。根据俄罗斯国情,应当考虑将制药业、化工、复合材料、航空航天、信息通讯技术、纳米技术和核工业作为优先发展领域,国家应当在资金、人才、政策等各个方面向上述领域倾斜。

3. 发展创新经济

经过长时间的衰退,俄罗斯已经严重落伍,在这种情况下要赶超他国,仅仅依靠常规的发展是做不到的,必须走创新的道路,发展创新经济,实现跳跃式发展,这是俄罗斯精英们的共识。就如何促进创新经济的发展,普京提出了具体的措施。第一,以竞争促创新,充分发挥俄罗斯自身在智力资源、尖端工业方面的优势,以创新科技抢占世界市场;第二,吸引投资进入创新领域,政府对进入创新领域的投资给予税收、关税等方面的优惠;第三,发展创新产业链,研发完整的产业链,充分享受知识产权应得的利益;第四,加强对高校和科研机构的财政扶持力度,到2018年国家科学基金的拨款要达到250亿卢布;第五,增加从事创新技术研发和实施的国有企业数量,并将这些企业高级管理人员的工资薪酬和福利待遇与创新成果直接挂钩。

4. 加强基础设施和农业建设

国家将支持大型基础设施项目,优先保障西伯利亚和远东地区的交通建设项目。基础设施建设将采取国家—私人合作模式,必要时进行国际招标。政府将从2013年起对国家参与的大型投资项目实施强制审计。在农业建设方面,为了延续近年来持续发展的良好势头,要加大国家投入。普京指出,农业安全、特别是粮食自给非常重要,这是俄罗斯社会得以稳定的根本,其意义丝毫不亚于预算平衡和货币稳定。俄政府将继续对本国农业实行补贴,必要时将采取果断措施稳定粮食价格,切实保障农业和农产品生产者的利益。普京强调,俄罗斯此举并不是个例,而是当今世界的通行做法,几乎所有的发达国家均采取不同的形式对本国农业实行补贴。

5. 扩大投资

普京认为，要扩大投资，首要的问题是获取发展资本，因此必须开源节流。具体路径有5条：一是严格控制，努力减少资本外流；二是下大力气改善投资环境，对国家政治体制、包括执法和司法系统进行改革，遏制"系统性腐败"，从而提高俄罗斯的商业吸引力，让投资者愿意到俄罗斯来投资；三是借鉴和效法他国的做法，采取灵活多样的方法，加大外资引进力度，引进更多的外资；四是鼓励和促进国内民间资本进入资本市场，在政府全力控制通货膨胀、确保居民资金保值增值的前提下，通过退休基金、信托基金、集体投资基金等方式吸引民间资本；五是推动后苏联空间的经济一体化进程，通过关税同盟、统一经济空间、独联体自贸区等方式为资本自由流通提供便利。

6. 实施稳健的财政政策

普京指出，必须坚持预算平衡原则，谨慎对待对外借款，反对国家过度负债，无节制的对外负债既有损国家的独立性，也不利于私人投资的发展。目前俄罗斯是20国集团中负债水平最低的国家，这是经济稳定的前提。在经济建设方面应量力而行，不赞成大幅提高预算支出。在未来的预算管理方面，要提高支出效率，对项目的成本和质量以及政府采购价格实行严格监控，同时平衡养老金体系，适当降低从预算划拨养老金的水平，此外还应调整税收策略，征收"财富补充税"（或称"奢侈品消费税"），但不将税收作为补充预算支出的工具，以免给企业经营带来负面影响，进而降低投资吸引力。

7. 继续执行私有化政策[①]

普京多次指出，俄罗斯将继续实行私有化政策，出售部分国有资产，减少国家在一些大型企业中所持股份的比例，让民间资本更多地进入经济领域，这样有利于活跃经济，减少行政干预。普京担任政府总理期间制定了俄罗斯公路公司、俄罗斯原子能公司、俄罗斯科技公司等国有企业改造和上市的计划，并考虑在

---

① 这里所说的"私有化"不同于20世纪90年代初俄罗斯经济转型初期的大规模"私有化"，不涉及政治经济制度，只是一种资产配置的变化，类似我国实行的"国有股减持"、"国有资本退出竞争性行业"的政策。

2016年前降低国家在部分原料行业企业的持股比例，国有资本彻底退出大型非能源企业（非自然垄断行业和国防工业企业），此外还计划减少国有大型企业和银行对其他行业企业的参股，未来还将对国有企业在俄境内收购新资产作出限制。

作者单位：中国社会科学院俄罗斯东欧中亚研究所

2012第十六届圣彼得堡国际经济论坛简况

徐向梅

圣彼得堡国际经济论坛从1997年始创,每年举行一次,吸引了众多俄罗斯本国以及外国元首、政府首脑、政界代表、经济学家、企业界精英、社会人士和媒体,论坛就全球经济热点问题以及俄罗斯经济发展迫切问题交流看法,达成经贸合作意向。该论坛迄今已举办16届,成为俄罗斯最重要的世界性大型经济论坛,被俄媒体誉为"俄罗斯的达沃斯"。第一届圣彼得堡国际经济论坛于1997年6月召开,由俄联邦议会上院和独联体议会大会共同主办,并得到俄政府的支持。从2005年起时任俄罗斯总统的普京开始参与该论坛,论坛因而获得了非正式"总统论坛"的地位,从政治上和财政上都获得了更多支持。从2006年起俄经济发展部成为论坛官方主办机构,部长担任论坛组委会主席。参加圣彼得堡国际经济论坛的人数逐年增多,通常都有几千人,代表从独联体国家扩展到欧亚等地区的80多个国家,中国国家主席胡锦涛参加了2011年论坛。

第十六届圣彼得堡国际经济论坛概况

2012年6月21—23日,第十六届圣彼得堡国际经济论坛召开,主题是"有效的领导力"。6月21日下午举行全体会议,普京在开幕式上致词。芬兰总统绍利·尼尼斯托、吉尔吉斯斯坦总统阿尔马兹别克·阿坦巴耶夫、波黑塞族共和国总统米洛拉德·多迪克、肯尼亚总理拉伊拉·奥廷加和马其顿总理尼古拉·格鲁埃夫斯基,还有30多个国家部长级官员,以及来自87个国家的5347名代表参加了论坛,其中包括77个国家的官方代表团,1018位俄罗斯本国企业家代表,

942 位外国企业代表,其中包括 157 家知名外国公司和 447 家俄罗斯公司总裁。80 多家俄罗斯和外国公司成为 2012 年圣彼得堡国际经济论坛的合作伙伴。论坛的总合伙人由上届的 2 家变成 4 家:储蓄银行、俄罗斯石油公司,加上俄天然气工业公司和对外经济银行。俄罗斯统一电力系统网络公司获得了论坛战略合伙人地位。论坛的官方交通工具用的是奔驰车。

依照惯例,论坛期间颁发了"全球能源奖",俄罗斯科学院的两位学者和一位英国科学家获得了该项荣誉。论坛期间在分组讨论和商贸谈判之余组织了帆船比赛、欣赏歌剧和交响乐、参观现代雕塑艺术展等系列文化活动。

第十六届论坛讨论的主要问题

普京在 6 月 21 日下午全体会议上致开幕词。他号召论坛参与者认真审视与弱化全球金融危机后果以及防止新一波危机来临有关的问题,讨论巩固能源安全、调解金融市场、提高企业的社会责任等方面的最有效措施。普京特别提请关注在俄罗斯进行的大规模改革、技术与创新以及投资政策的逐步完善。他指出,摆在世界共同体面前的一个优先目标是建立 21 世纪的全球经济体系,一个能够应对地缘政治调整并符合所有国家利益的模式。普京呼吁世界主要经济体吸取欧洲的教训,协调一致行动,防止欧债危机的后果蔓延,特别是提升金砖国家等新兴市场和发展中国家的作用,将 20 国集团建成制定世界经济发展新规则的平台。普京指出,有效的领导力在今天就是能够赢得信任的现实主义的决策和行动,就是平衡的预算政策,对国家债务的监督和金融纪律。俄罗斯有准备应对世界经济中可能出现的消极形势,将致力于改善投资环境,实现真正的内部竞争,构建新的欧亚大市场。普京指出,领导力就是要善于找到摆脱全球停滞和不稳定的出路,提出和实施长期发展战略。普京坚信,俄罗斯一定能够建成强大的、开放的、让人满意的国家。

中共中央常委、中央纪委书记贺国强出席了论坛开幕式,并发表了题为《加强互利合作,实现共同发展》的重要演讲。芬兰总统绍利·尼尼斯托也在开幕式上致了辞。

本届论坛，参加者众多，来自方方面面，论坛的议程安排也是丰富浩大。三天的议程划分了四大板块，每个板块各设若干专题进行分组、分时讨论，参加会议的各界代表可以自由选择板块和专题参与。

在"构建值得信赖的未来"板块下设置了20余个专题，涉及探索电力一体化的新模式、福岛之后的核能问题、全球能源预测、后危机欧洲的发展、21世纪的银行、工业化、技术创新、中国经济发展模式、土耳其投资趋势、金砖国家需求增长及其对全球经济的影响、非洲发展、亚太地区经济发展的挑战与机遇，等等。在该板块下还举办了一些重要行业如能源、电力系统高峰会谈，新兴市场国家经济学家圆桌会议。

在"实现俄罗斯的潜力"板块分了30余个专题：如：俄罗斯与阿拉伯世界，俄罗斯与欧盟，俄罗斯与印度，欧亚经济一体化，通往新的全球经济的窗口等。

在"改变世界的对话"，即与各界领袖人物会晤板块的议题有：变化着的全球经济中的金融部门，投资新兴产业，21世纪地缘政治挑战，互联网商业模式的变化，今日汽车制造业等。

"站在创新前沿"板块有15个议题，如：食品领域的创新，俄罗斯纳米技术公司：俄罗斯创新组群——成功与失败的第一组经验，电影与IT，智能手机辐射等。

第十六届论坛取得的商贸成果

俄罗斯非常希望借助论坛加强招商引资，扩大与世界主要国家的经济贸易合作。普京表示，俄罗斯应在2018年前使投资额由目前占俄罗斯国内生产总值的20%提升至27%。应该说，第十六届论坛在这方面取得了丰硕成果。

在本届论坛框架内共签署了84项协定，其中9项合同价值逾3600亿卢布，包括4项总值达1644亿卢布的贷款协议。上届即2011年第十五届论坛签署了68项协议，总价值3380亿卢布，包括17项投资合同，总值2835.4亿卢布。

本届论坛最大的合约是俄罗斯洲际航空公司与法国空客公司签订的购买4家

空客 380 客机的合同,合同金额 17 亿美元。俄罗斯天然气工业公司与法国电力集团达成协议,联合建设和收购在欧洲的天然气发电厂。俄外贸银行、俄天然气工业银行拟与欧洲复兴银行和欧亚开发银行共同出资 600 亿卢布参与圣彼得堡收费高速公路建设。俄罗斯对外经济银行与汇丰银行协议共同引资 1.246 亿欧元研发和生产"快车—AM7"通讯卫星。俄直接投资基金与科威特主权财富基金签署了启动共同投资机制的协议,吸引约 5 亿美元对俄投资。俄天然气工业公司子公司"天然气工业石油公司"与日本石油天然气金属矿产资源机构(JOGMEC)达成协议共同勘探东西伯利亚。芬兰能源企业富腾公司宣布在 2014 年前向俄罗斯电力能源部门投资 40 亿欧元。此外,还签署了一系列涉及经济各领域如造船、机械制造、石油化工、能源和制药等方面的合约。这其中作为主办城市的圣彼得堡签订了约 910 亿卢布的合同和意向书。

第十六届圣彼得堡国际经济论坛短评

按照圣彼得堡论坛组织者的评价,本届论坛无论从参加者人数还是签订合同的价值来讲都是创纪录的。其实往届论坛也都取得了不俗的成果,特别是经贸合同的金额总是组织者最得意的地方。不过也有俄学者指出,事实上论坛取得的成果很多只有纸面上的意义,并不总能兑现。

圣彼得堡国际经济论坛是在俄罗斯处于经济转轨低谷时期开创的,尽管 1997 年经济有止跌复苏的迹象,但之后严重的金融和经济危机使得俄罗斯国家依然处境艰难。论坛倒是一直坚持下来了,并且随着俄罗斯经济复苏、国力增长,其规模日益扩大,吸引了更多国家及企业参与和关注,可以说论坛见证和宣示了俄罗斯国家的日渐强大,而与此同时,也让世界加深了对俄罗斯的了解,为更加开放的俄罗斯重新融入世界建立了平台。俄罗斯金融评估公司总裁阿格凡·米卡耶利杨指出,本届论坛给他留下了比以往更愉快的印象,"我看到了斯科尔科沃和俄罗斯纳米技术公司的评估报告。"可见,衡量 2012 年论坛的效率不能只用金钱做尺度。

论坛期间讨论了全球和俄罗斯经济的许多重要问题,或者达成共识,或者存在分歧。有两个涉及俄罗斯经济社会发展的具体问题受到关注。一是有关私有化问题的讨论。普京在发言中保证俄罗斯会继续实行私有化，不会限制资本的跨境流动。但是俄罗斯铁路公司总裁亚库宁公开声称，在指定期限内私有化25%的股份是不现实的。外贸银行也不相信在最近2年间能够出售自己25%的股份。对此，第一副总理舒瓦洛夫不得不再次公开声明，说政府并不打算急着解决私有化问题，尽管2012年也并没有放弃从国有股份出售中获得3000亿卢布的打算。针对这些言论，外国投资者产生疑惑，担心俄当局有关私有化的言论只停留在口头上。二是2012年论坛被认为是迄今各届论坛中最具有社会取向的论坛。特别是关于是否提高俄罗斯人退休年龄的问题也引发了很多争议。总体来说，论坛讨论的取向是俄罗斯退休制度改革将会沿着提高退休年龄的道路推进。国际货币基金组织的专家们建议俄罗斯政府将国人的退休年龄提高到63岁，男女一样。俄财政部长安东·西卢阿诺夫提出了一个更具建设性的意见，那就是提高那些乐意工作更久一些的人的薪酬。

作者单位：中央编译局俄罗斯研究中心

俄罗斯现代化进程的阻碍

伊·弗·拉季科夫 著　李铁军 摘译

  俄罗斯正在发展新经济和实施现代化。俄圣彼得堡大学政治学系拉季科夫教授在圣彼得堡举行的中俄经济社会发展比较论坛（2011 年 11 月）上发言，分析阻碍俄罗斯现代化进程的各种因素，指出俄罗斯民众对政府的信任度不够，俄罗斯社会缺乏共同理想，强调政府和民众需要建立建设性的互动关系，克服社会中普遍存在的怀疑心态。

  为什么其他国家比如中国、印度的现代化进展顺利，而俄罗斯就不行呢？是什么东西、什么人阻碍了俄罗斯的发展？

现代化的几个关键性结构要素

  为了回答这个问题，需要对现代化的几个关键性结构要素进行分析。现代化的主要环节是各种积极的社会主体。第一是执政者即"领导团队"。善于继往开来的有现代化思想的精英，不仅能倡导和提出现代化思想，还能调动国民去创造性地实现这一思想，有能力将战略模式转化为具体策略。领导团队要能够提出得到社会广泛支持的目标，要具有达成目标的坚强政治意志，要在精英阶层达成共识，能够整合和集中智力资源，这是实现俄罗斯现代化的必要和充分条件。

  第二是积极的国民。国民素质越高，主动性就会越强。现代化的思想基础环节包括两个方面，一是永恒哲学，就是我们怎样看待俄罗斯的千年历史；二是未来愿景，就是我们对未来百年的心理预期。至于现代化的战略策略环节，则既要有二十年和五十年长期规划，又要有地区和行业年度发展计划，实施专业的规划和项目管理。

这样看来，上述问题的一个可能的答案就集中在人的因素，也就是主观因素上。

历史经验表明，要想让现代化政策具有效率，不仅需要主观因素发挥积极作用，还需要调动全部社会力量，需要团结和鼓舞全社会，需要全社会的劳动激情。俄罗斯并不是没有现代化突破的经验。彼得大帝时代的现代化激情，布尔什维克式的动员群众（在充满敌意的"文明世界"不提供贷款资金的条件下）进行现代化，都达成了众所周知的具体成果：国家赶上了欧洲水平。但问题是付出的代价过大：人员损失骇人听闻，俄罗斯社会遭到摧残。其实，彼得大帝的早期现代化改革就让国家付出了昂贵代价：社会过度紧张，充斥着暴力，大量俄罗斯人付出了血汗乃至生命代价。强制使用劳力，赋税增加三倍，人口减少了五分之一，这就是彼得大帝改革的代价。七百万农民被消灭和集中营囚徒的奴役劳动是斯大林"顺利"工业化的代价。

梅德韦杰夫在其《前进，俄罗斯！》文章中不仅否定了彼得大帝的历史经验，也否定了苏联时代的全部经验，认为这些经验都不能作为当今现代化工程的效仿对象。他说，"这些成就所付出的代价太大。这些成就一般都是通过过度消耗力量、耗尽集权国家机器全部能力所取得的。"

显然，在民主社会背景下，机械照搬运用强制作为现代化因素的历史经验是行不通的。需要探索其他的、非强制的动员民众的方式。

俄罗斯现代化的阻碍因素

第一，现代俄罗斯最主要的问题是民众与政权之间存在巨大鸿沟，政府与社会之间缺乏充分的建设性对话。这个问题不解决，任何改革都不可能指望成功。

在俄罗斯，无论现代化还是其他重大计划，都是自上而下推行的。政府从来不知道人民对政府的想法，人民同样也不知道政府在干什么或想干什么。社会调查结果表明，国民对"现代化"概念本身就莫衷一是，大多数国民并不太清楚现代化政策的真实意义。

俄罗斯人理解的"现代化"概念(多项选择)

法律面前人人平等	41%
严惩腐败	38%
社会公平	31%
高效的创新型经济	24%
巩固强大的国家实力	21%
复兴俄罗斯民族传统	14%
新的创业和竞争机会	12%
民主	7%

第二,国家政治领导层认为,现代化项目的主要决定性动力是人才,因而开展了耗资巨大的引才计划,但是忽视了以自由竞争为基础、允许每个公民最大限度地发挥自身才干的社会体制建设。发达国家的经验表明,不只是人才,正是这种体制能够最大限度地促进创新。

第三,俄罗斯目前实施的各项改革仍然一如既往,没有重视所付出的社会代价。社会严重的两极分化不可能成为有效现代化的可靠条件。国民都着眼于现代化的社会内容,而俄罗斯历史上数次大跃进都是惨淡收场,人民生活不仅没有改善,反而更加恶化,这导致俄罗斯人面对政府的每次改革冲动都有一种遗传性的恐惧。

第四,必须指出的是,政府当局的计划、构想、豪言壮语和种种允诺与具体实际操作之间的脱节,以及对那些貌似十分宏伟的计划的快速遗忘,已经让人司空见惯了。一个事实是,发布现代化方针后不久,2010年联邦专项创新计划的投入即已冻结在2009年的水平上。

第五,国民动员程度及其政治生活参与度与整合国民利益所必需的体制机制建设之间存在冲突。

第六,深刻的价值和行为界定进程将俄罗斯社会分化为现代派和传统派两极。俄罗斯的中产阶级并不是政权的核心社会支持力量。相反,从长远看,他们有可能产生体制外的反抗性资源。

第七，俄罗斯新的后工业现代化之所以踟蹰不前，还因为过去的传统现代化并没有完成。很多企业仍维持着从前的低素质劳动方式。

第八，腐败是现代化之路上的严重阻碍。腐败作为一种体制性现象严重影响创新领域的投资环境，降低投资者的信任度。腐败还会降低研发和推广创新成果的积极性。在目前的腐败水平下，要想在2020年实现俄罗斯的现代化计划十分令人怀疑。

第九，从2001年起就已启动的俄罗斯教育现代化并没有成为现代化进程的有效资源。

我们应当清楚，阿拉伯革命是从什么开始的，应当记住那些青年，那些受过教育（50%以上有高等学历），但由于没有合适工作机会而被迫在街上"卖拖鞋"的青年。正是这些青年成了社会动荡的主人公。

阻碍俄罗斯现代化进程的主体

当前俄罗斯各个社会群体都是阻碍现代化进程的主体。其中两个最有影响力的群体就是财阀和官僚机构。现在这些大产业主们对投入巨资去搞现代化没有兴趣。官僚是最保守的社会群体，多数官员和"亲政府"的（有地位的）学界人士都视现代化为一种可能的发财之道，甚至利用现代化之机来壮大自己。

全俄社会舆论研究中心的民意调查结果表明，仅有5%的受访者认为国家和官僚阶层能够承担现代化重任，4%的人认为商人和学者们能担此重任，3%的人信赖政治家，2%的受访者寄希望于青年。有近60%的公民不知道哪些社会群体能够成为创新的动力，还有23%的人则认为根本不存在这样的社会群体。

应该承认，其他社会群体——"普通"民众和选民同样不是现代化进程的支持者和积极参与者。

叶夫图申科把民众的这种状态称之为"公民性无能"。但是，出现这种状况并不是因为民众真如此差劲。民众的行为逻辑简单明了。现在的政府在作出政治决策时都打着民众利益的旗号，但实际上并没有民众参与。当今政治生活中的掌权者没有人去寻求民众的积极拥护。作为回应，多数民众对政府的各项宏伟创举一律抱有深切的疑虑。发展科学技术和创新问题没有得到俄罗斯民众的广泛理解，因为民众实际上没有受到任何有效的激励，能够鼓励他们创造性地参与国家的改革。可以说，俄罗斯民众的普遍怀疑心态是因为他们认为自己被排除在所有政治进程之外，特别是被排除在现代化进程之外。

此外，这种怀疑心态还因为某些政府人士对这部分民众的轻慢而被放大。比如，总统的现代发展研究所所长伊·尤尔根斯在一场名为"什么阻碍着俄罗斯现代化"的新闻发布会上声称，俄罗斯民众尚未准备好实现政府的宏伟蓝图。他认为，总统、总理和政治精英们已做好准备并具有这种政治意志，但民众还缺乏准备！至于民众对创新的漠视态度以及较低的公民积极性，他的解释是因为政府的家长式作风以及"较低的城市化文明普及率"。尤尔根斯认为，俄罗斯民众到2025年才能够达到一个普通进步欧洲人对民主的心理认同程度。暂时而言，俄罗斯的人力资本呈明显下降趋势。经济活动人口正在丧失技能（因为不能从事所学专业），走下坡路，变成流氓无产者甚至低能儿。尤尔根斯得出的结论是：社会动员失败的罪魁祸首是民众本身！

宗教精英、知识分子和普通民众之间的脱节也是国家改革道路上的严重阻碍。

新闻媒体，特别是国家掌控的新闻媒体加剧了俄罗斯公民的怀疑心态。这些媒体试图通过报道为数不多的创新成就来证明现代化的成功。

总而言之，构成现代化政策的阻碍因素包括：政府威信太低，主张现代化的国家领导人支持率下降，对整个国家机构的不信任；民众和政府缺乏共同利益，没有能够把所有人团结在一起的共同社会理想；公民和政府机关之间形成客户—保护人关系；缺乏现代化精英。只有改变这些要素才能形成现代化必需的潜力。建立有效的社会经济秩序，使创新成为需要，是顺利实施现代化的主要条件之一。

译者单位：中央编译局俄罗斯研究中心

社会经济透视 >>>

中俄经贸合作再上新水平的战略思考

陆南泉

经贸合作是中俄战略协作伙伴关系的基石与动力

应俄罗斯联邦政府邀请,中国国务院副总理李克强于4月26日至30日对俄罗斯进行了正式访问。此访对促进政治、经贸、人文、科技、能源等五大领域的双方务实合作具有重要意义。与过去一样,中俄两国领导人高层互访,都把提升经贸合作水平作为讨论的一个重要内容。4月28日李克强出席中俄贸易和投资促进会议开幕式并致辞,他在题为《推动中俄贸易和投资合作再上新水平》的讲话中指出,中俄经贸合作站在新的历史起点上,双方应秉持互利共赢的理念,坚持巩固传统合作和拓展新领域并重,在扩大项目规模的同时增加相互投资,不仅注重数量增长,而且注重质量提升。中国与俄罗斯企业签署了26项重要合作协议,项目总金额达152亿美元,涉及基础设施、能源资源、机电装备、高技术、金融等各个领域。

从巩固与发展中俄业已建立的战略协作伙伴关系来讲,加强经贸合作显得十分迫切。20多年来,经过中俄双方的努力经贸合作已达到一定水平,2011年贸易额达到创纪录水平的792.5亿美元,但总体水平不高,仅为同期中美、中日与中韩贸易额的17.7%、23.0%、37.0%。另外,中俄贸易结构单一,相互间的投资更无法与美国和日本相比。中俄经贸关系远未达到中美之间你中有我、我中有你的水平,或者像诺贝尔奖得主迈克尔·斯彭斯说的,更没有达到中美是世界经济"连体婴"的高度。应该说,这是中俄战略协作伙伴关系中的一大软肋。为此，2011年6月16日，胡锦涛主席访俄时与梅德韦杰夫总统发表联合声明提出，通过中俄双方努力，争取在2015年前双方贸易额达到1000亿美元，2020年之前达到2000亿美元。这反映了中俄双方都希望提高经贸合作水平。这次李克强访俄谈到这一问题时十分明确指出："经贸合作是中俄战略协作伙伴关系的重要基石，是支撑中俄关系向前发展的重要动力。"就是说，作为互为最大邻国的中俄两国，如何使良好的政治关系推动经贸关系得到进一步发展，使其符合两国政治关系的水平，使政治关系有坚实的经济基础，这是十分迫切的问题。

笔者认为，尽管在中俄两国关系中，地缘政治与安全因素起着重要作用，但从长远来看，要把业已建立起来的战略协作伙伴关系推进到新的高度，还必须借助两国高水平的经贸合作，依赖于两国之间经济利益的依存度。经过20多年的努力，推动中俄经贸合作的有利因素在增长。

从世界政治大格局来看，对中俄经贸再上新水平的有利因素，在于两国存在着长期共同的战略依托

近几年来国际关系，特别是大国关系发生了深刻而又复杂的变化。中俄美三国关系的变化趋势是：从俄美关系看来，俄对美由战略妥协转向战略反制。普京在对外政策方面坚决捍卫俄罗斯的国家利益，不当西方的"应声虫"，坚决反对"阿拉伯之春"。

中美关系总体上保持了稳定发展的势头，但随着中国的迅速发展，国力的增强，国际地位的上升，美国通过各种方式力图牵制中国的发展。

从美对中俄的共同政策来看，由于中俄两国与美国的战略利益不同，因此在一些重大国际问题上矛盾与分歧难以消除，地缘战略的争夺与反争夺、挤压与反挤压、遏制与反遏制等方面的斗争将会加剧并长期存在。中俄两国都是美国的遏制对象，这是中俄美三国关系的一个突出特点。

在上述国际格局的大背景下，中俄高层与主要智库，对中俄业已建立的战略协作伙伴关系在俄总战略格局中的重要性，在认识上有了大的提高，清楚地意识到美遏制俄的政策难以改变，两国仍将是主要战略对手，从而进一步认定，中俄在战略利益上较为接近，两国在重要国际问题上有共识，如共同推动世界多极化，反对单边主义，建立公正的民主的国际新秩序，等等。这些因素，使中俄更加认识到两国之间存在着长期的共同的战略依托，在大国关系中中俄双方都把对方视为取得有利地位的主要依托对象。正是由于上述原因，在俄罗斯出现了在批驳"中国威胁论"的同时，主张"中国机遇论"。

普京于2012年2月27日在《莫斯科新闻报》发表的题为《俄罗斯与不断变化的世界》第七篇竞选文章，论述俄对外政策。他在文章中特别强调俄中关系的重要性，他指出，考虑到不断强化的中国因素，俄罗斯对中国应有以下认识：

第一，相信中国经济增长绝不是威胁，而是带有巨大实业合作潜力的挑战，这也是一种机遇，要抓住朝着我国经济"帆船"吹来的"中国风"。我们要积极协调新的合作关系，使两国的技术和生产能力相结合，我们还要合理运用中国潜力来提升西伯利亚和远东经济。"不能因为中国在国际舞台上的行为就说它有野心争霸。"

第二，中国的声音确实让世界感到它越来越自信，我们也欢迎这一点，因为北京赞同我们建立平等世界秩序的看法。我们将继续在国际舞台上相互支持，共同解决尖锐的地区和全球性问题，在联合国安理会、金砖五国、上合组织、20国集团和其他多边机制中加强合作。

第三，我们解决了俄中关系的所有重大政治问题，包括最重要的边界问题。共同解决尖锐的地区和全球性问题，建立了牢固的、有法律文件约束的双边关系机制。两国领导人达到了前所未有的互信水平。这有利于两国人民本着真正的伙伴关系精神，在务实的原则基础上，并且考虑到彼此利益采取行动。现已建立的俄中关系模式是非常有发展前途的模式。

普京还认为，加强与中国在国际事务中的合作，有利于推进世界多极化。可以预见，普京在面临国内外复杂的情势下，需要强化与中国的关系，来改善自己及俄罗斯的政治与经济环境。

普京的结论性看法是，俄罗斯需要繁荣和稳定的中国，中国自然也需要强有力的和成功的俄罗斯。

中俄两国发展经贸关系有着较好的经济基础

一个国家的经济发展状况对其对外经贸合作有很大影响。普京执政以来,中俄两国经贸关系有很大的发展,其中一个重要原因是俄罗斯经济一直保持较高的发展速度。与此同时,中国经济亦一直保持高速发展态势。2003 年 5 月,中国国家主席胡锦涛访问俄罗斯,展望了两国经贸合作前景。当时,时任总统的普京说:"如果俄中经济关系以目前的这种速度发展,四五年后两国贸易额将达到 200 亿美元。"他接着强调,能否达到这一目标,"这取决于俄罗斯与中国的经济发展速度。"从俄罗斯来看,受世界金融危机的影响,在 2009 年出现经济大滑坡(GDP 下降 7.9%)后,经济很快出现了回升,2010 年与 2011 年分别比上年增长 4.0% 与 4.3%。

至于俄罗斯经济发展前景,从普京于 2011 年 9 月在统俄党代表大会上的讲演来看,他不满意目前 4% 左右的增速,他要求今后几年经济的年均增速能达到 6%—7%。他在 4 月 11 日的政府工作报告中又强调,加强经济发展的"重点是提升经济增长速度"。

俄罗斯 2020 年要达到的基本社会经济目标是,经济进入世界五强之一,按照购买力平价计算的人均 GDP 从目前的 13700 美元增加到 3 万美元,增长 1.2 倍。三口之家的住房面积不少于 100 平方米。到 2020 年前中产阶级在总的居民结构中最低限度不低于 60%。在 12 年内,俄罗斯经济主要部门的劳动生产率至少要提高 3 倍。人均寿命在 2020 年前提高到 75 岁,死亡率减少 1/3。家庭收入差距要从现在不可接受的 15∶1 的大幅悬殊降到更为合适的程度,等等。

中国经济一直保持良好的发展态势,今后相当一个时期将保持 7%—8% 的增长率。可以认为,发展中俄两国经贸关系的经济基础在增强。中俄两国应抓住有利的战略机遇期,积极推进在科技、交通运输网络等基础设施、能源与两国区域合作等重要领域的合作。

当然,在加强上述中俄合作四个重点领域时,亦不能忽视货物贸易。在相当一个时期内,中俄两国货物贸易的品种结构难以发生实质性变化,即俄难以改变经济发展以出口原材料为主导的模式，而中国则向俄出口各种劳动密集型消费品。从2011年黑龙江省对俄出口贸易结构来看，亦说明这一点。黑龙江省对俄出口的服装、鞋类、纺织品出口继续保持主要份额，占比达50%以上。

至于中俄双方特别强调的相互增加投资问题，一直是两国经贸合作中的一个主要弱点，坦率地讲，投资合作能否取得大的进展，在很大程度上取决于俄能否改善投资环境。对此，俄罗斯第一副总理舒瓦洛夫表示俄愿意努力改善投资环境。

与此同时，我们也应看到影响经贸合作的不利因素。上文提及的普京第七篇竞选文章中，也指出了两国关系中还存在着一些问题和小摩擦，如中俄在第三国的商业利益并不总是一致，正在形成的贸易结构以及低水平的相互投资并不总能让俄满意。俄将关注来自中国的移民潮。李克强在跟普京会晤时也指出："中俄共同前进的道路并非总是'像涅瓦大街一样平坦'，一路上也会遇到困难，但相信，中俄作为'好邻居、好朋友、好伙伴'，总是能够找到正确的解决方案。"

中俄经贸合作过程中出现的问题，只能在合作过程中通过增进相互了解、增强互信及加强立法等途经逐步解决。

作者单位：中国社会科学院俄罗斯东欧中亚研究所

2025年前俄罗斯各地区的人口现状与未来

黄立茀

2012年5月30—31日,俄罗斯联邦卫生与社会发展部(以下简称卫生发展部)与俄科学院社会—政治研究所共同主办了《2025年前俄罗斯各地区的人口现状与未来》全俄科学实践会议。会议在卫生发展部会议厅召开,该部部长以及俄罗斯地区社会发展部负责人,俄科学院社会—政治研究所、远东研究所、社会学研究所、莫斯科大学、白俄罗斯经贸大学等诸多研究机构和高校的人口学学者共计百余人参加学术研讨会。研讨会由卫生发展部健康与社会劳动发展分析与预测局局长 В. Ф. 卡尔巴诺夫与科学院社会—政治研究所研究员、著名人口问题专家 Л. Л. 雷巴科夫斯基主持,卫生发展部部长 М. А. 托比林在会议上致辞。

俄卫生发展部副局长 А. Е. 伊万诺娃报告的题目是《由于降低人口死亡率地区人口发展可能的潜力》,俄科学院通讯院士、科学院社会—政治研究所社会人口与经济社会学中心主任 С. В. 梁赞采夫报告的题目是《俄罗斯移民政策的新方案:完善的必经之路——在俄罗斯联邦与地区层面》,斯摩棱斯克地区社会发展部部长 С. Б. 戈柳诺夫报告的题目是《斯摩棱斯克地区人口发展及其前景》,车里雅宾斯克地区卫生部副部长 С. С. 乌菲姆采夫报告的题目是《车里雅宾斯克地区人口发展问题及其前景》,别尔哥罗德市卫生与社会保障部地区人口与家庭政策局局长 С. А. 盖沃罗恩斯卡雅报告的题目是《别尔哥罗德市人口政策的战略目标与任务》,莫斯科大学国民问题研究中心居民再生产与人口政策理论部主任 В. Н. 阿尔汉戈尔斯基报告的题目是《在俄罗斯及其地区提高人口出生率的潜力：评价的方法》，白俄罗斯经贸大学教研室主任 A. Г. 兹罗特尼克夫报告的题目是《白俄罗斯人口政策及其联盟国家社会政策》。

主题报告之后，与会学者分三个单元就俄罗斯联邦和地区层面人口现状、人口政策和移民问题进行了热烈的讨论。5月30日人口现状单元讨论的主要问题有：降低俄罗斯人口死亡率，自我保健，延长居民寿命的可能性。5月31日，在政府政策单元讨论的主要问题有：俄罗斯联邦近年旨在提高国家与地区人口出生率政策效果的评价；提高出生率可能的潜力；提高人口政策的有效性；实现旨在提高人口出生率巩固家庭的人口政策的新路径；改变出生率的前景。在移民问题单元讨论的主要问题有：导致俄罗斯人口变化的向国外移民问题；向国外移民进程的评价；俄罗斯国内的劳动移民：规模与前景；地区之间内部移民的变动；内部劳动移民在实现俄罗斯劳动资源政策方面的作用；消极移民问题；俄罗斯移民大赦及向俄罗斯移民的调节；俄罗斯移民政策的概念，其目的、任务和方向，等等。

2012年5月俄罗斯新总统普京就职以后，梅德韦杰夫新政府制定了国家发展优先方向和任务，主要任务之一就是保持人口增长，将俄居民平均寿命在6年后提高到75岁。在这一背景之下，由俄罗斯联邦卫生与社会发展部与俄罗斯学术机构举行的该学术研讨会取得了圆满成功，可以预见，研讨会的学术成果将对实施俄罗斯新政府人口发展目标产生有益的影响。

作者单位：中国社会科学院世界历史研究所

俄罗斯移民政策的新方案：完善的必经之路

谢·瓦·梁赞采夫 著 朱 磊 译

> 谢尔盖·瓦西里耶维奇·梁赞采夫，俄罗斯科学院通讯院士，经济学博士，教授，俄罗斯科学院社会政治研究所社会人口与经济社会学中心主任。该文为梁赞采夫在"2025年前俄罗斯各地区的人口现状与未来"全俄科学实践会议上做的主题报告。

最近20年，俄罗斯的移民政策遭到公民社会各个阶层的批评。这完全是可以理解的。移民政策低效率的重要原因之一是国家缺乏足够的时间和需要去调整移民方案。俄罗斯有关调整移民过程的最新方案是2003年通过的。但是，无论是在意识形态方面，还是在思想内容方面，该方案均已明显不符合时代的要求了。几年前，俄罗斯联邦移民局已开始起草一项新的国家移民政策方案。新版本的方案能否适应时代要求？它是否考虑到了旧方案的缺陷和今天的现实呢？

必须承认，新方案中包含了很多"突破"，这将有助于俄罗斯在维护国家利益方面调整移民政策。特别是移民第一次不只被视为国家的威胁，同时也被视为国家发展的资源。此外，这一方案中不仅包括了运用行政方法调整移民政策，而且还包括了当前形势下无疑更为有效的一些经济手段。新方案中也研究了促进俄罗斯人口内部流动的问题。

很显然，移民政策在逻辑上应该是"源于"国家人口政策（2007年10月的总统令批准了2025年前俄罗斯联邦人口政策方案）。尤其是，常住移民和临时国外劳动移民的数量必须是与俄罗斯社会经济和人口发展指数"紧密相连"的。新方案中提出了一些论据，赞成在不考虑国家内部储备的情况下，在提高出生率和降低死亡率方面，在利用"储备"群体（失业者、青年、退休人员和残疾人士）的劳动潜能以及减少移民损失等方面扩大移民数量。应当指出，俄罗斯总人口中有630多万失业者，每年有250万合法的国外劳动移民，非法务工的国外劳动移民数量估计是300万至500万。同时，应该邀请和接收的移民数量到底应该是多少，这是国家需要面对的一个原则性问题。

许多发达国家早已尝试机械性地通过移民，首先是劳动移民来增加人口。出现了一个术语——"替代移民"，它的意思是移民人口抵消了总人口数量或特定年龄群体人口数量的下降。然而，经验表明，大规模的替代移民也带来了很多文化、社会问题，甚至政治问题。目前，经济发达国家的移民政策，对于非熟练劳动力群体来说变得更加严厉，它优先考虑具有高学历、高素质的移民。此外，经济发达国家的政府开始越来越多地关注旨在刺激人口出生率和帮助有孩子的家庭的人口政策。

我们认为，俄罗斯移民政策的目的是不明确的。"稳定和增加常住人口数量"不能是国家移民政策的目标，这应该是人口政策的目标。俄罗斯移民政策的目的应该用另一种表达方式，即"减少移民外流，使来俄永久居留、工作和学习的移民保持在必需的指标上"。遗憾的是，在这一方案中几乎没有提到俄罗斯移民外流的问题。只是在谈到回归侨民时"顺便"提了一下。诚然，吸引俄罗斯的同胞和侨民回国很重要，但我们也不能对当今俄罗斯的移民外流问题无动于衷。

文件中规范外籍劳动移民的过程没有明确的依据。要知道劳动移民是俄罗斯最大的移民流之一，这一问题现在极为重要。目前，国家所做的更多是登记外国劳工数量，而不是考虑如何管理他们。俄罗斯的外国劳工配额制度遭到了严厉批评。没有明确的评价机制，缺乏确定外籍劳工实际需要数量的方法，不存在劳动力资源的平衡。

上面提到的文件中还缺乏对来俄教育移民的足够关注。该文件只是重点谈到了从独联体国家吸引教育移民。当然，这对俄罗斯来说是一个重要的地区，但国家必须在全球留学市场占据更加积极的地位，这就要求我们不仅应该吸引来自独联体国家的学生，也要吸引来自其他国家的留学生。

在新方案中没有提到吸引不同国家（独联体、欧洲、北美、日本和中国）商业移民的渠道，他们准备在俄罗斯不仅仅是进行经济投资。

文件中几乎没有提到俄罗斯移民外流的问题，更没有提出减少国家移民外流的方法。在界定外流移民成分这一没有多大绝对意义的事情背后，隐藏着与移民流素质结构相关的重要问题。俄罗斯外流移民的年龄结构中，有劳动能力和低于劳动年龄的人群比例提高了，而退休人员的比重则相应减少了。

在国家移民政策方案中应当体现出完善和发展的途径，而现在在俄罗斯缺乏相应的这一考虑。首先，应当指出，关于移民的信息是零散的。

我们认为，上述建议应当在制定国家移民政策方案时被考虑，因为这对国家发展具有原则性的意义。而通过的文件应当为国家未来数年移民过程的发展提供依据。

译者单位：外交部

俄罗斯农村居民就业、收入状况

玛·尼·穆哈诺娃 著　伊利亚 编译

俄罗斯《社会科学与当代》2012年第1期刊登了俄科学院社会学副博士、高级研究员玛丽亚·尼古拉耶夫娜·穆哈诺娃的文章《俄罗斯农村社会——职业结构转型（1994—2009年）》。作者在文章开头指出，此文的写作目的在于"分析由市场改革引发的农工综合体的社会变化的结果，这些变化对农村居民就业转型、农村居民的人数的影响，以及农业劳动市场的社会状况"。现将主要内容编译如下。

俄罗斯农村居民就业情况

农村就业者包括在农业机构和各种农业生产服务部门、农场工作的人；从事个体劳动活动而又没有法人资格的人；在生产用于销售的农产品的私营经济中就业的人。

现今俄罗斯的农工综合体，是农业各部门以及与农业生产协作的各部门的总和。近几十年来，俄罗斯的经济改革产生了重大的制度性变化，这在农村的生活条件上也得到了反映。农工综合体的就业结构发生了变化，农业就业者人数几乎下降了一半：从2004年的29.3%下降到2009年的16.8%。相反，在其他部门（建筑业、教育、住宅公用事业等），则出现了就业增长。而在医疗保健、管理机关、轻工业和食品工业、交通运输、通讯、贸易、日常服务业就业的人数基本上没有变化。

让我们从整体上看一看农工综合体农村居民的就业情况。2009年，农村地区接受过高等教育的就业者，占农村就业者总数的12.4%（1994年为11.9%）。假如考察此类就业者内部发生的变化，那么会发现没有出现明显的改变：在接受过高等教育的就业者中，在教育领域就业的，1994年为7.2%，2009年为7.4%。需要指出的是，在所研究的这一时期里，医生的人数时而减少，时而又得到了补充。因此，医生的就业率实际上没有变化，为1.6%。最可能的是，低廉的劳动报酬促使他们到城市去了。

农业专家的人数（农艺师、兽医、畜牧学家）没有变化。其他接受过高等教育的专家（经济学家、会计师、工程师、机械师）的人数基本上也没有出现太大的变动，1994年为3.5%，2009年为3.2%。

在相应的时期里，管理人员、重要官员和立法者这一类人员发生了重大变化。比如，中小企业的管理人员和经理这一类别的人数，从1998年的3.8%增长到2001年的7.0%。这一阶段，金融危机促进了农业的高涨，国内农产品的生产增加了。于是，农工综合体充实了新的管理人员，随着新的农业企业经理人员以及新的农业企业的分支机构负责人员的出现，管理人员的人数增加了。后来，在2003年，由于企业经理以及企业分支机构负责人员人数的减少，管理人员数量下降。这一类人员出现变化的原因，可能主要是管理人员的横向流动以及部分的纵向流动。假如单独考察中小企业经理的人数，会发现这一数字由1998年的2.9%增加到2001年的4.0%，这主要是由于各种贸易企业的经理人员数量增加了的缘故。但是，在随后的几年，他们的人数几乎减少了一半。在所研究的这一时期里，教育、医疗保健、休闲类企业经理人数没有发生变化。因而，2009年中小企业管理人员和经理人员，占农工综合体所有就业者总数的4.5%。教育、医疗、技术、机械等领域接受过中等职业教育的专家的人数，从1994年的11.0%增加到2009年的14.3%。

俄罗斯农村居民收入变化情况

在我看来，根据中位数值来评判农村居民收入变化情况，会更为有效。从各种指数来看，在整个所研究的这一时期里出现了农村居民收入的增长。但是，在

1998—2001年其增速较慢。2002年，农村居民收入出现了较大幅度的增长（增长了1.7倍）。这与当年俄联邦政府给预算内工作人员涨了工资有关，而这在农村就业者收入中占据了极为重要的部分。后来，农村居民收入增长速度下降，但从2006年开始（俄联邦政府第二次增加了预算内工作人员的工资）这一指数逐年增加。由于受突然爆发的经济—金融危机的影响，这一趋势中断：2009年，农村就业者收入仅增长2%。

假如考察收入超过平均值的农村就业者的收入，那么，具有典型意义的是月收入在8001—10000卢布这一档，15.2%的被咨询者属于这一档次，10.9%的被咨询者拥有10001—14000卢布，8.9%的被咨询者拥有14001—18000卢布，8.2%的被咨询者高于18001卢布。

俄联邦政府先后于2002年和2006年两次试图通过增加预算拨款的途径加速提高劳动报酬，不过，这些措施未能使农村就业者平均工资之间的比例关系有实质性改变，农业就业者的平均工资要比其他经济部门的平均工资低一半，是最低的。即便是新的金融—经济危机爆发前三年内农业就业者的工资有了比较高速的增长，但是依旧解决不了农业居民的贫困问题。

令人可喜的是，2009年农业就业者不仅保持住了原有的工资，而且还有一点点增长。但是，整个农村居民，特别是农业就业者的全部收入，无论怎样都不能看做是恰当的、应有的。2009年45.3%的被咨询者的收入低于所规定的最低工资额，不足4000卢布，其中多数人（23.3%）收入不足2000卢布。不能不指出的是，甚至如此少得可怜的工资也不能按时发放。1994年大约60%的被咨询者指出：企业不能按时向他们支付工资。到1998年，这一指数达到近80%。后来，从2000年开始，工资被拖欠者的比例逐年下降：从50.9%降到2009年的9.7%。因此，经济无序和社会混乱越来越激化了农村问题，加剧了农村地区的社会结构分化。

译者单位：中央编译局俄罗斯研究中心

国际货币体系和俄罗斯的货币信贷政策

米·戈洛夫宁 著　彭晓宇 编译

　　由于2007年秋开始的世界经济危机和金融危机的影响,更多人开始谈论国际货币体系的未来。俄罗斯科学院经济所全球化问题研究中心主任、经济学副博士米歇尔·戈洛夫宁在俄罗斯《国际经济》杂志2010年第2期上发表《国际货币体系的主要发展方向和俄罗斯的货币信贷政策》一文,在文中,作者根据近些年国际货币体系的发展趋势及其对俄罗斯货币信贷政策的影响,提出了对国际货币体系未来的看法。

各种货币在国际货币体系中的地位

　　在金融全球化的影响下,国际货币体系的制度结构表面上没有变化,其内部却发生了质的变化。首先,统一的欧洲货币欧元的加入是全球经济货币构架中最重要的一个变化,欧元从2002年开始以现金形式开始流通,美元在世界金融体系中的垄断地位受到排挤。

　　欧洲央行每年都会发布《欧元的国际作用》报告,对欧元在国际金融市场上的地位进行详尽分析。按照狭义的国际债券定义（包括货币市场工具）,它指的是真正的跨境交易（在欧元区之外）,2009年末,欧元作为计价货币在相应的债券总额中所占的比例是31.4%（美元占45.8%）,日元只占5.8%,大大低于前两种货币。

　　国际信贷市场上,从2002年起,在2003—2007年间市场大繁荣、2008年收缩和2009年停滞的情况下,各种计价货币所占比例一直保持稳定。美元发生的动荡最大（在 50%—60% 之间），日元的比例一直在下降（从 7%—8% 降到 4%—5%），而欧元一直处在 20%—23% 之间。

从 2002 年到 2010 年美元在国际储备货币中的比例下降，而同期欧元的比例在上升，这个变化趋势一直很稳定。在 2009 年之前，90% 的国际外汇储备中都是这两种货币。但由于日元的比重增加，这两种货币（主要是欧元）的地位受到挤压。截至目前，形成了一种很特别的结构：起主要作用的依然是美元，第二位是欧元，英镑和日元远远地在后面争夺第三位（最近是英国货币取胜了）。最后，瑞士法郎实际上失去了在国际外汇储备中的地位。

国际清算银行三年一次公布世界外汇市场的概况，其中包含外汇市场的主要指标（根据各央行所递交的统计数据）。根据这个资料可以得出结论，美元依然是国际外汇市场的主导货币：虽然从 2004 年的 88% 下降到了 2010 年的 84.9%。在同一时期，欧元在国际外汇市场交易中的比重从 37.4% 上升到 39.1%。一些发达国家和新兴市场国家的货币在国际外汇体系中的地位也加强了：澳元增加了 1.6 个百分点，加拿大元增加了 1.1 个百分点，印度卢比增加了 0.6 个百分点，新加坡元增加了 0.5 个百分点，土耳其里拉增加了 0.6 个百分点。但是，必须看到，这些增长经常是由于这些外汇的投机性交易（依靠利息差而获利），而不是这些外汇的现实资产交易。

从 2004 年至 2010 年俄罗斯卢布在国际外汇市场上的份额从 0.6% 增加到 0.9%，与印度卢比在同一水平上，落后于新加坡元或韩元，但超过了土耳其里拉、巴西雷亚尔和人民币。

货币在国际市场上的地位很大程度上不是依靠本国的经济规模，而是其金融市场的规模。例如，在 2009 年，美国的两个主要交易所的股票交易额（纳斯达克和纽约证券交易所）大约是 46.7 万亿美元。而 2009 年欧元区四个主要交易所的总交易额是 6.6 万亿美元。相比较而言，两者之间的差距仍然很大。在危机期间，当证交所的交易额都大幅下降时，美国市场比欧洲市场表现得相对要好一些。2009 年日本证交所的交易额是 4.1 万亿美元，而中国，包括香港在内，交易额是 9.3 万亿美元。

可以断定，包括20世纪历史传统的各种因素总和、经济规模、在世界金融市场的作用和政治因素，使美元保持了在国际货币体系中的领导地位，而且这一地位得到了制度保证。欧元目前只能是一个地区性货币，在经济和货币共同体的邻国和地区很普及。有一些现象表明，欧元会走向更广阔的舞台，因此就产生了未来国际货币体系的发展问题。

国际货币体系的发展前景

目前，关于国际货币体系的发展前景有几种观点，可以综合为以下几种：（1）短期或中期美元会是唯一真正的国际货币；（2）国际货币体系向双币种（欧元成为第二种国际货币）或多币种（最多提到的是人民币国际地位的加强）转变；（3）多币种指的是，地区性货币的出现和加强，美元式微。

可以认为，国际货币金融体系目前的发展趋势表明，美元在中短期内会保持主导货币的地位，说明如下。

1. 美国仍然是最大的经济体，也领军于金融市场的发展。

2. 美元执行世界货币的所有职能，而其他币种只能执行部分职能。如作为贮藏手段的欧元，在价值尺度方面无法与美元竞争。美元在国际外汇市场上实际处于垄断地位，大多数货币间的交易并不是直接交易，而是通过美元，因为"本币—美元"的组合拥有更发达和更有清偿能力的外汇市场。

欧元获得第二国际货币地位的一些前提条件已经形成了，但是，欧洲货币显然没有准备好承担美元在国际货币体系中的职能，首先是完成交易和储备货币的职能，而不仅是配售国际组合资产的货币的职能。

统计资料表明，中国在国际经济和金融市场上的地位在加强。但是，不能忘记的是，中国实行货币管制，人民币不能自由用来完成跨境交易。中国政府在有意识地执行逐步开放金融领域和资本市场的政策。也就是说，人民币要成为一个关键的国际货币，在中期内是不可能的。

在多币种国际货币体系的方案中，尤其需要提到加强特别提款权。特别提款权在国际货币体系中的作用，取决于国际货币基金组织成员国的立场和该组织本身的作用。在2009年对抗危机期间，特别提款权的额度大大增加，但是，这个规模在国际货币体系框架内也未必有什么决定意义。

第三种情况，地区性货币的地位提高，这首先取决于世界各地的货币一体化取得的成绩。亚洲统一货币（ACU）、波斯湾国家建立统一货币（第纳尔）、非盟的统一货币（非元）等等的设计都出现了。另外，还有俄罗斯与白俄罗斯的联盟国家货币。但是，这些货币在实践中都有着政治声明的色彩，没有进一步的发展。这是因为大多数一体化组织中的经济关联程度非常低，成员国不愿意放弃国内货币信贷政策的部分主权。

长期来看，在经济和政治一体化联系紧密的地区（首先是拉美、东南亚、中东）可能出现地区性货币。此前，在相对长的时期内，国际货币体系会是一个特殊的"货币梯队"：美元为主导，欧元会挑战某些职能，下一级是英镑、日元和瑞士法郎。最有可能的是，把一部分职能让给那些有较大规模的经济和金融市场的新兴经济体国家的货币。

不断变化的国际货币体系中的俄罗斯货币信贷政策

俄罗斯在国际货币体系中的参与程度由许多因素决定：深度参与到跨境资本流动（在2008—2009年间，同其他国家一样减少了）、国家经济中货币替代过程的普及和货币信贷政策的选择。

进入21世纪，俄罗斯金融的对外开放程度大大提高。一个衡量的指标就是资本的输入和输出总量。这个指标不考虑交易的标记，把收支平衡表上的金融账户基本项（直接投资、组合投资和其他投资）相加所得。结果会出现"复式记账"，但这个指标比仅计算净资金流的其他指标，较好地反映了各国在国际资本流动中的参与。2001年这一指标占GDP的3.3%，2007年占了GDP的25.3%，在2009年危机期间降到10.6%。危机期间俄罗斯参与国际资本流动的模式又一次发生了变化：在21世纪前十年的中期，外国资本大量流入，在2008—2009年间则是大量流出（尤其是在2008年下半年）。

在2008—2009年危机期间，美元化现象仍是国家货币信贷领域的主要问题，我们理解的美元化是外汇替代本币的部分或全部职能（严格说来，不一定只是美元）。从2007年末开始，居民开始购买外汇现金，到2008年底达475亿美元，而2007年是33亿美元。美元化的程度也大大提高，表现为广义货币量中外汇存款的份额在2007年至2008年上半年是14%—15%，2009年第一季度末达到了28.3%。这些趋势表明，尽管经济长期发展良好（2000—2007年），也不能说经济主体对本国货币有着稳定的信任感。

与1998年的危机相比，美元化过程迅速减缓，这是重大的进步。在2010年初，居民开始出售外汇，2009年第二季度广义货币量中的外汇存款开始稳定减少。

俄罗斯经济像许多新兴市场国家一样，在很大程度上取决于汇率的变化，从20世纪90年代中期之后，俄罗斯的货币信贷政策方向是积极调整卢布的兑换汇率。这一政策的分水岭是在21世纪前十年的中期，此前俄罗斯央行确定了卢布兑美元的汇率目标，从2005年开始增加了欧元。欧元在货币篮子中迅速从新制度之始的10%增加到了45%（从2005年2月至今）。增加欧元在货币篮子中的比重推动了按欧元计价的外汇储备的增加，2009年初达到43.8%（美元份额是44.5%）。

中央银行在外汇政策中考虑到卢布对欧元的关系，是有客观原因的，欧盟国家是俄罗斯主要的对外贸易伙伴。根据2010年1—2月的数据，欧盟国家在俄罗斯对外贸易额中的比重是50.4%，而欧元区国家占了36.2%。

虽然俄罗斯央行修改了官方政策，但是，2008—2009年危机之前俄罗斯外汇市场上的欧元交易没有起到大的作用，主要表现在欧元与美元之间的交易。在2007年，这些交易占了银行外汇市场交易额的29%，而欧元与卢布之间的交易仅仅占了1.7%。在危机期间，欧元与卢布的业务吸引力增加，在2009年前几个月，其交易额达到了11%，而在交易所外汇市场上达到了40%。随着危机的减轻，这个比例开始下降。到2010年11月，在银行间市场上的份额是4.5%。因此，俄罗斯外汇市场的主导外汇仍是美元。

中期前景看，俄罗斯央行计划逐步实行卢布的自由浮动，这应该降低积累外汇储备在货币信贷政策中的影响,可能加强卢布在国际货币体系中的地位,但不是作为用来进行投机交易的货币的地位。这样做的代价,很可能是加剧经济不稳定。不过,保持对汇率的调控,目前是符合俄罗斯经济发展的需要的,而实行浮动汇率要求至少实现一个前提条件——经济构成的多样化。

最后,卢布成为地区性货币这一课题,也要予以特别关注。这是有着客观原因的,因为要在前苏联国家的内部流通中使用卢布。例如,在哈萨克斯坦现汇市场,2008年卢布交易占了全部交易额的6%,在乌克兰占5%,在吉尔吉斯占18%。但是,这样的卢布一般是与其他外汇一起使用的,当然主要是与美元和欧元一起使用。

发展各独联体国家之间的金融合作,是加强卢布在独联体地区地位的良好方向。前面说过,在目前环境下,金融市场是决定本币在国际货币体系中地位的最重要方面。同时在定位欧盟经验的同时,要避免定下无法实现的目标,而是要集中精力实现具体计划。这些计划包括:建立地区性单独类别的证券市场(国债和地方债)。在亚洲一体化组织框架内有这类经验。建设一体化金融基础设施、在全球激烈的金融竞争背景下尤其重要。发展金融合作的另一个推动力,是在后苏联空间发展银行,尤其是已有的欧亚银行。扩大独联体国家本币发行的证券的流通范围,客观上可以推动卢布的份额,因为俄罗斯金融市场在该地区具有巨大影响力。同时,俄罗斯要针对邻国金融市场的发展,向邻国提出有吸引力的方案,这一点很重要。

译者单位:中央编译局俄罗斯研究中心

俄罗斯政治文化与公民社会：基本特征与问题

阿·奥·博罗诺耶夫 著　徐向梅 译

　　本文及后面两篇俄罗斯学者的文章是中央编译局俄罗斯研究中心的约稿。阿萨尔罕·奥利佐诺维奇·博罗诺耶夫为俄罗斯圣彼得堡大学社会学系教授，俄自然科学院院士。

　　政治文化是个多元的概念，它是政治关系领域中不同的居民群体和具体的个人对自身最迫切而重要的需求、价值和传统的认知，决定了人们在政治生活中的行为和选择。

　　作为对政治环境与自身需求的传统的和纯理性主义价值的理解，也作为对政治口号、纲领以及政治家行为，即对政治过程的激烈反应，政治文化表现出两重性。政治文化首先讲的是人的、公共的和个体的传统的政治文化及其存在的合理性；其次，政治文化说的是对政治行动、政治过程即时情绪的认识，因而也是对具体人的相应行为的理解。例如，当人们谈到欧洲国家的政治文化时，就强调拘泥传统、纯理性主义、普遍主义、多元论和信任，就是说，会谈到存在不同的价值观和纲领，这决定了人们在政治生活领域里的行为及他们对政治纲领实施过程的参与。

　　政治文化水平取决于很多因素。

　　第一，取决于在这种或那种社会中现存的社会经济关系。这种社会经济关系的稳定性和民主程度决定了公民的政治行为及其对政治问题决策的参与程度。

　　第二，取决于社会中存在着的某种意识形态取向，它能左右人们的政治行为、影响人们从共同参与的角度去认识政治过程。无疑，某些社会群体（阶级）

的政治行为习惯发挥着重要作用。马克思有一个著名的观点，是关于工人阶级从"自在阶级"变成"自为阶级"，即变成政治关系的主体，从而拥有自身自觉的需求，形成自己的价值取向，即社会世界观。这个过程是公民社会的基础，在公民社会下社会的结构要素（群体、共同体和个体）具有自动组织和自我管理的形式，能够协商并自己解决权力机制影响不到的许多生活问题。在任何社会中政治文化都在很大程度上受制于这种需求的差异性。

各国政治文化的形成过程不同。这取决于文化常项、生活方式的世代因袭、经营形式以及国家治理的传统。在俄国，长期以来占优势的是村社土地关系、共同参与形式、生活方式的集体性原则、父权式管理原则，即对权力的巨大的信仰和依赖。这些因素决定了国家政治文化的核心以及对政治过程的独特理解和认知。1917年十月革命胜利后俄国居民的政治文化发生了改变。众所周知，沙皇政府的父权制管理抑制了政治文化和公民活动。苏联时期对大多数国民来说政治民主扩大了，国民在管理、人权和外交领域的政治文明度得到提高。社会主义民主使大多数居民参与了社会事务的管理，尽管这种管理还很片面，比如，没有政治和意识形态观点的多元化，大国家长作风盛行，缺乏足够的选择。但是，社会主义民主作为政治文化的基础还是能够让国民参与到政治经济和文化问题的决策中来的，能够形成让人信任的公民社会，在这样的社会里，在社会主义规范、价值、原则和公正思想基础上，劳动集体或者其他集体中的人们被共同的目标团结起来。国民的基干部分对权力机构的信任及其对社会生活的积极参与占有重要地位，这是公民社会的基础。社会主义民主政治的本质本身成为人民新的政治文化产生、人们普遍参与许多生活问题的解决以及不同的社会群体捍卫自己利益的基础。

从社会主义政治制度瓦解（1991）之时，俄国社会的政治结构就崩塌了，这导致社会主义成果丧失，新的自由主义政权恣意妄为，公民处于无权地位。自由主义政权首先并不是那么自由，它繁育了靠盗窃国家财产发家的"新俄罗斯人"，这些人很少关心劳动者的利益。力量不平等，权力结构中没有工人和农民，没有文化活动家，选举中是钱而非才能和经验决定一切。在新俄罗斯，国家和地方立法会议的代表是由有产者而非能够反映本国公民利益的人推举。显然，这种情形不可能促进政治文化要素的形成。

第三，自由主义制度尽管近些年取得了一定的成果，但是它没能领悟经济发展的逻辑。在国民开始感觉自己参与到国家正在发生的过程并受到信任时，国家社会经济和文化发展思想的缺乏却妨碍了他们团结在一起。"市场决定一切"的口号在20世纪90年代很流行，而今天它只能招致负面情绪。自然，如果从系统论出发，市场不可能解决复杂社会关系中所有的问题，它只是这个与居民活跃度有关的结构的一部分。一部分居民的活跃可能对一些人有益，而对另一些人有害，可能破坏公正原则和道德规范与价值。在这种情况下就需要有效的国家干预、对未来的计划和找准未来定位。无论是市场结构还是国家都需要信任和支持这样的政治文化，而不需要破坏性的举措。

新形势下俄罗斯面临着政治文化和公民社会发展的问题，这是国家业已形成的市场关系框架内的同一个进程。现在有许多因素干扰着这一进程。

首先，在俄罗斯及后苏联地带的许多国家都不存在自由主义思想所宣称的"法律面前人人平等"。公民勉强感受到一些政治自由，但陷入了经济的不自由状态，这决定了不公正、深刻的社会分化以及由此引起的对新政治体系的不信任。大约60%的居民在最低生活标准线上度日，20%的居民陷入贫困。穷人，这是指每天都要面对生存问题的人，很少被纳入到社会的政治文化和公民社会结构中。俄国著名政治家斯托雷平曾写道："贫困在我看来比奴隶制更坏⋯⋯对这些人谈论自由是可笑的。首先要使他们的福利水平达到那种至少是最低的限度，即使人成为自由的人所需要的最低的满足。"这些观点清楚地指出，不平等，缺乏公正，贫困，直接影响到政治文化和公民社会的形成。社会怪异现象的产生与社会结构和社会关系的发展密切相关。因此彼此信任的政治文化和公民社会结构的形成是2018年前这6年俄罗斯新政府和总统的首要任务。

其次，国家还没有形成一种作为政治经济发展纲领基础的政治思想，而这样的纲领能确定国家的发展战略，决定每位公民的未来生活以及是否能形成参与以及信任的政治文化。信任关系为活跃的共同活动及其协调与合作创造条件，福山把这一范畴作为使群体和个体能够在道德一致性基础上为自己开辟生活前景的有效活动的条件。政治思想正好应该把居民团结起来，决定群体和个体的公民立场。对俄罗斯精英来讲，确立这种政治思想是重要任务。没有这种政治思想，我们看到的从欧洲传统出发的一些粗浅的计划和轰动一时的观点，在许多方面并不适合俄罗斯人的认识和传统。

政党应该促进俄罗斯社会政治和经济愿景的生成。但遗憾的是，在俄罗斯还没有建立起由拥有能积极影响居民政治意识与行为的严肃的纲领的政党所组成的稳定的政党体系。俄联邦共产党、统一俄罗斯党和公正俄罗斯党还有些特点，其纲领还比较具体。其他政党没有明确的政治经济纲领，它们就是一部分选民或者说某一个领袖进行时下热闹抗议活动的党。比如，日里诺夫斯基的"下层"或者说"底层"的自由民主党。贫困的降低和社会政治文化的发展都将导致该党选民的减少，这在2012年的选举中已露端倪。俄议会和总统选举后开始的政治改革还会引起社会政治文化培育过程中既有政党作用的下降。现在有500个公民提名就可以组建政党。这一方面会促进公民社会元素的形成，同时也将促进社会中破坏性因素的增长。今天俄罗斯非常需要能真实反映传统心理范畴内主要居民阶层利益的政党。俄罗斯是一个融合着欧亚文明的国家，有独特的文化理论、世界观、自治形式的国家管理传统及其相互关系。至少有三个主要的政党可以作为俄罗斯政治结构的组成部分——社会主义党（俄共）、自由保守主义党（统一俄罗斯党）和社会民主党（公正俄罗斯党）。其他党只是反映狭窄居民群体或者寡头们（普罗霍罗夫）利益的政党，以及像日里诺夫斯基那种具有超凡能力的个人的政党。因此，由于新政党法出台而导致的政党数量增加不会促进俄罗斯政治文化和公民社会的发展。

影响政治文化和公民社会元素形成的第三个因素，是历史上形成的政治传统，如大国家长作风，主要体现在国家对居民经常性的保护。在俄罗斯这种大国家长作风以沙皇、领袖以及相伴生的官僚的形式存在，这扼杀了居民在决定其生活和政治问题时充分表现其主动性、独立性和创造力的可能。不必完全否定这个传统，正像一些自由主义学者所指出的，它是俄国人民传统政治文化的基础，但与政治关系的自由主义观不符。应该探讨的是这种政治传统的转型，而不是要从传统到完全自由化，不是要降低国家的作用。俄罗斯属于另一种文明，降低国家的地位及作用的自由主义逻辑在俄罗斯是不能接受的，这种思想今天甚至在自由主义价值取向的欧洲国家也失去了意义。

在俄罗斯社会环境下政治文化和公民社会形成的第四个重要因素，是对居民的政治教育，这是宣介国家发展战略的基本思想以及不同政党和精英群体的政治纲领的平台。政治教育应该普及和宣传有关政治环境、行为文化以及社会政治问题解决途径的客观积极的理性的知识。现阶段国家不掌握能反映各领域情况的必要的客观的信息，无论是从政府的情报机关，还是从自由的——似乎是自由的媒体所获得的信息，都存在片面性。

信息的片面性，媒体不管不顾的娱乐性，都没有促进国民政治文化的发展，没有将客观的知识、积极的政治情感和行动灌输到人们的意识中去。因此在俄罗斯的现实生活中一些破坏性的行动变得可能，例如：未经允许的集会和游行，俄罗斯人最重要的精神圣地东正教会庸俗化。最近一段时间，表明社会政治文化处于低水平的这些破坏性行动在以文化和公民社会而自居的西方国家愈演愈烈。这说明，今天没有绝对的公民社会和政治文化模式。美国、法国、中国、俄罗斯等都有自己所理解的民主和自由的政治制度。不过在俄罗斯，由于缺乏支持，冲突环境的发展受到抑制，这在2012年总统选举的结果中得以体现。这些结果表明，俄罗斯已经产生了作为一种自治社会类型的新的自由保守主义政治文化和公民社会的萌芽，至于阻碍其发展的因素，我们认为在人民和强大国家的共同努力下是可以克服的，而这是国家及其经济文化发展的基础。

译者单位：中央编译局俄罗斯研究中心

俄罗斯社会政治文化发展中的民族价值

瓦·德·维诺格拉多夫 著 苏史生 译

> 瓦列里·德米特里耶维奇·维诺格拉多夫为俄罗斯圣彼得堡大学社会学系教授、政治和社会进程教研室主任。

在俄罗斯社会学思想中,民族价值及其对国家和社会发展的影响和作用问题始终是关注的焦点。在俄罗斯社会学家们的著作中,对"公正社会生活"的向往一直占据着主导地位。在这种"公正社会生活"中存在着以社会组织形式出现的"和谐相互关系体系",或者存在着包括个人之间关系在内的各种和谐的"具体关系"。历史进程一般被看做是"个人与社会的相互关系"。根据作为社会生活进步发展的假定根源的"公正社会生活"这一关键概念,П. Л. 拉夫罗夫把社会学界定为"关于有意识的人在自身和社会生活方式处于不同发展阶段条件下团结一致的方式方法的学说,关于团结一致性发展阶段以及巩固或者削弱团结一致性的条件的学说,关于设计制定理想的社会生活方式的学说"[①]。19—20世纪俄罗斯思想家们的著作中普遍存在着由广义的社会相互关系决定的社会关系中的团结一致、公正、真理、和谐、道德、平等、自由、进步。需要指出的是,这些价值思想实际上在那个时期俄罗斯社会学几乎所有的代表人物的著作中都曾有所提及并且得到过分析。倡导在"政权—社会—个人"相互关系实践中观察道德和伦理准则,凸显为很多俄罗斯思想家著作内容的主旨。代表国家的政权应当遵

---

① П. Л. 拉夫罗夫:《文章、回忆、材料》,彼得格勒,1922 年,第 249—291 页。

从这些准则,并且把这些准则看做是替"自己开始执政"进行辩护的依据。①

我之所以引述俄罗斯学者们的这些见解,是因为在19世纪末和20世纪在他们的著作中,一定的民族价值和传统对于历史形成的固定的"范式的"认识、信念、观点、意识以及个人和社会集团的行为模式、作为政治进程主体的政治体系各机制职能发挥模式的影响和作用问题,已经在一定程度上确切简要地表述出来了。

今天产生了与现代俄罗斯政治民主文化的进一步发展相关的问题。形成现代俄罗斯政治民主文化的切实任务,至少取决于三点:第一,当代政治体制发挥职能的经验和教训。第二,吸收外国政治经验——主要是欧洲和美国的政治经验的尝试。第三,以在俄罗斯欧亚国土上存在了多个世纪的民族价值和传统为根据。一些社会学家在激昂的争辩中断言"新俄罗斯民族"形成了,"新俄罗斯民族"的思想和有价值的观点是在两种常常相互矛盾的趋势的作用之下形成的。一方面,对于当今俄罗斯社会而言,一个典型的特点是无论在社会主要集团的意识和情绪中,还是在政治体系的变化中,保守主义的倾向在不断加剧。另一方面,根据很多的特征来看,俄罗斯社会越来越疏离传统文化和传统价值②。在笔者看来,民族精神的这种状况是几场文明灾难的结果:废除农奴制农民却不能拥有土地;革命与国内战争;全国性农民分化;使社会关系简单化到社会—生物程度的20世纪末新的革命。

每个民族,无论大小,在其多个世纪的历史中,都有其不断发展的公民和政治体制形式。每一个国家发展的文明的民主主义的优势,首先建立在民族—民主主义价值基础之上。这里产生了一个问题:即对俄罗斯而言,这些"民族—民主主义价值"是怎样的。问题重要而复杂。关于这一点,已经谈了很多,也写了不少。我仅限于尝试着就民族价值与今天的俄罗斯国家民主发展形势之间的关系问题谈一点看法。当年,П. А. 索罗金曾描述具有1000多年历史的俄罗斯民族所具

---

① М. 科瓦列夫斯基:《当代社会学》,圣彼得堡,1905年,第196页。
② Л. 贝佐夫:《新俄罗斯民族》,载《文学报》2011年11月2—8日。

有的主要特点:"比较长期的存在,顽强的生命力,罕见的坚韧不拔,其代表人物具有为了民族的生存而赴死的伟大精神,以及历史长河中非凡的领土、人口、政治、社会和文化发展。"① 他不无用意地强调指出,只有一些现存的"民族国家"才具有这样长的历史延续性。实际上,索罗金所列出的这些特点,是俄罗斯国家在其存在的一定阶段所固有的民族历史价值。

伟大的俄罗斯哲学家 В. П. 图加里诺夫,根据前人及其本人对这一问题的研究,对价值的一般概念作出了简要表述:"价值是一定的社会或者阶级的成员或者单独的个人,作为满足其需要和利益的手段而为其所需的物质、现象及其性能,以及作为准则、目的或者理想的思想和动机。"② 他在对所谓的"一堆价值范畴"(其中包括价值、价值归属、价值关系、评价、评价对象等)进行划分的时候,对这些范畴中的每一个范畴以及这些范畴的从属关系进行了详细描述。在这方面,价值是"某种客观物质或者现象",以及思想、见解、打算、目的、理想。价值关系的理论分析具有"两个层级",其中在第一个"层级"中有一个三位一体:即需要、利益、目的;在第二个"层级"中,则有认识活动、评价和实践。在依据社会现象结构对价值进行分类时,图加里诺夫在划分出物质价值和精神价值的同时,还划分出了社会政治价值:社会秩序、和平、安全、自由、平等、公正、人性。

这些见解的再生产,可以确认这样一个事实:即价值问题相当复杂、争辩性很强。比如,道德价值或伦理价值有时会对某些政治家的决定和行为产生影响。结果,考虑到这一因素的政策就变得更加具有预瞻性,也更加人道。因此,一个重要的组成部分是偏重系统,偏重系统真实地反映了个人、群体、集团、阶级、整个社会的社会和政治实践,及其利益和需求。因此,作为集团意识元素总和以及作为政治价值形成基础的偏重系统,是确定引发、决定整个政治或者社会进程的条件的一个重要因素。

---

① П. А. 索罗金:《20世纪俄罗斯民族的主要特点——论俄罗斯和俄罗斯哲学文化》,莫斯科,1990年,第472页。

② В. П. 图加里诺夫:《哲学著作选编》,列宁格勒国立大学出版社,1988年,第261页。

任何一个社会的社会政治进程都具有自身的偏重,并以此来探寻自身的有价值的壁龛,这个壁龛成为最为重要的一个组成部分。在这一包括偏重(作为有组织的整体的社会统一体会具有偏重)在内的主观标准的帮助下,社会政治价值显现出来。我们评价说,这些现实及其相互联系的具体特点实际上是优点,可是,结果,我们常常发现——我们说并且鉴定有价值的,实际上却完全相反,是变形的价值。

任何一个社会和国家都有一套特有的价值,这些价值合力决定或者应当决定社会制度最高"限度",无论是在个人层面,还是在集体层面。有活力的价值系统是在社会历史发展进程中形成并发生变化的。

这一关于价值问题的"偏离主题的插叙"绝不意味着对这一相当有趣却比较复杂的议题的分析的终结。对"思想"、"理想"、"目的"、"准则"等范畴的着重强调,证明了运用补充的研究方法是有前途的,包括社会学在内。其中,结构—功能分析的代表人物帕森斯(T. Парсонс)、罗·默顿(P. Мертон)以及其他人认为,价值系统保障了整个社会系统的稳定结构。问题仅仅在于:每一个社会都保障了一体化的社会组织,并且所借助的不是整个人类的价值,而是这个社会所固有的民族价值。尽管在充满活力的相互关系中当然存在着"整个人类的"成分——个人价值。

今天,俄罗斯国家试图找到在推进民主化进程的同时又能够促进社会、经济、政治和精神等各领域的稳定状态的完全适合的"支点"。从俄罗斯转型时期的"体验"这一视角来看,这些"支点"的现实化很重要。俄罗斯国家的重要支点无疑包括:最高权力的集中、重要国家人物在其服务于全体人民过程中的人格化;他们的世界性活动中的人道主义思想、公正、道德、善意;俄罗斯文明的强大,这一文明的核心是俄罗斯与其多种多样的实质性元素光谱的和睦。这些民族特殊性实际上是沿着民主化方案进行国家制度改革进程中的价值基准点。重视俄罗斯文明特点的国家民主化,一方面反映并捍卫着整体利益,另一方面形成了社会和谐和整个社会集团一体化的条件,保障着公民的权利和自由,消解所发生的冲突,建立平等和公正。20世纪90年代引进的西方民主化模式从一开始就要求"对本民族给予低评价,而对成为仿效的对象的外族则给予过高评价"①。值得强调指出的还有一个相当重要的细微之处。根据社会学咨询统计资料来看,俄罗斯民族"根基"没有脱离民主制度和民主价值,并且深信民主政治文化发展前景将会很好。

当然,今天,对政治文化的考证确定,还没有得到落实。自由主义民主派人士继续推行社会"去斯大林化"计划,同时否定社会主义历史所固有的一切正面价值。研究证明:我们的公民认为那种善于"从社会主义和资本主义实践中汲取一切好的东西的"国家的模式比较好。②

20世纪下半叶我们伟大的邻国——中国开始构建新的公正民族国家大厦。在构建这一大厦的初期,从苏联引进了某些元素和成分。也许,今天我们有必要对中华人民共和国在构建自己的国家大厦方面所取得的卓越成就给予高度重视,在这一构建自己的国家大厦的过程中对自己的历史和自己的民族传统实施了充分权衡、非常审慎的政策,灌输的是深刻的爱国主义情感。在那里不曾有并且也永远不会有中国"去毛泽东思想化"的纲领,因为一旦出现了"去毛泽东思想化"的纲领,这个纲领就会引发社会和国家的深刻变形。

译者单位:中央编译局俄罗斯研究中心

---

① A. C. 帕纳林:《世界大战中的俄罗斯知识分子与20世纪革命——十字路口的徘徊》,《新的里程碑》,莫斯科,1999年,第9页。

② 《文学报》2012年3月7—13日。

俄罗斯的工人运动和工会：问题与发展趋势

亚·维·彼得罗夫 著 高晓惠 译

亚历山大·维克多罗维奇·彼得罗夫为圣彼得堡大学社会学系教授、俄中比较社会经济与政治研究中心主任。

概述

俄罗斯政治文化的发展伴随着公民社会的发展。在俄罗斯，公民社会的重要元素是工会。工会的发展是工人运动制度化的表现。工人运动、工会及其发展趋势是经济社会学理论研究的对象。经济社会学对工会运动所作的理论研究包括各种各样的课题。而社会关系水平是对这些课题进行分类的通用标准，是宏观与微观社会学家考察工会运动发展的各类问题的基础。

宏观社会学研究包括：研究作为一种社会制度的工会，工会在社会经济发展中的作用，工会所履行的社会职能等。国际范围内的工会运动研究主要关注的是：当代危机和各种社会问题产生的原因，解决当今国际劳动分工体系内各工业发达国家和发展中国家工会所遇到的问题的可能途径，"转型"经济国家工会运动的转型过程，工会在经济全球化和跨国化（指跨国公司的影响全面扩张的过程）条件下的活动。对宏观劳动关系上的工会运动进行社会学研究的最重要问题是：工会在公民社会、社会国家和社会取向的市场经济发展中的作用，工会作为社会公正和社会稳定的保证，建立社会伙伴关系和三方协商机制等。社会学家将社会伙伴关系看做是雇主和雇佣劳动者为解决（工业）劳动冲突自愿合作的特殊制度，也是达到社会稳定和在整个国家经济当中建立公平分配企业利润的特殊制度。三方协商机制是社会伙伴关系的一种形式，是国家、雇主和工人代表有效互动的制度，也是现有调整劳动关系的有效制度。现代社会学还关注社会劳动冲突及其各种表现形式。

微观社会学直接研究各种所有制形式的个别企业（企业集团）中工会和管理层的相互关系问题。俄罗斯主要关注的是：入会动机（特别是吸引年轻人参与工会活动的问题）、建立独立工会和在非公企业中发展工会运动的过程等问题。专门研究工会组织内部的问题以及拓展社会学跟踪研究。还考察以下相关问题：处理和解决企业当中的劳动冲突，研究工会在解决这些冲突中的作用，研究实现集体合同、发展工会捍卫普通工人利益的新形式的特点等。

工会是调整宏观与微观工业关系的重要调节器。存在有助于研究工会运动的各种理论模式，如德国经济社会学，在研究雇佣劳动者组织和雇主联盟之间的劳资矛盾时，主要注意调节四个层面的工业或劳动关系问题：1. 在工作岗位层面——雇佣工人和他们的直接管理者之间的关系，由劳动法来调节；2. 在企业层面——企业管理者和工人代表之间的关系，由企业章程来调节；3. 在个别领域、不同经济部门和整个国家经济层面——工会和雇主联盟（协会）之间的关系；4. 在国家政治制度层面，工人联盟和雇主联盟之间的关系由社会国家制度来调节。这也适用于当今俄罗斯理论经济社会学。

当今俄罗斯社会学有各种阐述工会在社会中的作用的观点。工会被看做公民社会的机制，或者是社会保护劳动者制度的机制，或者是社会政治制度的机制。所有这三种阐述相互补充，规定着工会的基本社会职能。首先，把工会看做公民社会机制，主要任务是保护劳动群众的社会和经济利益，即建立工人自治机制。

工会也被看做社会保护劳动者制度的机制。主要活动包括：为所有公民提供最低生活保障；采取措施维持起码的生活水平和质量；为劳动潜能的有效再利用创造发展社会基础设施的必要条件（包括卫生保健、教育、公用住宅设施等）；为全体劳动者创造安全和良好的劳动条件；为劳动活动场所建立安全保护制度；为实施有效的劳动活动提供政治法律条件，包括维持社会和政治稳定；为实施有效的劳动活动提供良好的社会文化条件。在宏观社会层面上，国家是保证履行社会保护体系的主要机构。在微观社会——国有经济领域和具体企业层面上，主要维护雇主和工会之间的相互关系。

工会还被看做"工业化社会"政治制度的重要机制，是工人运动制度化的结果，是工人运动形成和结构化的社会政治机制。经验显示，为了实施劳动者社会保护的有效的社会政策，雇主、雇佣工人和国家必须合作。这种合作体现为形成社会伙伴关系和三方协商机制的稳定而不断发展的关系。

存在的问题

与宏观层面问题相关的首先主要是俄罗斯当今社会伙伴关系制度的有效性问题。尽管工会和国家竭尽了全力，但到21世纪初，俄联邦仍未形成基于经常性三方对话的社会伙伴关系的坚实的制度体系。在1990年代，社会伙伴关系制度主要是一种调整社会劳动关系的可能形式——签订和实施雇主、工会和执行权力代表集体合同的过程。但是，三方协商的形式也不很有效，因为集体合同在国家和企业的社会经济生活中的作用暂时还很有限。集体合同主要仍然是宣示一种意愿，在合同中按工资、劳动条件和社会保障等所达成的协议显然不能满足多数雇佣劳动者的最低要求。这有许多原因。其中之一是工会本身的薄弱性，工会受到一系列法律、财政和组织内部因素的制约。俄联邦2002年通过的新劳动法显示，各方权利明显不平衡，而且包含有新自由主义的趋势，如在劳动者利益受到集体利益损害时强调个人维权，因此工会也逐渐被排挤出争取劳动群众利益斗争的法律空间，工会在参加集体合同和各部门税率协商的特别活动中受到限制。

集体合同关系的低效，其原因是有时无人可以缔结这种合同，有时缺少第三方——雇主联盟和协会。在三方协商机制改革过程中，联邦中央和地方的社会伙伴关系之间的比重严重失调。在联邦一级早已建立俄罗斯三方委员会并签定了总协定，而地方一级的雇主联盟还只是刚刚建立。中小私人企业实际上还完全没有进入建立工会和雇主协会的程序。

如何在经济全球化和跨国化的条件下开展活动也是一个关键问题。工会在同跨国公司打交道时遇到的主要困难是，跨国公司的管理层比驻在国公司的管理层具有广泛得多的可能性,而工会只习惯于同本国公司打交道。这些可能性在缔结税率协议、监督是否遵守工资协议、雇用和解雇劳动者、解决社会问题等方面产生许多附加问题。

还存在组织跨国公司的联合工会及其同进入跨国公司的企业所属部门的工会的相互关系问题。在现有的跨国公司范围内,各企业工会的主要任务是协调行动。然而,在部门工会和国际工会组织的信息交流有所加强的同时,基层工会组织仍像过去一样主要照顾局部利益,同本企业的管理层进行合作,而不关心跨国公司劳动者的整体利益。而外国跨国公司的领导层则指望工会对提高工资、改善劳动条件、遵守社会保障等要求要保持克制,或者希望根本不设工会。因此,对于驻在国的部门工会来说,同跨国公司领导层寻找共同语言成为越来越迫切的问题。组织工会同跨国公司卓有成效的社会对话,是工会作为俄罗斯公民社会以及21世纪世界经济的有效机制的最重要任务之一,这个任务的完成离各国工会领袖所宣布的、在经济全球化和跨国化条件下十分迫切的"工会和工人运动全球化"的方针还有很大差距。

在微观劳动关系层面主要与组织工会本身内部的活动、完善工会组织结构和提高工会活动的有效性等措施有关。包括下述一些方面的问题。

第一,实施集体合同关系的有效性在许多方面取决于工会委员会和工会组织活动的有效性。在准备阶段,主要参与者是工会委员会及工会主席,企业的劳动集体并不积极。因此,当今工会活动的主要问题是,工会领袖和工会积极分子有无能力依靠全体工会会员的支持而动员起劳动集体来解决企业的社会劳动关系的主要问题和采取积极的办法进行谈判。

第二,提高工会对自身会员的责任问题。集体合同作用消极、普通工会会员积极性不高,工会委员会和工会领袖支持率低,都与工会组织内部缺乏互动有关。

第三,提高工会积极分子队伍的素质。目前,俄罗斯工会遇到工会委员会代表和工会领袖的培养问题及工会干部老化问题。问题在于,工会的社会伙伴——执行权力和雇主联盟的代表在社会对话的所有问题(从工资的计算到实施法律保障）上要比工会委员会的代表内行得多。需要受教育程度高的能干的工会管理层。

  第四，提高工会的吸引力、加入俄罗斯工会的动机问题。如今，对这些问题的讨论已取得进展。在工会内部的公共关系上，主要工作是通过建立所谓"社会保障账号"作为个人和集体合同的补充方式，树立和宣传工会在劳动集体中的良好社会形象。在对外公共关系上，工会的主要活动与大众传媒，与研究保护劳动群众利益问题的其他社会组织、政治运动和政党有关。

  第五，加强对工会活动的社会学研究。社会学研究是重要的信息来源，它能反映加入工会或未加入工会的普通劳动者情绪和需求的变化；也是工会统计资料的最重要来源，同工会进行社会对话的工会领袖和雇主代表以及国家机关的有关代表都十分需要这些统计资料。对具体企业中工会活动的社会学研究还涉及如下问题：普通工会会员的社会期望和需求；劳动集体中显性和隐性（主要表现）的社会劳动冲突并解释其原因；确定工会委员会活动的有效性和具体企业中工会领袖的满意度；入会动机；企业管理层利用各种内部公共关系、公司劳动文化等技术管理手段所产生的消极后果。许多工会无法胜任这些研究工作，因为成本太高，缺少能承担上述工作的相应专家。

  上述所有问题决定了新世纪俄罗斯工人运动和工会发展的特殊性。但是必须指出，21世纪初的俄罗斯，工会是规模最大的公民社会组织，有3000万人加入，占各种所有制形式的企业工人总数的45%。这样高的数字表明工会在调节劳动关系中的重要作用，工人对工会的高度信任，以及完善工会工作的必要性，也即如何在当今自由市场条件下提高争取工人阶级利益斗争的成效。

译者单位：中央编译局俄罗斯研究中心

挥之不去苏联人心态

张文成 摘译

2011年12月英国《经济学家》杂志刊登了不署名文章《长命的苏联人》，代表了西方典型的批评普京的声音。摘译如下。

就在苏联瓦解20年之际，愤怒的青年人成群结队地走上莫斯科街头抗议政权党统一俄罗斯党。尽管与当年涌上街头埋葬苏联的50万人相比，这次抗议的人数少多了，但这是近年来最大规模的抗议活动。引发这次危机的直接导火线是12月4日议会选举受到操纵，但真正的原因要深刻得多。

当普京宣布"稳定"赢得了最后胜利，承诺他将作为总统重返克里姆林宫，并誓言要与苏联的几个共和国一起重建一个欧亚联盟的时候，执政当局开始失去其合法性了。所有这种苏联式的言论在11月底举行的统一俄罗斯党大会上凸现出来，在那次大会上普京被提名为总统候选人。

后苏联时代已被理想化，没有令人讨厌的政治辩论，相当广泛的个人自由，商店里琳琅满目的食品。这不正是人们想要的东西吗？但不可思议的是，普京先生得到的却是嘘声。

独立民调组织列瓦达中心的列夫·古德科夫表示，这种反对垄断、腐败和独裁政权的抗议本身就是苏联遗产的一部分。它的力量不是来自对变革的共同憧憬而是来自选择的缺乏。因为俄罗斯仍然是一个新旧交织的国家。和苏联相比，它的地域小了，消费主义多了，集体主义少了。但是在意识形态消失的同时，维系政治权力的机制却依然如故。一些重要的社会机构，包括法院、警察和安全部门、电视和教育等，都掌握在官僚手里，被用来维持他们自身的权力和财富。

更重要的是，苏联人心态（mental software）比其意识形态本身生命力更强。1989年，当尤里·列瓦达率领一批社会学家开始研究他们称之为"苏联人"（Soviet Man）——一种具有双重思想、家长制作风、猜忌疑心和孤立主义特征的心理建构的时候，他们认为有着这种建构的人正在消失。但在接下来的20年里，他们意识到苏联人（Homo sovieticus）已经出现了突变和再生，并在这个过程中获得了新的特征，例如愤世嫉俗和充满敌意。这并不是某种基因遗传造成的，而是克里姆林宫所宣传的制度约束和扭曲的经济与道德刺激的产物。

这种心态并非是某一代人的特征。在莫斯科操纵选举的不仅有苏联记忆尚未消失的中年人，也有数以千计力挺克里姆林宫但对苏联没有任何记忆的年轻人。然而，选举结果也表明有相当大一部分俄罗斯人不愿意让现有体制继续下去。数以千计愤怒的男女老少试图阻止舞弊，维护自己的权利。这两个群体的冲突实际上是两个文明的冲突，这表明20年前开始的摧毁苏联制度的进程还远未结束。

道德真空

1991年共产主义政权垮台时，无论在西方还是在俄罗斯，都出现了一种期望，即这个国家将接受西方价值观、加入文明世界的行列。但是这种期望没有考虑到苏联统治所造成的经济崩溃、人力资本枯竭和精神与道德伤害。当时，谁也不知道哪种国家会取代苏联，也不知道作为俄罗斯人的真正含义。意识形态与地域限制的消除，并没有增加道德的清晰性。

尤其是知识分子这个推动苏联瓦解的力量被搞得措手不及。当他们的"毫无希望的事业"变成现实时，情况很快表明，这个国家缺少一个有责任心的精英阶层，一个能够而且愿意创建新制度的精英阶层。苏联的过去及其制度一直没有被认真地审视过，相反，苏联的一切都成了笑柄，就连"苏维埃"（Soviet）一词也被缩写成"苏沃克"（Sovok，俄语的意思是"畚箕"）。列瓦达中心的古德科夫先生说，其实，这种自我嘲笑不是对苏联制度的理性否决，而是对它的轻浮戏谑。大多数人由于多年来在国家的家长主义的排斥下无法参与政治活动，他们不愿为国家事务承担责任。

随着政府取消价格管制、苏联积蓄变得一文不值，这种轻浮戏谑态度做法结束了。很快地，人们对奇迹的希望被幻灭和怀旧情绪所取代。这并不意味着大多数人想要回到过去的苏联时代。但是他们渴望秩序和稳定，并把它们与军队和安全机构而不是政客联系起来。

英雄出场

普京年轻、沉着、冷静，长着一双迷人的蓝眼睛，完全符合人们的期望。尽管他是叶利钦一手提拔的，但他与这位疾病缠身的领导人形成了鲜明对比。有两个因素使他受到欢迎：一个是经济增长，这使他能支付拖欠的工资和养老金；另一个因素是发动车臣战争。这两点都象征着国家的回归。

在缺少任何新的憧憬或认同的情况下，要和20世纪90年代划清界限，只能通过求助于它之前的苏联时期。普京利用了对理想化的苏联时代的怀旧情绪，重新启用了苏联国歌，但是他无意在经济上或是地理上重建苏联。

作为一个前克格勃，普京非常了解国家控制的苏联经济没有前途，其意识形态也是空洞无物的。同样，他也确信民主和公民社会不过是西方采用的一种意识形态掩护。无论在东方还是在西方，最重要的是金钱和权力，而这才是他想要巩固的东西。

当时，这个国家已经厌倦了意识形态，他也没有强加于人。他所承诺（而且基本上都兑现了）的就是提高收入；恢复苏联时代的稳定和价值感；提供更多的消费品；让人们可以自由旅行。这些东西满足了20世纪80年代末以来人们对"自由"的大部分要求，因此，人们很高兴地接受他的要求，远离政治。尽管普京先生是一个专制主义者，但在他们看来，他似乎是"民主的"。

普京轻而易举地就消灭了除他以外其他所有权力来源，这并不证明他有力量，而是证明俄罗斯的制度存在缺陷。叶利钦憎恨共产主义，拒绝搞媒体检查或干预司法体系。普京先生则没有这种顾忌。他先后控制了电视台和石油、天然气。

90年代的俄罗斯比普京治下的俄罗斯自由多了。不过这种变化是渐进的而不是突然出现的，而且它是以从前一个时代继承下来的金钱与权力关系为基础的。90年代的私有化，将财产权转移到苏联官员和一小群俄罗斯寡头手中。但是正如俄罗斯历史学者和分析家基里尔·罗戈夫所指出的，真正的问题不在于资本积累不公平，而是没有建立起清晰的竞争规则和机制来将财产权从无效率的持有者向高效率的持有者手中转移。

叶利钦当权时，寡头利用他们的政治势力避开了竞争。普京反其道而行之，把所有者变成了奴隶，他们只有征得他的同意才能保有自己的财产。从此，官僚的权力而不是所有者的财富成了保障财产所有权的关键。政治权力与财产权利之间的纽带在俄罗斯从未被打破。

特权货币化

在共产主义制度下，没有私有财产权，但权力和地位补偿了这种缺失。一个党的干部，就其个人来讲，并不拥有一个工厂的所有权，但是他在党内的地位使他可以掌握国家的集体财产，包括给精英的住房和特别供应的食品。"特别"一词在苏联制度下备受宠爱，有"特别会议"、"特别公寓"和"特别制度"等等。

在高级干部决定把他们的特权"货币化"、转变为财产权之后，苏联制度瓦解了。在普京执政期间，"特别"又重新获得了它在苏联时期的含义，而且也没有失去其商业价值。一辆闪着蓝光在人群中穿过的黑色奔驰车，成为权力和金钱的最高象征。它也成为在最近一系列抗议活动中推波助澜的社会不公正象征之一。

现在，官僚机构尤其是安全部门对商界施压的事件屡见不鲜。统计数据显示：过去十年里，每6位俄罗斯商人中就有1位因所谓的经济犯罪受到起诉。而且这类案子大多没有原告，无罪开释的数字几近于零。这意味着，大量身陷囹圄的俄罗斯商人是检察官、警察和法庭腐败的牺牲品，后者可以随意没收企业财产而不受惩罚。

自由主义经济学家叶戈尔·盖达尔1994年的警告已经一语成谶，当时他说："官僚系统和黑手党组织没有区别，区别只是目标不同而已。"过去几年里，这个"巨大的混合体"已经开始将其触角伸到每一个有利可图的公共生活领域。针对商人的暴力事件随处可见。这就进一步加强了苏联式的逆向选择政策,根据这一政策,最优秀的、最活跃的人遭到压制甚至消灭,而寄生虫一样的官僚和执法人员则获得奖赏。当年斯大林用镇压和灭绝达到的结果,今天的俄罗斯用腐败和国家暴力取得了同样的效果。

官僚的主要资源在于加入租金分配链。虽然这个链条使官僚得以把资金分配到敏感的地区和工厂,但它也增加了这个国家对石油天然气的依赖,助长了家长主义。普京花了很大的力气塑造了国家是唯一恩人的形象,把石油价格上涨带来的收入增加记在自己的功劳簿上。正如他在统一俄罗斯党大会上所强调的那样,只有国家及其执政党才有能力解决人民的问题。"没有其他人能为一个村庄、城镇或地区甚至整个国家的事务负责。没有这种力量。"

这个观点通过地方长官广为传播。这些地方长官在选举前告诉他们的百姓:只有投票给统一俄罗斯党,才能获得地区拨款。批评者认为,实际上,国家没有履行它的很多职责,比如提供足够的医疗、教育、安全和公正。但是,在俄罗斯,口头承诺和象征意义常常比实际经验更重要。

困城心态

在普京重新发现的众多的苏联象征中,最重要的莫过于俄罗斯是一个被敌人包围的大国。他在大肆推销"斯大林代表俄罗斯的伟大"(他的镇压活动只不过是美国强加于他的冷战的一个不幸的副产品)这种历史观的时候,采用了斯大林最爱用的老套:俄罗斯是一座被包围的要塞。

尽管俄罗斯现在没有铁幕,互联网也很自由,"但是似乎还有一道看不见的墙把所有'我们的'事物和'外国的'事物分隔开来,"列瓦达写道。确实,他的民意调查显示,到2004年,认为自己和其他国家的人民没有什么差别的俄罗斯人减少了,而认为俄罗斯被敌人所包围的人数则显著增加了。

最近的议会选举伴随着一场拙劣的宣传运动,这场宣传把美国反导系统描述为对俄罗斯生死存亡的威胁。俄罗斯总统德米特里·梅德韦杰夫发表了一些好战言论，而国家电视台则播出了冗长的镜头，展示俄罗斯导弹、雷达和其他威胁性武器，还配有紧张的背景音乐，好像俄罗斯就要受到攻击一样。这场宣传运动的目标不是西方而是国内观众。

谁要是在俄罗斯国内批评政府，谁就是在帮助外部敌人。普京在党的大会上讲话时，特别抨击了一些拿西方的钱来"影响我国的选举过程"的非政府组织，指责接受资助的人像犹大一样。他讲完话不久，俄罗斯的那些传声筒似的电视台马上播出了一部关于"呼声"协会的宣传影片，该片试图将这家一流的独立选举观察机构的工作人员描述为西方代理人。

敌人无处不在，无人动机高尚，这种策略培育了普遍的愤世嫉俗心态。在这一点上，苏联瓦解后的俄罗斯让人觉得与苏联截然不同。那时，苏联领导人有价值观而不只是利益。共产党或许很僵化、压制人，但是至少没人叫它"骗子和盗贼的党"。苏联领导人也不鼓励愤世嫉俗。他们自矜身份，说话严肃。

很多克里姆林宫政客其实都把自己看成进步的西方化的人，而落后麻木的老百姓不喜欢民主、也没有能力实行民主，只要收入保持增长，他们什么都能忍。不过，当普京表示他与梅德韦杰夫换位是早就计划好了的时候，人们感到被骗了。当克里姆林宫决定公开操纵选举的时候，人们的怒火终于爆发了。

在经过了十年的"稳定"之后，俄罗斯现在看上去像苏联解体前夕一样脆弱，难以经受任何冲击。但是，两者最大的区别在于，苏联有一个清晰的结构，有一个不准备用武力捍卫自己权力的领导人戈尔巴乔夫。现在的情况则截然不同了。

普京不大可能采纳戈尔巴乔夫的建议，取消舞弊得到的选举结果。他可能进一步采取高压手段，从而使这个国家看上去更像苏联。但那只能使危机愈演愈烈。普京高度个人化的权力可能遭到多大的挑战，其最终结果如何，还要等着瞧。但是，只要俄罗斯人还没有建立倡导诚实、开放、宽容和积极精神的制度，无论领导人如何更迭，都不能使他们摆脱苏联的阴影。

译者单位：中央编译局

独联体各国的劳动力成本

李宏梅 编译

2012年第1期俄罗斯《社会与经济》杂志在"独联体国家统计资料"一栏刊载了不署名文章《独联体各国的劳动力成本》，文章提供了近几年独联体各国劳动力成本的主要构成要素及其影响的最新数据，值得研究者参考。编译如下。

劳动力成本是雇主以货币形式和非货币（实物①）形式支付的工作时间和非工作时间②报酬的总和以及雇主的额外支出。雇主的额外支出包括：员工居住、职业培训、医疗、文化及生活服务的支出。在劳动力成本中占有相当比重（11%—27%）的还有雇主为员工缴纳的社会保险，其中包括作为工资附加额的强制性的、法律规定的缴纳款（社会医疗保险金、养老金等）和根据各类社会计划自愿缴纳的款项。使用劳动力应缴纳的各种税款（吸引外籍劳工的费用，警力维持和维护所辖区域秩序专项税等）也属于劳动力成本，其所占份额不到1%。

独联体各国从20世纪90年代中期开始根据劳工年度报告或专项抽样调查材料定期对劳动力成本进行统计研究，目的在于分析雇主支出和雇员收入、评估企

---

① 免费或廉价分发（提供）给员工的商品（劳动、服务）的价值。

② 工作时间工资是指：计时工资工人的基本工资、计件工资工人的工资、每月或其他定期津贴、加班费、节假日上班和夜班工资、奖金和补贴等；非工作时间工资包括节假日工资、因不充分就业导致的减少工作时间的工资、为不满18岁青少年减免工时的工资等。

业活动的效率并总结各企业和各组织使用和激励雇员的政策特点，以及发现哪些经济活动地区和哪些经济活动类型具有竞争力和投资吸引力。

近十年来，阿塞拜疆、亚美尼亚、哈萨克斯坦、吉尔吉斯斯坦、摩尔达维亚、俄罗斯和乌克兰月平均劳动力成本增长了4—7倍，白俄罗斯增长了16倍，而劳动力成本基础水平较低的塔吉克斯坦几乎增长了22倍。与2005年相比，在2010年，亚美尼亚、哈萨克斯坦、摩尔达维亚、俄罗斯和乌克兰的劳动力成本出现双倍增长，阿塞拜疆、白俄罗斯和吉尔吉斯斯坦出现三倍增长，塔吉克斯坦出现四倍增长。与2009年相比，在2010年，独联体各国劳动力成本的增幅为6%—16%，而塔吉克斯坦的增幅达29%。

尽管近些年独联体各国的劳动力成本有所增长，但增幅仍远远落后于其他国家。例如，2010年，在被调查的经济活动类型中，计算到一个员工的月平均劳动力成本，阿塞拜疆为511美元，亚美尼亚为336美元，白俄罗斯为654美元，哈萨克斯坦为577美元，吉尔吉斯斯坦为191美元，摩尔达维亚为270美元，俄罗斯（2009年）为903美元，塔吉克斯坦为104美元，乌克兰为473美元。而2010年澳大利亚的这一数据约为5348美元，德国为5312美元，拉脱维亚为1145美元，立陶宛为1118美元，波兰为1450美元，罗马尼亚为860美元，芬兰为5356美元，法国为5840美元，2009年比利时为6620美元，英国为4091美元，丹麦为6731美元。

由于**经济活动类型**不同，各企业和各组织间的劳动力成本摆幅较大。在多数独联体国家中，金融行业劳动力成本仍然最高，比所有被调查企业和组织的平均成本高出50%—190%（塔吉克斯坦高出300%）；贸易、宾馆和饭店等经济活动类型的劳动力成本最低。独联体国家里，在被调查的经济活动类型中各组织的月平均劳动力成本最大值与最小值之间的差距在白俄罗斯、吉尔吉斯斯坦、俄罗斯和乌克兰为2.3—2.9倍，在亚美尼亚、哈萨克斯坦和摩尔达维亚为3.3—3.7倍，在塔吉克斯坦为4.5倍，在阿塞拜疆为6.6倍。

企业所有制形式不同也导致劳动力成本存在差异。非国有组织的劳动力成本高。例如，2009年俄罗斯非国家所有制组织的劳动力成本比国家所有制和地方所有制组织约高出7%（2007年约高出15%）。月平均劳动力成本还取决于企业规模（雇员人数），例如乌克兰（2010年），雇用1000人以上的企业雇主为一个员工所花费成本，比雇用50人的企业多出1倍；俄罗斯（2009年）多出80%，白俄罗斯（2008年）多出30%。

独联体国家劳动力成本的增长很大程度上是由于**工资**的上涨引起的。雇主在人员方面支出的增加也导致产品成本的增长和价格的上涨。劳动力成本的主要组成部分为工资，包括直接工资（工作时间工资）、非工作时间工资、一次性奖金和奖励以及实物工资。与2000年相比，多数国家的劳动力总成本中工资份额呈现增长，雇主为员工缴纳的社会保险的份额呈现下降。2010年，各独联体国家里，在雇主雇佣劳动力的总成本中工资所占份额在69%—87%之间摆动。而欧盟各国（2009年）该指数从67%（法国）到88%（丹麦）不等。

基本上所有国家（除吉尔吉斯斯坦外）2010年**直接工资**在劳动力开支中的比重都比2000年增加了。一些国家还增加了**非工作时间工资**的份额，例如亚美尼亚从5.2%增加到6.8%，哈萨克斯坦从5.3%增加到8.5%，吉尔吉斯斯坦从4.8%增加到8.7%，摩尔达维亚从5.9%增加到7.3%，俄罗斯从5.7%增加到7.3%（2009年）；相反，减少劳动力成本中非工作时间工资份额的国家有：阿塞拜疆从5.0%减少到3.9%，白俄罗斯从5.9%减少到5.4%，塔吉克斯坦从5.4%减少到4.1%，乌克兰从5.6%减少到5.3%（2001年）。很多独联体国家里，雇主在增加劳动力成本中工作时间工资和非工作时间工资比重的同时，降低了给员工的**一次性奖金和奖励**以及**实物工资**的份额。

2010年，雇主为员工缴纳的社会保险在劳动力全部开支中的份额为11%（哈萨克斯坦）至27%（乌克兰）；欧盟各国为12%（丹麦）至31%（比利时和瑞典）。**强制性扣款**占社会保险所有支出的80%（哈萨克斯坦）至99%（阿塞拜疆）。在许多国家，该项支出由于统一社会税率降低而大大减少。

雇主为员工社会保障方面的**自愿缴纳款项**在劳动力成本中所占份额微乎其微。阿塞拜疆、亚美尼亚、吉尔吉斯斯坦这部分份额为0.2%—0.4%，其他国家为1.0%—2.2%。

在所有国家中（除阿塞拜疆、哈萨克斯坦和吉尔吉斯斯坦外），雇主减少了员工居住方面（住房公积金、无偿资助、为员工建房或买房等）的支出。各国此项支出的比重不超过0.8%。

独联体各国雇主为员工提供职业培训方面的支出和为员工提供文化及生活服务方面的支出仍然停留在较低水平，分别占劳动力总成本的0.2%—0.5%和0.1%—0.3%（乌克兰为1.3%）。

税额在劳动力成本中的比重在许多国家里有所下降，2010年占0.1%—0.5%。塔吉克斯坦增加到0.9%。

所有独联体国家都出现名义（货币）工资的稳定增长。员工名义工资的增长，超过商品和服务消费价格的上涨，也促进了实际工资的上涨。同时，名义工资和实际工资的增长速度之间的差距依然存在。

多数国家继续使用规定的最低工资作为工资调节器。可是最低工资标准的修订频率在一些国家里有所下降。亚美尼亚、白俄罗斯、哈萨克斯坦、吉尔吉斯斯坦、俄罗斯、土库曼斯坦、乌兹别克斯坦和乌克兰于2011年（阿塞拜疆和塔吉克斯坦于2010年，摩尔达维亚于2009年）提高了规定的最低工资额。近几年，多数国家最低工资额与月平均工资的比值成正比。为了研究工资差距，各国统计机构定期进行员工月工资分配的一次性调查。

员工月工资分配的一次性调查的材料表明，阿塞拜疆、亚美尼亚、白俄罗斯和乌克兰大部分员工的工资不超过规定的最低工资额的3倍，哈萨克斯坦、吉尔吉斯斯坦、摩尔达维亚、俄罗斯和塔吉克斯坦超过3倍。与此同时，必须注意每个国家的最低工资额与平均工资之间的比值。例如，在乌克兰这个比值为0.41，在吉尔吉斯斯坦为0.07。

领取最低工资以及低于最低工资标准的员工的比重，在许多国家都有所下降，例如亚美尼亚从2000年的6.1%下降到2010年的2.9%，摩尔达维亚从2002年的1.8%下降到2010年的0.4%，俄罗斯从2001年的2.4%下降到2011年的1.8%，乌克兰从2000年的22.3%下降到2010年的7.2%，白俄罗斯从2001年的0.1%增加到2011年的4.7%，塔吉克斯坦从2000年的4.9%增加到

2010年的9.9%。

与最低生活保障标准所做的类似比较表明，8.8%的阿塞拜疆人、2.6%的白俄罗斯人、2.0%的哈萨克斯坦人、46%的吉尔吉斯斯坦人、26%的摩尔达维亚人、15%的俄罗斯人、7.2%的乌克兰人领取的工资低于最低生活保障标准。

2011年1—9月最高工资集中在金融行业，最低工资跟往年一样，涉及农林渔业。

2010年在亚美尼亚、白俄罗斯、哈萨克斯坦、俄罗斯、乌克兰等多数独联体国家中工业领域里工资最高的是采掘工人，其工资是工业领域平均工资的1.71倍；白俄罗斯为1.45倍，哈萨克斯坦为1.59倍，俄罗斯为1.84倍，乌克兰为1.37倍。在摩尔达维亚，从事生产和供电、供气、供水的工人属于高收入工人，他们的工资是工业领域平均工资的1.42倍。在多数独联体国家，低于工业领域整体工资水平的是加工业工人，在亚美尼亚，其工资是工业领域平均工资的79%，在哈萨克斯坦为85%，在摩尔达维亚为90%，在俄罗斯和乌克兰为88%。在吉尔吉斯斯坦，采掘工人工资低，为工业领域整体工资的74%。

拖欠工资现象也是定期统计观察的一项指标。拖欠工资意味着，企业廉价看待劳动力的价值。在通货膨胀的情况下，晚几个月发放全部工资（或部分工资），是对劳动力实际价值的否定。

截至2011年10月初的最新数据显示，塔吉克斯坦的工资欠款比年初增加了30%，俄罗斯和吉尔吉斯斯坦仍处于2011年1月的水平，乌克兰减少了3%；同2010年10月初相比，俄罗斯、塔吉克斯坦和乌克兰欠款数额减少了12%—25%，吉尔吉斯斯坦几乎没有变化。截至2011年10月初，集中在工业和建筑业领域的拖欠工资，在吉尔吉斯斯坦占86%。在俄罗斯占79%，在塔吉克斯坦占73%，在乌克兰占71%。

译者单位：中央编译局俄罗斯研究中心

苏东剧变20年：成就与问题

《苏东剧变之后——对119个问题的思考》和《改变世界的七年》两部著作出版，借此之机，2012年9月22日国内有关专家学者在中央党校举行了"苏东剧变20年：成就与问题"的学术研讨会。与会专家学者围绕苏东剧变20年这一重大课题进行了深入的研讨。

《苏东剧变之后》一书的写作与思考

陆南泉

2010年10月份《苏联真相》出版后非常畅销，与此同时，大家也期望对苏东剧变后的俄罗斯、中亚、东欧地区的情况作进一步了解，这促成了《苏东剧变之后——对119个问题的思考》一书的写作与出版。

《苏东剧变之后——对119个问题的思考》对20多年中这些国家转型的进程、成效、特点、问题和启示分六编作了具体研究，基本反映了这20年的具体情况。在组稿和后来阅稿过程中产生了如下几个想法。

第一，俄罗斯国家的转型到了什么程度？这是一个难以作量化结论的问题。总的来看，如果以西方文明国家为参照物，当前俄罗斯的转型还在进行当中，还没有彻底结束。有俄罗斯学者认为，俄罗斯要过渡到文明的市场经济需要走一百步的话，现在只走了三十步。尽管市场结构呈现多元化，按西方形式形成了市场机制，社会保障基本建立了起来，相关法规等各方面也已基本配套，但总的来说还处于无序状态，远不是文明的市场。到目前为止，经济上，垄断没有打破，国家干预市场等问题依然存在，公平竞争尚不充分；政治上依然是威权体制，公民社会还不成熟，行政效率依旧低下；对外关系上，还没有完全遵守国际市场规则。尽管普京等人讲俄罗斯已经是一个民主国家，但实际上它还处于起步阶段。

第二，从俄罗斯20年来的发展进程回溯当初的剧变，是历史的进步还是倒退？从历史发展的总的方向来讲，俄罗斯实现了政治民主化，经济市场化，体制改革不再是苏联模式的改善，而是朝着人类共同文明、西方认同的人类价值观方向发展，从这样一个大的历史进度来看，我认为是进步。政治上，俄罗斯实行了三权分立，和原来高度集权的斯大林模式相比是一个质的变化。

第三，从社会经济性质看，俄罗斯是一个什么性质的国家？十月革命胜利以后形成了国家社会主义，转型以后是个什么样的国家。对这个问题是仁者见仁、智者见智。有人说是国家垄断资本主义，西方有人认为是由国家主导的资本主义。叶利钦曾说，现在不能再用资本主义还是社会主义的思维方式来定性一个国家。他讲的不是没有道理。莫德罗在《我眼中的改革》中提出，现在德国，没有人再用资本主义还是社会主义来定性这个国家，而是说德国是一个社会市场经济国家。如果非要定性的话，可以说是有俄罗斯特色的资本主义。

第四，如何评价叶利钦的8年执政？一段时期内，学界对叶利钦的评价否定占主导。我认为需要理性地对待这一问题。叶利钦在1999年12月31日的辞职讲话中说了两句话，他对自己的两点评论也可以作为我对他的评价。他说："我已经完成了我一生的主要任务。俄罗斯将永远不会再回到过去，俄罗斯将永远向前进。"这里讲的主要任务指的就是数年来的制度性转型，它冲垮了苏联时期传统的社会主义政治经济模式，形成了新的政治经济体制模式的框架。同时，他"恳请大家原谅"，"我苦思该采取何种举措来确保国人生活得安逸，哪怕是改善一些。在总统任期内，我再也没有比这更重要的施政目标了。"这说明，叶利钦时期的经济体制转型并没有使俄罗斯摆脱经济困境。

第五，延缓转型的原因是什么？对这个问题有争论。主要是两个原因，一个是过去历史上遗留下来的问题过于严重，改革有很多与历史问题有关的问题。有两组数字可以证明这一点。(1) 1991年俄罗斯经济下降了50%是和军工集团有关系的；(2) 按照普里马科夫的观点，军工以及和军工有关的产值占GDP的70%。1992年和1993年，军工的产值下降了6/7。大家可以想想，这么大数字的变化，对俄罗斯的经济会起多大的作用。

第六，如何评价俄罗斯的私有化问题？我认为私有化是必要的，是改革国有企业的一个途径。俄罗斯私有化企业的产值占GDP的比例和中国差不多。理解俄罗斯私有化的目标首先是使所有制结构符合市场经济的要求。其次是使国家摆脱亏损，再次是提高企业经营效益。目前，俄罗斯的私有化还在进行，当前俄罗斯某些部门工作效率低下与未进行私有化有关，从这个角度看，私有化有一定的进步意义。

第七，如何理解主权民主问题？这是2005年普京在国情咨文中提出的。2012年5月17日，总统办公室副主任苏尔科夫说，俄罗斯的民主，是依据本国历史、地缘政治、国情及法律由本国自主确定的民主。简言之，俄罗斯的主权民主是有俄罗斯特色的主权民主，强调国家的特殊性，忽略了其共性。这种过多强调特殊性否定共性的做法会影响俄罗斯民主的进程。

第八，普京的治国理念是什么？普京的治国理念，从其言论和推行的政策来看，没有离开过"俄罗斯思想"的实质。"俄罗斯思想"的实质是有浓厚俄罗斯民族色彩的爱国主义，核心思想是国家观点，突出国家的地位和作用，目标是维护俄罗斯的大国和强国地位。普京一直在为恢复俄罗斯的大国强国地位努力，政治上的集权化，经济上的自由化，坚持市场经济改革都是为了这一点。

第九，普京能不能再干6年？最近的民意调查，赞成普京再干6年的占少数，更多人不赞成他继续干下去。我认为，他能不能再干6年，取决于四个因素。一是如何面对两难的民主政治改革。不改不行，改又有很多困难。二是能不能实现国家以全面现代化为目标的重要的经济转型政策，发展经济，提高人民生活水平。三是腐败问题。四是艰巨的强军任务。

作者单位：中国社会科学院俄罗斯东欧中亚研究所

《改变世界的七年》是怎样的一本书

左凤荣

《改变世界的七年》是英国牛津大学教授阿奇·布朗所著，他主要研究苏联和俄罗斯的政治，共产主义制度和冷战的历史；是一个很严肃的学者，历史主义地去看待苏联发生的一切。《改变世界的七年》的前面几部分是跟踪苏联当时的情况做的现实研究，得出的结论是：戈尔巴乔夫最初只是想改革苏联的制度，完善苏联既有的体制，后来才导致了制度的根本转型。俄罗斯的转型是从戈尔巴乔夫开始的，确切地说是从1990年开始的。书中特别批判了"8·19"事件的参与者，这些人说在"8·19"事件中戈尔巴乔夫是自由的，他能与外界保持畅通的联系。阿奇·布郎以事实证明上述说法是站不住脚的，认为戈尔巴乔夫是政变同谋者的说法是太过于荒谬了。阿奇·布朗认为苏联的改革只能是顶层设计，自上而下改。苏联作为一个高度集权的国家，地方上没有主动性，所以没有戈尔巴乔夫就不会有改革。如果在契尔年科之后是格里申、罗曼诺夫之流担任苏共中央总书记，苏联的改革还会被拖延。在改革过程中，戈尔巴乔夫的良心和责任感发挥了巨大的作用。如果戈尔巴乔夫不进行改革，而一如勃列日涅夫一般守旧，苏联以当时的情况也能维持下去。但责任感和良心使戈尔巴乔夫认识到苏联已经落后，必须进行改革。遗憾的是，在改革过程中，戈尔巴乔夫犯了错误。

与西班牙、葡萄牙等国比较，戈尔巴乔夫的改革任务过重。西、葡等国的转型只在政治方面，在经济上，它们都已经是私有制了。而苏联是政治、经济、国家体制的全面转型。这一繁重的任务对戈尔巴乔夫来说是比较难的。阿奇·布朗认为，率先与过去决裂的是戈尔巴乔夫而不是叶利钦，是戈尔巴乔夫否定了斯大林模式。就推动民主化而言，戈尔巴乔夫起了比叶利钦更关键的作用；在国家解体上叶利钦应承担主要的责任。

阿奇·布朗认为在苏联改革过程中难以达成共识。戈尔巴乔夫的改革方向是民主社会主义，但从来没有形成如何走向社会主义市场经济的共识。苏联社会各个阶层都非常保守，保守的不只是官僚阶层，包括工人、农民在内都很难接受新事物。所以，在一个保守的社会，很难对改革达成共识，而在改革后期，群众运动又失去了控制。

此外，阿奇·布朗还认为，社会制度和国家不是同一概念。他认为苏联社会主义制度的灭亡在1990年就已经发生了，国家的解体是在1991年，要把这两点分开。他还强调，东欧的剧变对苏联解体起了很大作用。他认为，在未来几代人中，戈尔巴乔夫的地位很有可能会上升。同时，他也谈到戈尔巴乔夫的失误。一是没有实现从计划经济向市场经济的转变，二是没能遏制住分离主义浪潮，此外还有用人不当、措施不得力等因素，特别是没有抓住时机和共产党决裂。阿奇·布朗认为共产党是保守的，是与戈尔巴乔夫改革背道而驰的，戈尔巴乔夫应该提早和共产党决裂。总体上看，戈尔巴乔夫成就大于失败，他列举了戈尔巴乔夫的十大成就；但阿奇·布朗也认为作出这样的判断，取决于评判者的价值观。

作者单位：中央党校国际战略研究所

研究苏联问题对中国改革的借鉴意义

李凤林

我们研究苏联俄罗斯问题，心里想的是中国的事情。十八大即将召开，中国下一步该怎么办。近十年来，中国的经济发展很快，但总体的感觉，是一种惯性发展，积累的问题也越来越多，人们对社会的不满越来越多。未来的中国走向哪里是一个大问题，解决不好会出大事情。

中国的社会主义制度是学习苏联的，中苏之间在很多问题上有着相似性，研究苏联问题对中国当前的继续深化改革开放有一定的借鉴意义。总结近20年来原苏东地区的社会发展，应注意以下三个问题：一、在某些问题上要摆脱主义之争。如果不摆脱资本主义和社会主义之争，有些问题永远说不清楚。按照马克思主义的理论，中国的社会历史发展缺少资本主义阶段，这个问题大家都明白。社会主义初级阶段实际是在补资本主义的课。现在关于思潮的划分方法很多，杜导正总结为三派"改革派、革命派、维稳派"；我原来个人设想为"自由派、改革派、传统派"。13亿人口有不同的主张是一种正常现象，不能指望全民思想的统一，这是做不到的，作为执政党必须正视这一点。党可以要求党员，但不能要求所有老百姓一致。资本主义的民主与社会主义的民主之间是没有明确边界的。

俄罗斯的转型问题。俄罗斯的转型还是在"改革、发展、稳定"三者之间找平衡，我们应该密切关注俄罗斯的转型，好的东西应该借鉴。苏联解体后，叶利钦时期盲目的混乱的民主搞不下去了。普京时期实行威权式民主，结果证明也不理想。普京曾设想搞一种以统一俄罗斯党为主的执政党模式，在此次大选中表明这一设想也不成功。于是又走向多党制。此次大选之后的街头政治，是由乌达尔佐夫和纳瓦利内带头发动起来的。乌达尔佐夫是一个革命后代，莫斯科有条街道是由他祖父的名字命名的，他也是左翼阵线运动协调人；纳瓦利内是一个网络上的积极分子。起来游行的人诉求是不一样的，也不都是反对普京的，但共同的口号是公正的选举。所以，俄罗斯的转型还没有结束。政治上的问题有点难办，多党制、选举制都有了形式，但并不被美国等西方社会承认。从目前看，普京准备推行强硬措施，包括制定游行立法、治理腐败、不允许政府官员及其亲属在国外拥有财产、不允许官员子女出国留学等。

中国当前缺乏理论创新，不要在既有的东西里面找答案。摆脱历史上的一些东西，真正找到一些符合我国发展的道路。关于民主、关于政治体制改革问题，前段时间海南省军区政委刘鼎新出了本书《谁是当今最科学的民主》，中心思想是"应该在民主集中制的基础上发挥中国的优势"。总体看来，西方的模式有问题，中国的模式也有问题，中西方各有利弊，需要互相借鉴，创造出一条中国的发展模式。

作者单位：国务院发展研究中心欧亚社会发展研究所

如何评价苏东20年的转型

田永祥

关于苏东20年的转型应该有个评价。不但对一些具体的改革措施要有评价，对整个社会的发展变化，对整个历史进程应该有个总的评价。

一、对俄罗斯以及东欧转型的评价，包括叶利钦改革、私有化等问题应谨慎使用成功、失败、进步或者倒退等词语。私有化、炮轰白宫等都是在特定的历史条件下发生的。苏东建立社会主义制度后取得了很多成就，但也有很多问题。中国与苏联同宗同祖，都是社会主义国家，都在改革。现在很难讲苏东共产党的垮台就是社会主义的失败，这是用我们的意识形态来判断对方。现在东欧人对他们的改革很认可，他们加入了欧盟，融入了欧洲大家庭。匈牙利、捷克等国家的人均国民生产总值已经接近20000美元，从这一点不能说他们是失败的。东欧的制度基本定型了。

二、如何评价原苏东国家的转型程度和方向。怎么转，向什么方向转，转到什么程度。要把这三个问题关联起来，这是很重大的问题。俄罗斯的政治经济转轨有自己的特色，转轨的好坏不能简单以西方为参照物。2004年至2007年，我在驻俄罗斯使馆工作。当时我认为，俄罗斯的政治情况很难定型。因为俄罗斯的政治体系既有沙皇时期的特色，也有原来苏联的特点，结合现在的民主制度，完全是一个混合物。现在的俄罗斯社会各种成分都存在。目前正在发展，正在转型，总统集权下的多党制和普选，思潮纷呈。现在转型到什么程度，很难说是成功了还是失败了，还在探索过程中。改革的方向是建立俄罗斯特色的社会政治经济制度，而不应该用资本主义还是社会主义去判断。从近期看，普京不可能完全采取西方的做法，这不符合俄罗斯的国情。俄罗斯历史上，没搞过纯粹西方式的民主。

三、俄罗斯转型的很多经验教训值得我们研究借鉴。俄罗斯目前在探索威权和民主的有机结合点，这是两难的，是一条前人没有走过的道路。他们的一些做法，对我们有很大的借鉴意义。

作者单位：中共中央对外联络部

俄罗斯提出俄国式的二元政治模式

冯绍雷

如何理解20年前的这场大转变，如何评价20年转型，我们需要超越一些概念。有学者提出，这是一个历史性的变化，但这个变化还没有形成一个完整的叙事体系。我认为也就是缺乏一种真正的思想，需要一个战略理念，这是关键点。我认为俄罗斯的基本发展方向就是按照二战以后，特别是近二三十年的方向走，从过于集权的不透明的交易系统向现代法治社会转变。这是一个潮流，基本方面是在朝这个方向走。在这一过程中，也有问题，甚至于老百姓遭难。威权就是从专制走向市场和开放之间的一个过渡性阶段。民主是有的，但受管理。普京的前10年可以定义为威权民主，后一阶段则应该说是民主威权。3月大选说明，继续再按老的威权模式管理下去不行了；但完全放弃威权也不行。这是普京面临的一个难题。20年来，从叶利钦甚至从戈尔巴乔夫晚期开始一直在追求一种二元治理模式。俄罗斯的确提出了一种俄国式的二元政治，既不离开威权，但又不同程度地带有民主倾向。普京说，我们不反对民主，但我们要看民主在何时何地实行。经验教训：第一，中俄之间始终在相互关照，我们一直在相互看着，甚至相互影响。普京在密切关注中国，中国也在紧盯俄罗斯的发展。但我们不能说苏联东欧的解体就是社会主义的解体。第二，不能再摸着石头过河，30年以后的今天，我们的改革需要顶层设计。第三，30年来，中国的改革发展取得了巨大的成就。但发展有余，改革不足。发展是大发展，发展是硬道理，但改革议程的提出晚了点，如果在发展的同时也进行改革会更好些。

作者单位：华东师范大学国际关系与地区发展研究院

苏东剧变带来的启示

王宪举

一、对苏东剧变的总体评价

经过 20 多年的探索，原苏东国家是往好的方向发展了，是进步的。现在处于一个比剧变前更高的发展阶段。基本形成了多党制、民主选举制、议会制和市场经济的宪政国家。政治上，从集权统治向宪政制转变，多党制、选举制、三权分立、新闻自由等制度已经形成。这种形式基本上是稳定的，而且是可以预测的。和 20 多年前比较，俄罗斯与东欧人民都享受着更大的自由民主权力。人民参政议政的权利比过去有了很大提高。20 多年来，东欧政党轮流坐庄几次，都是由全国多数选民投票来决定。从 1993 年开始，原东欧国家的共产党一般改名为社会党，已经多次上台执政。经济上，这些国家基本上建立了市场经济体制，私有经济居于主导地位。经济决策由集中化变为分散化，资源的使用更加分散。价格市场化。现在私有经济成分占 GDP 总量的 60%—80% 之间。俄罗斯的私有经济大约是占 50% 左右，在流动资本中占了 80%。剧变初期，原苏东国家出现了转轨性衰退。2007 年俄罗斯经济已经恢复到苏联时期水平。中东欧国家，到 2000 年实现了经济的普遍增长；到 2007 年，实际国内生产总值都超过了 1989 年的水平。俄罗斯与东欧现在告别了短缺经济，人民生活水平有不同程度的提高。

存在的问题。各国在转型程度上是有差别的。俄罗斯的转型还没有结束，政党政治还不完善、官员腐败、狭隘的民族主义、国有企业改革不利等因素依然存在。中东欧各国的发展方向已经比较明确，那就是赶超欧盟的自由国家。俄罗斯的形势和发展趋势比较复杂。普京一方面拥有很多有利于执政的优势,如有精英团队、多数选民的支持、统一俄罗斯党的支持;同时也面临许多挑战,国内反对派的示威抗议活动、统一俄罗斯党能否保持执政党地位、对选民作出的承诺能否兑现、如何处理同美国与北约的关系等。预计今后几年,反对派会继续活动,小规模的示威游行会不断举行,新政党的产生和选举会引发一些新的问题。但俄罗斯政权不会发生大的动乱,普京将利用宪法赋予的"超级"总统权力实行威权主义领导,他将在保持社会稳定的前提下实行渐进发展。以预防为主要手段,逐步实行经济改革,不断提高人民生活水平,争取建立以俄罗斯为中心的欧亚联盟,成为多极世界中的一极。

二、苏东剧变带来的启示

第一,一个国家发展到一定程度进行政治经济体制改革是不可避免的,这就是所谓的"生产关系要适应生产力的发展,上层建筑要适应经济基础"。苏东国家政治经济改革搞晚了,结果被人民抛弃。东欧的改革延缓了20—30年,1989年多米诺骨牌式的剧变不是偶然的,而是问题长期积累的结果,也是这些国家没有主动及时进行改革的结果。所以,主动及时地进行改革是必须的。不改革不行,改不好也不行。政治体制改革比经济体制改革复杂困难得多,涉及利益集团与政权的关系等等。如果没有周全的改革方案和路线图,会导致事与愿违,使改革走入歧途,甚至走入死胡同。经济改革如此,政治改革也如此。

第二,努力将政治改革以和平的方式进行,尽可能以较小的代价取得政治经济转轨的成功。苏东剧变转型有两大类:平稳演进和冲突剧变。人民群众要求改革,但他们更需要和平与安宁。改革必须符合这种意愿,尽量避免动乱和暴力。一是防止极端的民族主义和种族主义。民族问题的激化很可能是引发战争的导火索。二是通过立法规范游行示威活动。苏联在1987年9月就通过了《集会和游行的规定》。对避免大的暴力事件和冲突起了作用。2012年6月,普京签署、杜马通过了《集会法修正案》提高了对违法者的处罚力度,该法通过后,俄罗斯的游行示威程度与频率变小了。

第三，党的团结是国家统一和领土完整的保障。苏联共产党的垮台是苏联解体的重要原因。

第四，社会民主改革应该从党内民主开始。东欧国家的执政党都没有进行自身改革就被汹涌而来的政治浪潮推翻。戈尔巴乔夫的改革提出了公开性和民主化，权力从党向苏维埃转移，实行总统制、多元化和多党制三个阶段。当时苏共党员多数的积极性还是很高的，提出了实行党政分开、差额选举、监督机构由代表大会产生等。但是由于领导人失误，苏共自身的改革遭到了失败，而且导致了下台，戈尔巴乔夫的有些措施是值得我们研究的。

第五，民主化、公开性、新闻自由是把双刃剑，应该有限度。当时苏联搞公开性，报纸上报道的全部是苏联历史的问题、错误、事故。共产党犯了如此多的错误，又何谈执政的合法性。

第六，在经济改革中防止出现金融寡头。这是俄罗斯的特点，东欧国家没有。东欧国家在小私有化方面快点，在大私有化方面缓慢。俄罗斯1996年出现寡头制度。当时7个寡头支持叶利钦第二次当选总统，7个人控制了全国50%的经济，实现了资本与权力的高度结合。寡头政治正式形成，叶利钦自己也成了寡头的人质。普京上台后，作了调整。

作者单位：国务院发展研究中心欧亚社会发展研究所

俄罗斯媒体的发展

盛世良

苏联时期的报纸比较少,而且内容大同小异。严重的意识形态化,所有的报纸千篇一律。

俄罗斯报纸经历了三个阶段,1990年到1992年是独立时期,1993年到1999年是寡头控制时期,2000年以后是政府管控时期。叶利钦时期是受制于传媒,普京时期是巧妙利用传媒。现在俄罗斯有将近2万种报纸,1万多种杂志,2000家电视台,几十家通讯社,电视传媒70%属于国家,全国性报纸20%属于国家,地方性报纸80%属于国家。控制方法是从宏观上调控,有效控制核心媒体,控制住受众最多的媒体——电视。

俄罗斯与苏联在新闻舆论方面的区别表现在:(1)所有制和管理形式有很大区别。苏联时期传媒归国家所有,国家出资,办好办坏无所谓。现在,国家仅仅是传媒领域的主人之一。俄罗斯现在是国家传媒为主,社会组织、私有企业和外国企业为辅。在管理形式上,苏联时期,国家与传媒是上下级关系,领导与被领导的关系。俄罗斯现在是政府整控、参股、创办、合办,关系是多元化的。政府参与传媒有四种方式:政府独自创办的传媒公司,通过国家企业控股或国家控股公司控制传媒,政府控股的联合控制传媒,亲政府的社会组织控制传媒。(2)经济来源不同。经过20年转型,形成了有俄罗斯特色的国家资本主义的传媒模式。只要不触动政治安全、国家安全和道德底线,传媒是自由的。(3)开放性。俄罗斯1991年全面开发传媒市场,包括外国资本都可以进入。2000年俄罗斯通过《传媒法修正案》。规定在俄罗斯传媒领域外资不得超过50%。可以批评总统，但不可以辱骂；可以不报道总统讲话，可以断章取义，但不可以编造。（4）新闻审查不同。1991年新闻传媒法出台宣告了新闻审查制度的终结。现在，俄罗斯对送审等没有明文规定。普京主政后，推出了弘扬俄罗斯思想，加强团结意识，崇尚社会团结的治国主张。提出媒体为国家利益服务的理念，巧妙地让政府控制社会舆论。在某种程度上，俄罗斯还是有新闻检查的，主要限于舆论导向。严格控制的只有两个方面：宣传暴力和儿童色情。对媒体的查禁有四种方法：（1）行政干涉，如果政府讨厌某个报纸就派出消防、税务等检查；（2）法律管制，不颁发广播许可证；（3）经济施压，减少政府对报纸的补贴；（4）通过国家垄断的其他与传媒实业有关的方式，比如通过印刷系统。俄罗斯印刷业是国家的，如果政府讨厌某个媒体，就通过提高印刷价格的方式控制。普京强调媒体为国家服务，但也强调民主制度和依法管理。关于网络监控，普京说我们不封杀网络。俄罗斯网民数量超过6000万，活跃网民5000万，占人口三分之一以上，超过德国，成为欧洲网络第一大国。18岁以下的网民有900万，三分之二的儿童上网没有任何监管保护措施。未成年人上的网络有四成是不良网站。前年，俄罗斯通过《保护青少年免受有害信息干扰法》。2012年7月颁布《网站黑名单法》，限制网络非法内容传播，不许传播淫秽、鼓励自杀、鼓励自残等信息，监管部门对各大论坛的网帖24小时监控，借助技术手段，及时甄别，避免网络谣言扩散。

作者单位：新华社世界问题研究中心

俄罗斯经济转轨 20 年

李建民

经济转轨研究的理论视角。最近 20 年国际学术界在研究经济转轨的时候有诸多理论。比如，新古典经济学的自由化理论，政治经济学派的制度变迁理论，政治经济学的公共选择理论等等。这些学说，在今天看来现实意义并不是很大，但作为经济转轨的理论依据，同时也作为一种理论框架，仍有一定学术价值。其中对苏联、东欧还有中国的经济转型解释和分析能力最强的当属制度变迁理论。这个理论有三个基石：产权理论、国家理论和意识形态理论。我认为这三点对于解释俄罗斯的经济转型和过程有一定的说服力。因为到现在为止，都没有绕过这些问题。产权理论，国家在种族中的作用问题，还有宪政问题，都没有绕过去，所以还是有意义的。

俄罗斯的转型我归纳为双八加四。叶利钦八年，普京八年，加梅德维杰夫四年。就是转型的前 10 年和后 10 年。前 10 年国家政策的重心是制度构建和完善，也就是新制度的建设。关注的重点是经济转轨的发动，目标、方式、路径选择、经济转轨发展和演进过程以及内在机制。2000 年之后，随着转型国家市场经济体制和框架初步确定，经济转轨的重心已经转向保证新经济体制框架下经济的快速稳定增长。俄罗斯和东欧都是如此。学术关注的重点也从原来的过程转向对经济转型绩效的评估、经济转轨和经济结构的关系、转轨后市场经济运行状况、市场经济效率与公平的关系、转轨的社会效果等方面。金融危机爆发后，更多关注的是转轨与全球化、转轨与现代化、转轨经济如何参与区域合作和国际合作以及全球治理。

有关转轨绩效判断的观点很多。我认为可以从制度建设、经济发展和社会发展三个方面来判断一个国家的转轨效果。俄罗斯的转轨是初步完成了。1996年俄罗斯发布了一个中期发展战略，指出到1996年俄罗斯已经建立起了市场经济框架；从1997年开始，俄罗斯经济改革要进入以结构调整和经济增长为标志的新时期。2002年5月29日和6月6日，欧盟和美国先后承认俄罗斯为市场经济国家。2005年，世界银行在针对转型国家的《从经济转型到经济发展》的报告中提出，俄罗斯已经进入了经济发展时期。按照上面提及的绩效评估概念，从市场经济体制基本确立、经济保持持续增长态势、经济实力恢复程度等指标判断，俄罗斯的经济转型基本上结束了。

从制度建设分析，俄罗斯经济转轨的目标非常明确，就是要建立现代的、文明的和社会导向的市场经济。这里的含义是，现代的，肯定不是以前教科书上或过去原始的资本主义的那些东西；文明的，就是以全人类的价值观作导向；社会导向的，就是指俄罗斯宪法第七条的规定，俄罗斯属于社会国家。市场经济建设共包括五部分：1. 所有制企业改革；2. 市场的建设；3. 宏观调控体制的建设；4. 社会保障体制的建设；5. 经济法律制度的建设。从各个单项制度建设看，俄罗斯提出的转轨目标基本上都已经实现了。首先，从产权和所有制结构看，解体前，所有制结构中，国有制比重是92%，工业部门是99%，是全世界国有化程度最高的。转轨后，市场程度大大提高。按照欧洲复兴开发银行的指标，市场经济国家一般平均水平为4.33。俄罗斯市场化的程度是3—3.2，整个中东欧和俄罗斯属于中等转型国家水平。虽然还有距离，但已经达到了中间水平。私营经济占到了55%—60%。价格在资源配置中起主导作用，已经不是指令性的了。对外经济活动也逐步与国际接轨。目前财政向社会公共财政转化。建立了增值税和利润税双主体的新税制。社会保障制度基本修复。市场的立法工作取得了实质性进展，每件事情都能拿出法律条款和依据。

从经济发展，也就是从经济增长的长效应考察，俄罗斯在转轨前已经是一个工业化国家。转轨的前10年经历了转轨性衰退。经济大幅度下降，连续7年负增长，经济倒退了25年，经济总量从世界排名的第3位降到了20位以后。转轨的后10年，通过完善制度和调整政策，基本上把包括政治动荡、经济衰退、宏观失控等问题解决了。1999年到2007年，俄罗斯连续8年快速增长。金融危机爆发前，俄罗斯经济一直是正增长，而且速度较快。2007年，俄罗斯GDP规模总量达到1.3万亿美元，名义GDP是1999年的6倍，恢复到了1990年苏联解体前的水平。按照国际标准衡量，一个经济体的GDP规模总量达到1万亿美元，就是世界经济大国；如果GDP的规模总量达到1万亿美元，人均达到1万美元，就是世界经济强国。按照GDP总量计算，俄罗斯已经进入世界前10大经济体；按照购买力平价计算，俄罗斯的经济规模排名世界第八。从这个角度讲，俄罗斯已经恢复了实力，前一阶段的任务已经完成。

从社会发展轨迹考察，转轨前10年，一方面由于经济形势长期恶化，阻碍了俄罗斯的社会发展历程；另一方面，存在财富分配的效应问题。俄罗斯的分配效应大于增长效应，同时转轨时期社会各个阶层获利的机会是不平等的，个人的竞争能力也有差异，所以利益分配不均，贫富差距非常大。俄罗斯社会出现了严重的两极分化，出现了占人口三分之一左右的贫困者阶层，人口出生率常年下降，社会不安定。普京时期作了大的调整，制定了新的收入分配政策，其中一条就是，保证居民收入、养老金以及一些补贴的增长速度要快于GDP的增速，这是一个明确的政策。保证了居民富裕程度的稳步提高，同时培养了中产阶级。开始从整体上规划社会保障体系框架，加强各个制度体制安排的相互协调，内容涉及失业、养老、医疗、救济各个领域。到2008年普京卸任时，俄罗斯贫困人口已经下降到总人口的10%左右，这是一个很大的进步。

当然，俄罗斯经济转轨还存在很多不足。从制度层面看，普京时期后10年，除税制改革以外，其他经济改革基本上是停滞的。政治上实行可控民主，经济上是政府主导下的市场调节，强化了国家对经济的干预和主导。1997—2009年12年中，俄罗斯国有经济比重从30%反弹到67%。银行业、加工业、石油天然气行业中国有股份的比重达到60%、50%、45%。此外，私人的产权没有得到充分保证，企业制度特别是公司治理的制度没有加强。转轨后在俄罗斯制度结构中起主导作用的是从旧的官僚制度中蜕变来的新的社会政治精英和经济精英。他们主宰着俄罗斯政治经济的走向和利益分配格局，也就是寡头政治经济仍然有相当大的影响。这个制度结构是俄罗斯经济转型期特殊利益集团自身利益最大化的结果。转型后的经济缺乏基本的投资激励和创新激励机制，没有形成经济发展所必要的资本形成能力。进入俄罗斯市场的外资流量非常大，外资累计余额超过3千亿，但流出也非常大。流动过程中，投机成分相当大。2012年世界银行对183个国家营商环境进行评比，俄罗斯排120位。在刚结束的世界经济论坛对全球144个国家竞争力的排名中，俄罗斯排67位。经济竞争力不高的主要原因在于腐败、政府工作的低效、税收高、融资难和劳动力专业化程度低。

在经济增长方面也存在不足。普京时期主要通过国家控制、资源主导的方式保证经济增长。经济转轨的制度因素和创新因素对经济增长的贡献率不高。从劳动生产率、创新积极性、人力资本发展水平等指标看，俄罗斯都大大落后于主要发达国家。现阶段俄罗斯经济增长主要源自外部环境的改善，特别是国际油价。高油价使俄罗斯的经济发展基础很脆弱，对外界依赖性太大，是一种系统性的风险。

在社会分配方面，人们的生活水平虽然有了大幅度提高，但两极分化依然严重，基尼系数一直超过国际警戒线，在0.4以上。

转轨以来已经建立起了一套市场经济的体制框架，提高了市场化程度。但是，资源配置效率的改进和社会经济的发展并不意味着一切的实现。出现了新的市场失灵，说明俄罗斯的制度还存在严重缺陷。普京总统新的6年任期，是俄罗斯一个新的艰难的转型期。要解决的问题很多，而且很多是多年来一直存在的老问题。改革任重道远。从俄罗斯转轨的经验教训来看，还是要加强国家的宏观调控作用，也就是制度经济学中强调的，国家要成为制度变迁的组织者，制度的供给者和协调者，推进制度均衡地演进。政治上也只有国家有能力来化解各种社会矛盾和利益冲突。政治稳定取决于国家的力量。政治稳定是保证经济转轨和个体权益的最重要条件。

作者单位：中国社会科学院俄罗斯东欧中亚研究所

俄罗斯的分配状况

李福川

俄罗斯的经济增长在很大程度上是符合穷人利益的，这是俄新网 2006 年的报道。

从国家分配制度看，分为一次分配和二次分配。一次分配主要是对生产经营成果的分配。在劳动者的报酬即工资所占 GDP 比例方面，俄罗斯从 2000 年到 2010 年，就业者的工资占 GDP 的比例由 40% 提高到 49.88%，10 年中比例增加 10%。中国从 2003 年到 2010 年，一直在 11% 多，没有超过 12%。俄罗斯劳动者工资占 GDP 的比例是中国的 4.5 倍，所以中国和俄罗斯在一次分配上存在巨大差距。在工资增长的幅度方面，俄罗斯工资增长的幅度高于 GDP 的增长幅度。从 2003 年到 2009 年，俄罗斯工资增长的幅度保持在 20% 以上，最低 22%，最高 27%。2009 年俄罗斯的 GDP 下跌了 7.8%，但工资增长幅度达到 27.2%。中国的工资增长幅度也高于 GDP，但属于名义工资。二次分配主要指把一次分配中的一部分通过税收、预算、社会保险体系等进行重新分配。对居民来说主要体现在养老金、医疗保险、继续教学成本等方面。俄罗斯养老金的增长幅度远远大于 GDP 的增长幅度。2005 年俄罗斯养老金增长幅度为 12.9%，2009 年当俄罗斯 GDP 下降时养老金增长了 24.9%。俄罗斯法律规定养老金的增长幅度要永远高于通货膨胀率。俄罗斯一直实行基本医疗保险，覆盖率为 100%。从出生起，就拥有基本医疗保险的权利。中国 2010 年医疗保险的覆盖率是 30%。俄罗斯在大学以前，教育全部是免费的。国立大学内不低于 40% 的学生享受公费。俄罗斯的消费率从 2003 年到 2010 年一直维持在 68% 到 70% 之间。中国从 2003 年到

2010年呈现下降趋势，2003年为56.9%，2010年下降为47.7%。俄罗斯的消费率是中国的1.5倍。

由此可见俄罗斯的收入分配有以下两个特点：一是在初次分配中劳动者的工资收入所占比例比较大，居民收入增长持续超过GDP增长；二是政府利用二次分配作好对居民的社会保障，并且已经制度化，收到了很好的效果。俄罗斯宪法第七条规定，俄罗斯是社会国家。作好社会领域的事业是政府的义务，政府和权力机构为老百姓做事不是政府的恩惠，而是政府应该做的事情。

对收入分配的几点看法：在以暴力和非暴力的方式解决了生产资料所有制形式后，最重要的就是建立合理的收入分配制度。在转型过程中，当相当部分的国有资产私有化后，分配问题就显得更为重要。和平时期，收入分配制度不仅反映一个国家生产的目的，也同时反映这个国家的经济和政治制度本质。现代国家的一个重要特征就是，不仅在国家权力的形成方式和组织形式上真正体现人民主权，同时还要在收入分配制度上体现人民主权。收入分配制度上的人民主权，就是要把源于自然资源的地租收入，源于主权的关税收入，源于劳动者创造的价值，以及部分资本所得，公平合理地全部分配给人民以及用于保卫人民的利益。俄罗斯是一个转型国家，在它的组织结构和所有制形式发生变化后，它的分配制度值得我们关注。俄罗斯的分配制度保障了广大居民收入与经济的同步发展，使居民最大限度地享受到了经济发展所创造的财富。健全的收入分配制度是俄罗斯近10余年来经济社会稳定的基础。中国的经济增长持续超过俄罗斯，但居民对收入分配制度的不满却越来越大。中国社会中不稳定因素在急剧增加，其中多数与分配制度有关。国家政权的合法性不仅仅应该建立在GDP的增长上，而且应该把创造的财富公平地分配给居民。

作者单位：中国社会科学院俄罗斯东欧中亚研究所

俄罗斯的转型政治体制

庞大鹏

从转型政治学的角度分析，俄罗斯目前的政治体制是从专制政体向民主政体过渡的一种形式。作为一种威权政体，俄罗斯的政治实践面临内在结构性矛盾和外在因素压力两个方面的挑战。

从内在结构性矛盾分析，威权政体的第一个特征是可控性或者说合法性。这些首先是建立在经济绩效的基础上。民生获得发展，福利增长高于 GDP 增长。经济绩效和民生福祉成为合法性的来源。在行政权力架构方面，以精英为主，精英的流动性又比较低，目的是为了对公共领域实行有效控制。威权政体的可控性和低度政治参与导致对公共领域的控制和对政党制度、联邦制度及各级选举制度的控制。尽管政党法修改后在司法部注册的政党从原来的 7 个增加到了 37 个，但这些新成立的政党大多是现政权党的克隆党。同时根据规定，司法部在注册审查过程中如果认为有违法行为，可以即刻停止注册。所以，多党制实行了，但回旋余地很大。在中央和地方关系上，恢复了直选，联邦地方行政长官的选举通过两个途径，一是自我推荐，一是议会党或司法部备案注册的政党推选自己的候选人。但无论哪种形式，都必须通过总统审查确认，如果总统认为候选人有渎职或违法行为就可以终止其候选人身份。从 2008 年开始，普京大规模调整联邦主体行政长官，仅在 2012 年就调换了 21 个，在 2012 年 6 月 1 日《联邦中央与地方法案》正式生效前，普京已经把绝大多数联邦主体行政长官调换完毕，未来 5 年基本不存在联邦主体行政长官直选问题。在反腐败问题上，尽管不允许官员在国外拥有财产和账号，但如果是用于医疗或者教育的资金则不在管制范围内。总体来看，普京上台后，尽管进行了一些改革，但一直没有逃脱威权主义体制的特征。如果说在普京执政的第一阶段这种治理模式还能发挥作用的话，那么现在就面临着诸多挑战。

外在因素的压力可以分为四个方面。一是中产阶级的兴起，二是公民意识的觉醒，三是体制外反对派人数虽少但影响大，四是社会情绪的转向。目前俄罗斯的中产阶级在大城市占到了40％，根据现代化理论，最早出现的中产阶级最具有革命性。因为他们在政权中没有自己的代言人，他们必然要求政治权力和政治参与。俄罗斯公民社会虽然没有完全形成，但经过20多年的发展，新一代人已经成长起来，他们追求自由、人权、民主等普世的东西。在社会情绪和体制外反对派方面也同样如此。

在社会政治基础发生变化的情况下，普京的国家治理理念没有发生大的变化，内在矛盾的挑战性和外在因素的挑战性重叠，注定未来道路的曲折坎坷。民意与政治的挑战，权力与资本关系的挑战，国家资本主义的弊端等这些都是转型中的表面问题，核心问题是如何面对西方的政治文明问题。

作者单位：中国社会科学院俄罗斯东欧中亚研究所

普京的执政前景

闻 一

应该说现在的普京和8年前的普京相比已经发生了变化。目前俄罗斯出现了诸多不稳定因素。经济上面临很大难题导致普京执政困局。为了扭转局面,普京提出要使用如同20世纪30年代的强力措施,而当年面对的情况在今天是不存在的,很多俄罗斯人对前景不乐观。经济上普京的难题是,既要保持增长,又要抑制通货膨胀,这不太可能做到。政治上,反对派的游行示威不是几个人搞的,民心动荡。我认为俄罗斯的转型基本上是穷人不得利的转型。现在俄罗斯政局有几对矛盾,一是总统与财政部的矛盾,二是总统与总理的矛盾,三是总统与州一级地方官员的矛盾,四是普京与统一俄罗斯党的矛盾。俄罗斯目前经济开发的重点在远东和东西伯利亚,这种开发有两种可能结果,一是俄罗斯与世界进一步融合,二是俄罗斯与世界进一步隔离。俄罗斯的强国战略是先强军,强军先强海军,这是普京的基本路线图。普京提出,国防力量增强就是为了捍卫俄罗斯的利益,这是没有边界、空间、时间概念的。但他的麻烦很多。

作者单位:中国社会科学院世界历史研究所

从波兰看东欧剧变

马细谱

波兰是金融危机、欧债危机以来表现比较优秀的国家。2009年所有中东欧国家中,波兰GDP增长率为1.7%,是唯一实现正增长的国家。2011年达到4.3%,2012年上半年是3.2%,到年底保证3%。波兰总理说,现在欧盟国家经济都在滑坡,但我们坚如磐石。波兰今天的局面得益于人口多、面积大、刺激消费、重视外贸和中小企业。主要问题在于过度依赖西方,失业比较高。

由此可见,研究东欧剧变到了重新思考的时刻。20多年过去了,我们需要重新思考东欧剧变的原因。20年来东欧国家变化很大,我们应该以宽容的、科学的态度来研究和辨识21世纪的社会主义。

作者单位:中国社会科学院俄罗斯东欧中亚研究所

关于匈牙利的转型

孔田平

从 20 多年的转型看，匈牙利已经落伍，波兰后来居上。匈牙利渐进主义转型的根本问题在于，转型 20 多年来未能清楚认识社会主义时期形成的三个弊端。一是影子经济的遗产。匈牙利与波兰转型不同的地方就在于影子经济比较强大，而且主导影子经济的人可以主导私有化的方向，影子经济造成了国家税收的流失。二是福利经济的遗产。转型过程中，匈牙利的福利国家制度并没有解体。匈牙利将福利经济纳入了新的市场经济中，而且不断扩大超过国家能力的公共开支。三是举债消费的遗产。政治家的不负责任和民粹主义导致了匈牙利财政破产。与匈牙利相比，波兰左右翼力量在国家转型上有一个共识，在政治经济上的目标是共同的。

总的来看，就转型代价来说，渐进改革未必要小于激进改革。渐进改革有可能会延缓必要的改革。长期保持旧体制的因素，最终可能会付出高昂的代价。在转型的竞赛中，匈牙利的日见落伍，与波兰的后来居上，背后的原因值得深思。

作者单位：中国社会科学院欧洲研究所

东欧剧变改变了什么

朱晓中

我想讨论东欧剧变改变了什么东西。其一是改变了人们对社会进程的看法，我们能不能先于这种经济基础建立一种我们所期望的社会制度。现在看起来是不可以的。其二是使国际共运受到了挫折。其三是东西方的概念因为苏东剧变发生了变革。随着东欧国家的健康化和强大，东欧在整个欧洲中的作用越来越大。其四，随着政治和经济的发展，特别是波兰这样有价值抱负的国家成了欧盟的成员，他们成了价值观念的输出者。东欧与中亚、俄罗斯的转型最大的不同，在于他们有欧盟这个强大的外部推动力和约束力。欧盟出台的加入欧盟的标准极大地规范了东欧国家向何处去的过程。

另一个就是东欧国家加入欧盟，对欧盟意味着什么。除了给欧盟带来了新的人口、新的GDP、新的地缘政治外，更重要的是使欧盟更加具有多样性，使欧盟更具有包容性。

作者单位：中国社会科学院俄罗斯东欧中亚研究所

苏东剧变 20 年：转型与发展

2011 年 11 月 22 日中共中央编译局世界发展战略研究部与俄罗斯研究中心共同主办了"苏东剧变 20 年：转型与发展"国际研讨会。保加利亚社会党民族与宗教事务委员会副主席米罗斯拉夫·波波夫、保加利亚的共产党中央第一书记亚历山大·帕乌诺夫、保加利亚的共产党中央书记处书记安吉尔·伊万诺夫、中国社会科学院世界历史研究所马细谱研究员等参加会议并发言。

东欧剧变与保加利亚转型

米罗斯拉夫·波波夫

保加利亚社会党是一个历史悠久的党,几个月前刚满120周年。作为欧洲最老的政党之一,这要特别的给予理解。保加利亚是欧洲非常落后的国家,保加利亚社会党创始人迪米特尔·布拉戈耶夫和他的团队,是在最落后的国家吸收了当时世界上最先进的事情,及时地跟上了时代发展的潮流,把当时世界上最先进、最进步、最崭新的发展传到了保加利亚人民当中。社会主义在保加利亚这20年的发展充满了冲突、矛盾,也是悲剧和戏剧性的。回顾过去20年,保加利亚社会党一直在为保加利亚的进步和发展,为保加利亚的现代化而努力。

如果我们和中共朋友,还有保加利亚共产党一起讨论,就要讨论现代化问题。关于苏东剧变的讨论我想补充两点:

1. 在欧洲,大部分人认为东欧剧变是伴随着冷战的产生而产生、结束而结束。可以说整个东欧的社会主义都是按照冷战的发展来进行。战争在刚开始肯定不是好的,不管是热战还是冷战。苏东崩溃的原因也是跟冷战密切相关。

2. 关于转轨我想补充一点:我们从1989年开始转轨是想寻求保加利亚如何更民主更现代化的发展,如何在向市场经济转轨的同时维护人民生活的稳定,这个任务是相当繁重的,保加利亚社会党还是没有给出令人信服的有说服力的回答,不是在理论上而是在实践上。

今天总结转轨的结果可以说是不乐观的。保加利亚加入了欧盟,在欧洲也是被人尊敬的国家,但是保加利亚的经济后退了,所有支柱性产业都失去了,其他方面的倒退也是显而易见的。保加利亚曾经出口相当规模的电子产品但现在基本上没有了。保加利亚的生活水平曾经达到过相当高的程度，现在也无法再回到以前。经过20多年转轨，保加利亚的生活比以前更差了。当然也有一些转轨的获益者，他们是很少一部分，他们对转轨满意。但对整个社会来说转轨就是生活倒退了。

这种倒退的不成功的转轨是可以避免的，如果我们党能够更直接地与人民保持联系。不管是剧变前还是剧变后，社会党的奋斗目标就是要全心全意为人民做事。现在保加利亚舆论媒体的导向越来越复杂，我们也是一个开放的社会，只有政治家做出了令人信服的有说服力的政治行为，才能赢得民心。20年中我们不仅失去了支柱性的产业，而且在思想理论上的交锋也落败了，必须发展我们的思想。

回顾这20多年的历史，可以说保加利亚既算是进入了世界也算是从世界退出了。在当前的形势下保加利亚社会党要想赢得政权是非常困难的。即便执政也要做得很好才能继续赢得选举，而且必须表明我们的想法、我们的行为是跟老百姓息息相关的。

把苏联模式认为是唯一正确的模式是非常错误的看法，这个观点非常重要。不能把任何一个事情看做是唯一正确的。应该有自己的价值体系，根据当时的形势分析问题，得出自己的观点。

保加利亚20多年转轨社会党最重要的经验教训是：不能有一个强大的右翼政党。这20年我们一直处于跟右翼激烈的对抗中，所以社会党没能够做得更好。

在激烈的对抗中事实、真理没什么意义，在对抗中各党不惜一切代价打败对手。右翼党可以牺牲国家的工厂、牺牲自己的农业，只要能把社会党打败。我可以举出10个例子说明这方面的问题。

下面我想就新自由主义还有资本主义的危机说明这一问题。这是2011年人们关注的中心。这次危机不同于传统的、经典性的资本主义危机，正是新自由主义模式导致了危机。国际上有提出通过南北对话沟通合作来解决这个问题。南北对话始于80年代，当时提出这个主张就是因为70年代世界发展不平衡，要发展落后地区贫穷的国家，2011年开始国际上又提出这个问题。

我是想说明现代经济危机与新自由主义模式密不可分，新自由主义根本不关心人的价值。现在保加利亚执政党想关闭医院和学校，他们称做改革，还举证说这样可以节省资金。当然我们社会党人认为完全相反，我们认为应更多投资到医院、教育领域，这是我们和右翼原则性的区别，当然投资到教育是不会很快得到赢利的，因此右翼党不感兴趣。

这场危机的关键我想是鉴于"实体经济"与银行的冲突，每个经济体内部都有这种操纵性的因素，当然是加引号的，他们就相当于这些热钱，总是想投机一把，挣了钱就走，这种模式可以说远离了传统的销售商品来赚钱的模式，他们想直接从钱到钱，这是不可能的，新自由主义鼓励这种通过钱生钱，通过这种暴利手段把其他人的钱吸走。

我对中国的经济不太了解，我这是第一次来中国，但是我想肯定的是中国特别重视发展实体经济。中国现在是"世界工厂"，我认为未来中国还将成为世界的稳定器，因为中国经济格局比较合理，实体经济与虚拟经济的比例比较合理。

右翼党如果不掌握媒体，也不会变得这么有力量。他们像西方右翼政党一样，只为人民提供了两种东西：一是失业，二是娱乐。这跟我们左翼的思想完全相左。

我们保加利亚社会党、共产党还有社会民主党认为，我们应该致力于解放人类，让人们更自由，更自由地从事劳动。所有这些问题我们都还可以进行更深入的讨论，也可以进一步合作。

保加利亚共产党人对 2011 年选举的评价

亚历山大·帕乌诺夫

2011 年 10 月，保加利亚举行了总统选举和地方选举。总统选举的结果是：欧洲发展公民党，也就是保加利亚执政党取得了 52% 的选票，获得了胜利。保加利亚社会党提名的总统候选人只得了 47.5% 的选票，失败了。地方选举中，保加利亚社会党赢得 70 万张选票，得票率 23% 左右，在总共 27 个地方的市政选举、市长选举中，获得 14 个席位。这次选举是在保加利亚政治经济形势比较复杂的情况下举行的。现在右翼欧洲发展公民党已执政 2 年。这 2 年改组了很多地方的组织结构，实际上主要目标是反民主的，力图把保加利亚发展方向扭转到右翼方面。

2008 年开始的世界经济金融危机也冲击了保加利亚，公民党 2009 年上台后在许多方面想否定前政府应对经济危机的一些措施，制定了一些新的预防危机蔓延的措施。如国家预算赤字问题，但这个全国性的经济问题并没有在全国范围讨论。实际上最近一年多来，人民的收入和国家的总体收入都没呈现明显的增长趋势。保加利亚的预算赤字是 3.6%。危机直接影响到人民的收入，也影响到国家一些部门的发展。第 13 个月的工资也发不出来了。所以保加利亚的铁路工人举行了罢工。现在保加利亚的能源供应紧张，居民使用的燃料上涨 10%。失业人数已经达到 30 多万。一些医院面临关闭，不能正常运行。据保加利亚中央银行统计，2011 年外国投资减少了 80%，保加利亚外债到 2011 年 7 月份增加到 60 亿欧元。这种种状况引起人民群众的不满，也使国家经济处于危险状态。

这次总统和地方选举是保加利亚20年来最不公正的、组织得最不好的选举。公民党的一些部长也参加了选举，实际上违反了选举法。这次选举也是一场混乱的选举，尤其是在选举登记和正式投票时都出现了很多问题，有一些投票站甚至出现了公民党的监票人，稍有他们不满意的地方就抓人。这次选举具有如下一些特征：

强制选举，即强迫一部分人去参加投票，并且千方百计迫使很多人投公民党的票。这在过去是没有的。另一方面参加投票的人也遭到一些威胁，采取种种手段，使他们不能正常参加投票，如果你不投公民党的票将来可能会遭到解雇，受到不公正的待遇等。

收买选票，这次选举花了很多钱，甚至当局还用小恩小惠来收买选票，因为公民党现在是执政的党，所以就利用自己的资金和财政手段帮助地方领导人让他们更好地为公民党投票；当局出动了警察，出动了很多监票人来保证公民党在选举中获得优势。

动用全部宣传手段，在全国各地宣传选举的必要性。还控制了媒体，不允许媒体有自由的言论，自由的报道。

动用一切手段控制选举，如利用内务部，利用政府包括总理，动员非政府组织及其他团体，还运用警力，向公民，包括前总统施加压力，引导人们都投公民党的票。

这次选举的组织工作不好，中央选举委员会实际上也是很难保证选举是民主的。现在人们认为中央选举委员会的一些做法是在党之间搞平衡，不合适，同时全国各地选举站和投票站实际上由公民党一手操纵。

其他参加选举的党派对公民党的做法提出了质疑，甚至要起诉其行为。尤其是在地方选举中其他党派非常不满，并试图提出重新计票，重新选举，重新审查公民党是如何操纵选举的。前总统、保加利亚议会的许多议员也认为选举存在不民主的问题。其他右翼政党像保加利亚民主力量联盟、民盟这些政党在这次选举中也没得到好处，也表示不满。因为反对党等各方提出了异议，所以中央选举委员会也试图在某些地方某一城市投票站重新计票。

欧洲安全合作组织的代表、欧盟欧洲议会的代表,作为观察员监督了这次保加利亚的选举,他们也认为这次选举在很多方面破坏了法律,但并不希望保加利亚重新举行选举,就某些问题提出上诉和提出争论是可以的。

在这次选举中保加利亚有70万张选票被宣布无效。选举前颁布了一个法律,规定哪些人有选举权,哪些人没有选举权,结果使全国42万人失去选举权。这次选举并没有把在国外的保加利亚人都吸引进来。这次选举还有一个不好的方面,是总统选举和地方选市长同一天进行,一次性投票,要投2个,谁当总统谁当市长,这在过去是没有的。这样的话一些小党和少数民族的政党,他们注意力主要集中在地方选举,对全国性的总统选举不关心,只关心本市本镇选举的领导人是谁。

结论是,此次选举破坏了保加利亚公民的民主选举权利。这是20年保加利亚剧变以来最不成功的一次选举。公民党利用一切手段,包括经济手段,唆使一部分人来投它的票,以保证它在选举中获胜,收买选票的现象非常严重。公民党强奸民意,完全是控制、操纵了选举。向媒体施加压力,攻击其他党派也是空前的。

从选举的情况可以看出,目前执政的公民党对保加利亚今后的发展并没有长远规划,只是要赢得这次选举。公民党在一些地方选举中也丢失了一些选票,比如海滨城市原来的斯大林市。有一些小党和小的政党联盟在地方选举中也赢得了一些席位。这次选举显然没有解决保加利亚面临的民主问题。总体讲选举还是为了执政党服务,保加利亚左翼对这次选举表示担忧,对国家的发展表示担忧。选举之后,保加利亚右翼公民党和其他党派,包括左翼的鸿沟越来越深,矛盾越来越多。

公民党在这次选举中获胜之后,保加利亚无论是政治上的还是经济上的问题将依然存在,因此当然要看执政党下一步的行动和做法。

保加利亚的政治经济发展趋势

安吉尔·伊万诺夫

保加利亚是一个很小的国家，中国是一个强而大的国家，中国是我们的盟友。保加利亚历史上最早受到奥斯曼土耳其人的统治，后来是德国人统治我们，再后来是俄国，而现在是欧盟。我们有这样一个习惯，小国要找一个大国来保护，但盟国最后都出卖了我们。二战后保加利亚的社会发展有以下特征：保加利亚人占全国人口的90%，农业发展大概占国民生产总值的89%，从这个意义上讲保加利亚是农业国；资本主义的发展经过了65年，但得到发展的主要是畜牧业。

保加利亚目前的经济结构不符合当前社会现代化的发展趋势。首先继承了二战后保加利亚的经济结构，把军事工业放在很重要的位置，也就是说二战后的经济实际上是为苏联工业服务的，这种经济不要求保加利亚的经济产品质量高，科技发展水平高，只满足需要就行。最近20年来，保加利亚的工业占国内生产总值的67%—68%，但由于世界性的能源和原材料价格普遍上涨，所以工业总产值的比重实际上降低了。保加利亚过去在电子、石油、化肥、化工等领域有传统优势，目前已失去这种优势，如化肥生产在保加利亚完全没有了，过去都是出口的。目前应使保加利亚的经济摆脱能源的束缚，适应国际市场。

近20年来，可以说保加利亚"成功"实行了私有化，我们90%的银行现在由外国人控制，是外资银行，这种外资占绝对优势的金融体系对保加利亚的发展是没有好处的。保加利亚的矿产业也是由外国人操纵的。一句话，保加利亚实现了私有化，但是财政收入都流到私人手里了。当然这是当权的政府操纵的结果。

实现欧洲一体化，对保加利亚来说非常需要。要进行设备更新，要使保加利亚经济适应国际需要，就要融入欧洲的经济一体化。但是很遗憾，保加利亚有的政党对参与欧洲一体化的利弊没有作出正确评价。有很多的意见和计划，但连最基本的分析都没有，没有如何进入世界市场的研究报告。欧盟经济停滞倒退对保加利亚的经济发展产生了消极影响，同时保加利亚本国的货币对欧元的比价是不合理的，所以往往是保加利亚吃亏。当然保加利亚货币将来要加入欧元区，这是另外的问题。目前欧盟也没有向保加利亚这样的东欧国家提出一体化的标准、目标，以及如何实现一体化。因此像保加利亚这种小国家，国民经济比较弱，经济规模很小，如何进入欧盟大市场，有许多问题还需要研究。

当然，保加利亚的经济还是取得了一定的成效。但由于政权不稳，政府频繁更迭，对经济发展造成了负面影响。

首先是失业率高。2009年失业率低于4%，但到2010年达到10.2%，2011年大概是12.1%。这是国家的统计标准，政府有意隐瞒失业率，应该说在这个基础上还要再加3—4个百分点，实际上达到了15%—16%。谈到失业率，不要忘记这样一个事实。近年来保加利亚有40万人在国外谋生，其中30万是受过高等教育的学生和专家。金融危机以来，西欧国家纷纷关闭了劳动力市场，我国也关闭了许多工厂，这影响到我国的失业率。

保加利亚自2007年1月1日加入欧盟以来，国内生产总值萎缩了2%，相当于损失20亿欧元。当然入盟是有好处的。入盟以后，大概每年能得到欧盟的20—30亿欧元基金。

外国投资不断减少。2009年以前，保加利亚社会党执政时，每年得到的外国投资是16.5亿美元左右，现在减少了80%，每年只有几个亿。2009年以来，国家预算赤字平均是2.9%，国家的公共财政部门因此受到一定的威胁，尤其是减少了退休金。

关于国民生产总值的问题。1989年，保加利亚拥有的财富是1900亿美元，到2000年时只有900亿美元。那么财富都到哪里去了？经济学家认为这1000亿美元都在私有化过程中流失了。20年来没有一个政党对私有化造成的危害作出过正确的评价。

关于劳动报酬的问题。保加利亚执行的不是按劳付酬。现在把劳动报酬分为两部分：一个是基本工资，一个是奖金，跟社会主义年代不一样了。正是奖金这块使西欧国家出现了金融危机，因为银行家们的短期行为，只看眼前利益，不考虑长期投资问题。银行家追求利润，目标是让钱生钱，而不是让钱通过生产，通过投资，去创造社会财富。

现在说说我的几个基本性结论：

第一，保加利亚目前的经济发展趋势是在朝金融危机这个大方向前进，而不是制定反危机的措施。目前是这么一个发展过程：工人拿到的工资特别低，为了生活到私人银行去要求贷款，从私人银行拿到贷款以后，不是投入生产，而是去投资生息。这种投资再投资，利润再利润的过程，是资本家得利，收入越来越高。从这方面来看，国际上的资本得利，保加利亚生产者的收入越来越少，中介公司得到的钱越来越多，中间环节的金融管理人员得到的钱越来越多，受教育越高的各层管理人员得到的钱越来越多，利润越来越高。这当然都严重影响到保加利亚的经济发展。

再有就是保加利亚的私有化，出口外贸问题。欧盟是我们最大的贸易伙伴，但是份额越来越高，保加利亚的经济受到了越来越大的影响，限制了保加利亚的发展和外贸的出口。当然可以说出口在不断增长，但产品的质量在下降，主要是初级产品、原料出口上升。同时灰色经济、黑色经济在不断扩大。前不久，欧盟反洗钱的一个组织在保加利亚举行了一次救市讨论会，但并没有帮我们什么忙，实际保加利亚的洗钱活动有增无减。

最后是保加利亚经济应优先考虑的问题。首先是预算问题，如何控制国家预算，保加利亚越来越多的钱是流入中央控制的部门，对非中央集权的那些经济部门的预算投入越来越少。经济上两极分化的情况越来越严重。

我们可以作结论，但不要匆忙作结论。我希望在我们的研究有一定进展的时候，我们可以就某些问题作出一个基本的结论。

保加利亚转轨 20 年评价

马细谱

一、如何评价 20 年来保加利亚的转轨

第一，我认为 20 年来保加利亚政治体制转轨好于经济体制转轨，其中很重要的一条就是人民群众有了选举权和被选举权，他们参与政治的积极性空前的提高，所以人民群众对目前的政治体制和政党体制是满意的。

第二，保加利亚的经济体制转轨取得了不小的成绩，但是由于私有化过程中出现的问题，造成贫富悬殊、两极分化和腐败盛行，人民群众对经济体制的转轨是不满意的，而且人民群众的生活水平，在 27 个欧盟成员国中间提高的是比较慢的，水平是比较低的。

第三，保加利亚外交上的转轨比较快也比较成功。过去是一边倒倒向苏联，那么现在保加利亚的外交是面对美国、欧盟、俄罗斯，甚至还面对中国，要实现多方位的外交。保加利亚的外交是亲美的，但是他不脱离欧洲，不脱离欧盟。保加利亚对俄罗斯不同的党派有不同的外交政策，中保两国的关系自始至终是比较友好的，保加利亚是世界上第二个承认中华人民共和国的国家。所以我认为 20 年来保加利亚的转轨趋势是不可逆转的。

二、如何看待保加利亚社会党和共产党的现状、发展和未来

保加利亚社会党是一个历史悠久和光荣的政党，对国际社会主义运动和共产主义运动做出了自己的贡献。

第一，产生了迪米特尔·布拉戈耶夫这个伟大的马克思主义者，1891年他创立了欧洲较早的社会民主党，第二年写了《什么是社会主义以及在我国有没有社会主义的土壤》一书，认为在19世纪后期资本主义条件下，保加利亚可以搞社会主义运动，可以搞社会主义。他还认为搞一场革命，比如社会主义革命，要有内部和外部条件，外部条件占2/5或2/3，所以不要随便发动革命，要等待国内外的条件成熟，才能搞社会主义革命。另外他在圣彼得堡为俄国共产党建立自己的党组织做出过自己的努力。

第二，在保加利亚社会党历史上产生了两位共产国际的总书记：瓦西尔·科拉罗夫和格奥尔基·季米特洛夫。季米特洛夫是世界反法西斯的英雄，他的关于人民民主的理论得到了大家的重视，中国人民热爱季米特洛夫。

第三，在近半个世纪的社会主义时期，保加利亚进行了改革的尝试。尤其是日夫科夫，他甚至提出了农工综合体，国家所有权和企业经营权分开的理论，当时受到了重视。我们不要否定过去历史的一切，要继承历史的传统，不要把保共的历史作为包袱背起来。所以保加利亚社会党在1989年剧变之后三次上台执政决不是偶然的，它依然是中东欧一个强大的政党，从1990年拥有288万选民，到2000年拥有183万，目前75万选民，社会党依然是一支强大的左翼力量。

保加利亚社会党人珀尔瓦诺夫两任保加利亚总统，这都是保加利亚社会党力量强大的表现。

保加利亚目前有4—5个共产党，比较小，力量分散。他们在极端困难的条件下在逆境中存在。左翼力量联合起来还是一支力量。目前欧洲、保加利亚，甚至中国都不把他们视为左翼力量，我认为他们是左翼力量的一部分。

三、保加利亚目前政治体制和政党体制存在的问题

我认为保加利亚多党制是不成熟的，不健全的。主要表现在：

第一，政府频繁更迭，没有一个强有力的政府。20年来保加利亚举行了7次议会选举，其中4次是提前选举，正常选举只有3次，政府更换了14届，政局应该说是不太稳定。

第二，政党体制不健全，没有一个强大的议会党。现在进入议会的有 5—6 个政党，这跟西欧的两大政党之争是有很大区别的。因为政党繁多，议会党不强大，所以任何一个政党在选举中都没得到过 50% 的选票，也很少有哪届政府能够连任，唯一的是社会党的珀尔瓦诺夫总统连续执政 10 年。

第三，保加利亚政坛上右翼势力比较强大，中右势力、中左势力没有形成。欧洲发展公民党等能轻易的上台。

第四，多党的游戏规则在保加利亚被滥用，民主权利也被滥用。这方面的问题比较严重。举两个例子：

一是保加利亚近年公布了前内务部档案，把很多跟内务部合作过的人都视为间谍，尤其是四百多位高级外交官，都被视为是共产党的间谍，严重影响了保加利亚的形象。

二是 2011 年 10 月的总统选举和地方选举，没有运用民主机制和游戏规则，而是一党操纵。

所以在一种不健全的多党体制下，我们保加利亚的朋友，保加利亚社会党、保加利亚的共产党的朋友们，他们的斗争任重而道远，但是他们的前途是光明的。

中东欧与中亚观察

中东欧国家加入欧盟后的政治新动向

高 歌

波兰、匈牙利、捷克、斯洛伐克、斯洛文尼亚于 2004 年 5 月 1 日，罗马尼亚和保加利亚于 2007 年 1 月 1 日加入欧盟后，政治上出现了一些新的动向，主要表现在三个方面。

第一，入盟目标的实现使得因入盟的一致要求而相安无事的中东欧国家各政党、乃至政党内部派别失去合作的基础，政府易于发生变动。

波兰、捷克、匈牙利和斯洛文尼亚都在入盟后不久发生了政府变动。2004 年 5 月 2 日，波兰总理莱谢克·米莱尔辞职。6 月 26 日，捷克总理、社会民主党主席弗拉迪米尔·什皮德拉宣布辞去总理及社会民主党主席职务，并于 7 月 1 日正式递交辞呈，政府自动解散。8 月 26 日，匈牙利总理迈杰希·彼得辞去总理职务。10 月 3 日，斯洛文尼亚民主党在国民议会选举中击败连续执政 12 年的自由民主党，成为国会第一大党，12 月 3 日，以民主党主席亚内兹·扬沙为总理的新政府获国会批准，自由民主党领导的政府被取代。

罗马尼亚入盟后不仅经历了政府变动，甚至总统也遭到了弹劾。2007 年以来，总统特拉扬·伯塞斯库及其领导的民主党与总理波佩斯库—特里恰努及其领导的国家自由党间矛盾日趋尖锐，社会民主党等反对党则利用伯塞斯库与波佩斯库、民主党与国家自由党之间的冲突向总统和政府发起挑战。2 月 28 日，社会民主党正式提出弹劾总统案并得到保守党等党派的支持，议会为此设立了专门调查委员会，调查总统违宪行为。3月21日，议会专门调查委员会认定伯塞斯库有违宪行为，社会民主党提出的弹劾总统案有理。3月22日，社会民主党以对政府提出不信任案要挟波佩斯库在一周内改组政府。4月2日，波佩斯库向议会提交新政府名单，民主党被排除在政府之外。4月3日，议会通过政府改组方案。虽然伯塞斯库根据宪法只能签署批准新政府的总统令，但他强调新政府已不能代表民意，呼吁提前大选。总统与议会和政府的关系愈加恶化。尽管宪法法院在4月5日声称伯塞斯库的违宪行为没有严重到必须对其进行弹劾的程度，但议会还是于4月19日通过了弹劾总统议案。4月20日，宪法法院确认议会表决结果，伯塞斯库被暂停总统职务1个月。5月19日，罗马尼亚就议会弹劾总统案举行全民公决，多数选民反对弹劾总统。5月23日，伯塞斯库官复原职。

在中东欧7个欧盟成员国中，只有斯洛伐克和保加利亚未在入盟后随即发生政府变动。但斯洛伐克执政联盟因一些议员的退出而失去了议会多数席位，保加利亚政府屡屡遭到反对党发起的不信任投票，两国政府的稳固性有所削弱。

第二，欧盟制约的减少使中东欧国家有了表达对欧盟不同态度的空间，欧洲怀疑主义应运而生。

虽然欧盟对中东欧新成员国仍保持某种制约，特别对罗马尼亚和保加利亚，欧盟继续在司法改革、反腐败、打击有组织犯罪等领域实施监控，保加利亚还因在反腐败方面没有进展而在2008年7月被欧盟委员会冻结了8亿欧元的援助款项，2008年11月，欧盟委员会以超过预定使用期限为由，取消了其中的2.2亿欧元。但与入盟前相比，由于中东欧国家已经基本满足了入盟标准，欧盟也几乎不可能取消中东欧国家的成员资格，欧盟制约的空间大为缩小，这使得中东欧新成员国有了表达对欧盟不同态度的可能。恰其时，对政府在入盟谈判中让步过多、没有很好地维护本国利益的社会不满情绪上升，入盟后与欧盟分享主权的需要更让刚刚摆脱苏联控制、获得完整国家主权的中东欧新成员国产生反感，欧洲怀疑主义应运而生，在精英、政党乃至整个社会中蔓延。

在精英层面，一些政治精英采取欧洲怀疑主义立场，波兰前总统莱赫·卡钦斯基和捷克总统瓦茨拉夫·克劳斯拖延签署《里斯本条约》便是这种立场的突出表现。

在政党层面，中东欧新成员国中认同欧洲怀疑主义或带有欧洲怀疑主义倾向的政党的力量和影响明显增强，它们在欧洲议会选举和本国议会选举中都取得过不错的成绩，其中，匈牙利青年民主主义者联盟—匈牙利公民联盟和捷克公民民主党现在还在执政。

在社会层面，欧洲怀疑主义情绪也很突出，中东欧新成员国选民对欧洲议会选举表现冷漠，投票率均低于同期的欧盟平均数，其中个别国家，如2004年波兰和斯洛伐克、2009年斯洛伐克的投票率还不及欧盟平均数的一半。在某种意义上，正是这种弥漫于整个社会的欧洲怀疑主义情绪使得认同欧洲怀疑主义或带有欧洲怀疑主义倾向的精英和政党能够得到选民的支持。

第三，中东欧国家对欧盟事务的参与使其国内政治日益与欧盟政治相联结。

2007年12月21日，波兰、匈牙利、捷克、斯洛伐克和斯洛文尼亚加入申根区。2007年1月1日和2009年1月1日，斯洛文尼亚和斯洛伐克分别成为欧元区成员。2008年上半年、2009年上半年、2011年上、下半年，斯洛文尼亚、捷克、匈牙利和波兰相继担任欧盟轮值主席国。中东欧新成员国更深入地参与欧盟事务，其国内政治日益与欧盟政治相联结。

最富戏剧性的一幕发生在波兰。2007年11月，公民纲领党上台执政后，法律与公正党创始人、总统卡钦斯基和公民纲领党主席、总理唐纳德·图斯克之间关系紧张。2008年10月，卡钦斯基与图斯克在由谁代表波兰参加欧盟峰会问题上激烈争吵，甚至闹到了欧盟峰会上。

其他国家的情况虽不似波兰那样富有戏剧性，却也表现出国内政治与欧盟政治愈益相关的特征。在罗马尼亚，2007年由民主党与国家自由党的矛盾引发的政治危机将原定于5月与保加利亚同时举行的欧洲议会选举推迟到半年后的11月。在保加利亚，欧盟委员会冻结和取消援助款项后，为管理欧盟援助资金，政府随即增设一名副总理。2009年8月，政府撤销副总理职位，改设由所有使用欧盟援助资金的政府机构负责人组成的欧盟资金管理委员会。2010年3月，议会表决同意政府增设一个部长职位，负责协调政府对欧盟援助资金的吸收和利用。在斯洛伐克，2008年以来，执政党与反对党在议会会议上就是否通过《里斯本条约》激烈辩论，反对党民主基督教联盟—民主党和基督教民主运动以批准条约为条件要挟政府放弃它们认为限制编辑权利、破坏民主、人权和新闻自由的新闻法修正案，政府总理、方向—社会民主党主席罗伯特·菲乔没有接受民主基督教联盟—民主党和基督教民主运动的条件，而与另一反对党匈牙利族联盟党单独交易，以给予匈牙利族一些优惠政策换取匈牙利族联盟党的支持，从而使议会在2008年4月以绝对多数票通过了《里斯本条约》。10月11日，在斯洛伐克执政党之一、持欧洲怀疑主义立场的自由团结党及其主席理查德·苏利克的反对下，斯洛伐克议会未能通过欧洲财政稳定机制扩容议案，从而使斯洛伐克成为惟一否决这一计划的欧元区国家。由于总理伊维塔·拉迪乔娃要求将对该议案的表决与对政府信任表决联系在一起，政府也被迫下台。次日，执政联盟中的民主基督教联盟—民主党、基督教民主运动、"桥"和最大在野党方向—社会民主党就提前大选和通过欧洲金融稳定机制扩容议案达成协议。随后，议会通过欧洲财政稳定机制扩容议案和2012年3月提前举行大选的决议，并罢免了苏利克的议长职务。10月20日，议会各政党同意修改宪法，允许拉迪乔娃政府继续留任至2012年3月大选。2012年3月，大选如期举行，方向—社会民主党获胜。

在更普遍意义上，中东欧新成员国国内政治与欧盟政治的联结体现在欧洲议会选举上。欧洲议会选举作为中东欧新成员国政党竞争的又一重要场所，大体反映了各国政党力量对比和竞争格局的变化。不仅如此，在一些国家，欧洲议会选举结果还导致了国内政治的变动。2004年6月，捷克社会民主党在欧洲议会选举中的惨败引起党内极大震动，一些党员要求追究该党主席什皮德拉的责任，要求他辞去党主席和政府总理职务，社会民主党执委会对什皮德拉进行了信任投票，什皮德拉仅超出6票勉强过关。在党内的强大压力下，什皮德拉决定辞职。2004年8月匈牙利总理迈杰希的下台虽然不像捷克的什皮德拉那样直接源于执政的社会党在欧洲议会选举中的失利，但也与此不无关系。

应该看到，中东欧国家加入欧盟后，政府变动虽然多有发生，但均在多党制和议会制的框架内进行，没有对该制度的运行构成威胁。欧洲怀疑主义虽然应运而生，但终究抵挡不住欧洲一体化的大潮。卡钦斯基和克劳斯拖延多日之后，相继签署了《里斯本条约》，一些认同欧洲怀疑主义或带有欧洲怀疑主义倾向的政党的影响明显下降。国内政治与欧盟政治的联系虽然日益紧密，但主要表现为国内政治斗争向欧盟舞台的延展，没有危及民族国家的生存。在相当长时间内，中东欧新成员国仍将在欧盟框架内继续实行西方式多党制和议会制，仍将作为民族国家继续存在于欧盟大家庭之中。

作者单位：中国社会科学院俄罗斯东欧中亚研究所

斯洛伐克加入欧元区的利弊得失：政治和经济分析

姜 琍

2009年1月1日，斯洛伐克成为欧元区第16个成员国。在中欧维谢格拉德集团，斯洛伐克率先加入欧元区，既增添了斯洛伐克人的民族自信心，也给斯洛伐克人带来了美好的愿景：更快的经济增长、更高的生活水平和与西欧发达国家之间更小的经济差距。如今，斯洛伐克采用欧元已有3年，加入欧元区对斯洛伐克的政治和经济产生了哪些影响？

加入欧元区对斯洛伐克经济发展的影响

加入欧元区之初，斯洛伐克国内外的经济学家普遍认为，尽管国际金融危机会暂时削弱欧元对斯洛伐克的积极影响，但采用欧元的收益依然明显：摆脱外汇储备和财政收支等方面难以预见的麻烦，降低交易成本和资本成本，加强与欧元区国家的贸易联系，促进外资的吸引，获得来自欧元区老成员国的隐性担保。那么，采用欧元3年来斯洛伐克的经济发展状况究竟如何？

1. 国内生产总值

2009—2011年，斯洛伐克国内生产总值同比增长-4.9%、4.2%、3.5%。①国际金融危机通过欧元区经济的衰退冲击斯洛伐克，欧元区经济下滑导致对斯洛伐克出口需求的减弱。危机形势下国内需求的减弱、工业和服务业的衰退，也是国内生产总值出现负增长的原因。随着国际金融危机的影响逐渐消退，斯洛伐克

---

① 欧盟统计局预测数据。

经济复苏的势头较为强劲,根本原因是它较早、较好地调整了经济结构。

2. 对外贸易

虽然加入欧元区有利于斯洛伐克的出口企业,但由于斯洛伐克的主要出口市场欧盟的进口需求减弱,以及斯洛伐克失去了通过自己的货币政策帮助国内经济的可能性,采用欧元没给斯洛伐克的对外贸易带来预期的促进效应。2009年,出口同比下降19.9%,进口同比下降23.6%。由于欧盟经济复苏和国内工业投入扩大,2010年出口增长22.2%,进口增长25.7%,对外贸易总额恢复到2008年爆发国际金融危机前的水平。2011年1—7月,出口额同比增长19.9%,进口额达到308.7亿欧元,同比增长18.4%。

3. 外国直接投资

2009—2010年,斯洛伐克吸引的外国直接投资数额相对较低。2011年上半年,斯洛伐克吸引外资的数量明显增加,共吸引了2.6亿欧元,超出了2009年全年吸引的总额2.45亿欧元。不仅新的外国企业对斯洛伐克表现出投资兴趣,而且斯洛伐克境内现有的外资企业计划扩大生产规模。

4. 失业率

失业率高是斯洛伐克经济转型进程开始后一直没能解决的一大问题,加入欧元区也没能帮助斯洛伐克降低失业率。根据斯洛伐克统计局数据,2009年、2010年平均失业率分别为12.1%、14.4%。随着经济形势逐渐好转,斯洛伐克的失业率呈现出下降趋势,2011年平均失业率为11.6%。

5. 通货膨胀率

受到全球经济活动和消费需求减弱的影响,加入欧元区后斯洛伐克的通货膨胀率保持了较低水平。根据欧盟消费价格协调指数,2009年斯洛伐克平均通货膨胀率为0.9%,2010年则为0.7%。自2011年起,随着内需的复苏和政府为稳定经济而采取了一揽子计划,通货膨胀率逐渐提高。

鉴于欧元的效用在3年内尚未充分显示出来,加之受到国际金融危机和全球性经济危机的影响,目前难以确切地回答加入欧元区是否改善了斯洛伐克的经济地位并提高了它的增长潜力。相对确定的一点是,为了化解欧债危机和拯救欧元,作为欧元区成员国斯洛伐克需要支援经济更为富裕的国家以及它们的银行体系。不少斯洛伐克人担心,欧洲稳定基金及其扩容计划框架内的财富转移很有可能降低斯洛伐克的经济增长速度。

欧元区危机救助机制对斯洛伐克政治的影响

欧元区危机救助机制既对斯洛伐克国内政治造成非同一般的冲击,又给斯洛伐克的国际声誉产生极大的消极影响。

(一)欧元区救助希腊计划对斯洛伐克的首轮冲击

1. 执政党与反对党围绕该问题激烈争斗

在2010年6月举行的议会选举前,以方向—社会民主党为首的菲措政府向欧盟承诺支持欧洲金融稳定基金和向希腊提供贷款,而且财政部长扬·波恰特克签署了向希腊提供贷款的框架公约。由于多数斯洛伐克民众对救助希腊持反对态度,最大反对党——斯洛伐克民主基督教联盟和新成立的右翼政党——自由与团结党都抗议菲措政府不体恤民生。议会大选后,原在野党变为执政党。面临欧盟和反对党压力的新政府不知如何应对竞选期间反对救助希腊计划的后果,试图通过与欧盟的谈判降低斯洛伐克在欧洲金融稳定基金中的出资份额,并借机批评菲措政府因工作失职而致使斯洛伐克的出资份额占国内生产总值的比例高于欧元区其他一些成员国。2010年8月11日,斯洛伐克国民议会通过支持欧洲金融稳定基金的议案,但拒绝向希腊提供贷款。

2. 斯洛伐克国际形象受损

斯洛伐克确实是欧元区16国中最贫困的国家,它也有权利在欧元区层面上表达自己的观点并坚持自己的立场,但它在救助希腊问题上出尔反尔,遭到欧盟机构和欧元区一些成员国的不满与批评。欧洲央行行长特里谢直言不讳地表示,"如果欧洲央行事先知道斯洛伐克能有如此表现,任何时候都不会接纳其加入欧元区"。

（二） 欧洲财政稳定基金扩容方案对斯洛伐克的强烈冲击

1. 政府垮台

欧洲金融稳定基金扩容议案给予了原本脆弱不堪的拉季乔娃政府致命的一击。

由于经过几个星期的协商后，执政联盟依然难以就欧洲财政稳定基金扩容议案达成一致，拉季乔娃总理决定将议会对欧洲财政稳定基金扩容议案的表决与对政府信任表决联系在一起，以迫使持反对态度的"自由与团结党"改变态度。2011年10月11日，欧洲财政稳定基金扩容议案在斯洛伐克议会未获通过，存在了一年零三个月的拉季乔娃政府被迫下台。

2. 政治格局发生变化

拉季乔娃政府垮台后，在斯洛伐克政治舞台上出现了一个积极的变化：左翼和右翼政党之间的严格划分被打破。2010年议会大选后，4个进入议会的右翼政党公开表示不愿意与名列第一的左翼政党方向—社会民主党合作。右翼政党联合组建政府后不仅避免与方向—社会民主党进行磋商，而且利用一切机会批评原左翼政府。有分析家认为，在2012年3月提前举行的议会大选后，很有可能组成以方向—社会民主党为主体、一个或两个右翼政党参与的联合政府，这将有利于加强斯洛伐克的中间派政治力量。

3. 国际信誉下降

欧洲财政稳定基金扩容议案在斯洛伐克议会第一次表决中未获通过，虽然仅是国内政治游戏的结果，不表明斯洛伐克抵触欧元，但此举引起欧盟内外强烈的反应。在欧盟巨大的压力下，斯洛伐克议会很快进行了第二次表决并顺利通过了欧洲财政稳定基金扩容议案。斯洛伐克对欧洲财政稳定基金扩容议案的态度向欧元区其他成员国表明，它不是稳定、可靠和值得信赖的合作伙伴。

结论

在国际金融危机背景下采用欧元，在一定程度上减弱了欧元对斯洛伐克经济的积极影响，而不断蔓延和升级的欧债务危机则动摇了斯洛伐克人对欧元的坚定信心。

斯洛伐克是欧元区唯一的一个因欧洲金融稳定基金扩容议案而导致政府垮台的国家。斯洛伐克在欧元区救助希腊计划和欧洲金融稳定基金扩容议案问题上的表现，使其国际信誉受到损害。确实，同舟共济是任何一个联盟的原则，但斯洛伐克需要为扩容后的欧洲金融稳定基金贡献超过国内生产总值10%的债务担保，这将对相对贫困的斯洛伐克的经济发展造成明显不利的影响。

斯洛伐克采用欧元的经历无疑会对尚未加入欧元区的欧盟新成员国产生消极影响。至今，捷克、匈牙利和波兰都没有确定加入欧元区的日期，它们不希望加快采用欧元的步伐。虽然它们强调不急于加入欧元区的主要原因是尚未满足马斯特里赫特趋同标准，但实际上它们认为欧元区已经从货币联盟转变为债务联盟，需要时间观察欧元区的未来发展趋势，不愿意因加入欧元区而使本国经济受损。

作者单位：中国社会科学院俄罗斯东欧中亚研究所

东欧的后共产主义变革

吉兹格尔兹·爱克尔特 著 朱艳圣 编译

美国世界政治评论网站 2012 年 3 月 20 日发表哈佛大学政治系教授、哈佛大学国际与地区问题研究院资深学者吉兹格尔兹·爱克尔特的文章,题为《东欧的后共产主义变革》,主要观点如下。

中东欧地区 20 年空前的政治、经济和社会变革所取得的成果是人们未曾预料到的。几个确立了牢固的民主制度、市场经济顺利运转的高效的民主国家,实行了广泛的福利政策,不平等现象相对减少。这些国家与传统的民主国家并没有多大区别。在中东欧,通过民主选举产生的政府主导了令人印象深刻的经济现代化,实现了连续多年的经济增长。虽然欧盟的新成员被认为是经济上最为脆弱和最易陷入危机的,但它们相对较好地经受住了当前的金融危机。

中东欧国家相对较快地与原先的欧盟 15 国实现了趋同,尤其是在民主质量、法治、政府问责和福利政策方面。它们更加富裕,贫困较少,收入分配更加平均。它们成功地吸引了最多的外来直接投资。中欧国家将其 GDP 的大部分用于社会福利,提供了发达福利国家所期望的全部范围的福利和服务。它们的公民受教育水平较高,更加健康,寿命也较长。按照多个社会标准来衡量,这些国家中有几个都大大超过欧盟的平均水平。

相比之下,巴尔干国家——包括 2007 年加入欧盟的保加利亚和罗马尼亚——并没有给人留下深刻的印象。再进一步向东看,通常被用来衡量社会与经济福利的大多数指标迅速恶化。此外,根据自由之家对公民权利和政治自由的评级,在苏联阵营的 4 个传统的次地区,在几乎每一项经济、政治和社会指标方面，其差异在过去10年基本保持不变。

解释成功的后共产主义变革

后共产主义变革的不同模式已经在社会科学工作者中进行了广泛的辩论。为什么改革派和反对派能在一些国家而不是另外一些国家赢得最初的选举？为什么所有中欧国家都选择了议会民主制，而所有更加靠东的国家却更喜欢总统制？一些解释强调地理位置、深远的历史先决条件以及与西方保持密切关系的亲和力。这对我们有关可能被其他地区借鉴的政策教训的思考构成了极大的限制。毕竟，改变一个国家的地理位置或历史并不是一项可行的选择。以下就是从后共产主义转型的具体经验中得到的教训。

首先，结构性因素和各种历史遗产以及先决条件十分重要。在转型之初，该地区最发达和最富裕的国家在今天是民主国家，俄罗斯除外。因而，我们不应该轻易地忽略有关民主先决条件方面的比较陈旧的社会科学文献。这些文献详细地考察了各种社会、文化和经济因素之间的关系以及民主成果的持久性。在很大程度上当代的困境并非如何走向民主。真正的问题在于民主建立以后如何阻止民主实践的变质，以及如何制止倒退到专制主义统治。

因为制度设计有其局限性，因而，显而易见的政策策略是通过支持经济与社会发展以及文化现代化，并促进与西方的密切关系来形成适宜于建立民主制度的条件。长期目标是改善民主环境，使民主深入人心。如果民主的各种经济、社会和文化先决条件很重要，那么，我们就需要忽略寻找短期的制度解决办法，而注重长期的政策策略。促进民主的核心应当是提倡和改善教育与学术交流、信息的流动、文化交流、经济发展、公民社会建设以及旅游。不应该忘记冷战的经验。当时，各种政策的目标是支持人权，同时，提倡西方价值观、知识与信息自由流动。

第二，虽然制度选择可能是次要的，并且取决于一国的宪法传统，但这并不意味着制度设计应该被忽视。波黑提供了一个应当加以避免的教训。其制度体系由一个国家、两个自治实体、三个民族和五级治理组成。这造成了世界上人均最高数量的总统、总理和部长。从1995年到2003年，51亿美元的外援被用于维护这一体制。这就是制度设计出现差错、业绩平平的例子。从后共产主义世界成功的民主化案例中得到的总的教训就是，促进政治和经济权力的分散以及把各种行为者纳入决策过程中的制度对巩固民主最为有利。但是，制定过于雄心勃勃的目标是自毁长城。确保实现多种善意的成果的努力不仅造成了不必要的和令人困惑的复杂性，而且其效果可能会适得其反，从而加重各种集团之间的隔阂，不利于合作。

第三，与西方地理上的接近、文化上的联系以及历史上的友好关系很重要。在一个民主国家林立的地区，巩固民主比较容易。而在一个非民主的环境中，维持民主则难以为继。与发达国家接壤或者相邻也是有帮助的，就像在全球经济体系中处于不太边缘化的位置一样。因而，地理位置十分重要。虽然地理位置是固定的，但国际关系是灵活的。显然，最成功的后共产主义国家与欧盟建立了最为密切的关系，受益于欧洲的援助和监管、制度与知识的转移、外国投资，最重要的是加入欧盟的实际前景，以此作为实行全面的政治和经济改革的激励。由欧盟提供的好处和制约因素影响了国内政治竞争的性质，为改革者扩展了机会。虽然欧盟的扩张进程可能已经完成，而且不可能在别的背景下复制，但是，通过各种政治和经济工具以及长期的承诺来全力支持民主变革非常重要。二战后在西欧重启民主化的马歇尔计划和在后共产主义时期欧盟的扩张进程都是坚持长期承诺的出色案例。虽然共同的边界对于成功地利用这种工具并非必需的，但是，相互信任、文化上的亲和力和有意义的激励因素至关重要。即使如此，外来行为者的有效性始终都存在局限。

第四，以前拥有民主的经验是有益的。大多数成功的东欧民主国家过去就经历过短暂的民主时期，但没有成功地建立和维持民主制度。事实上，过去维护民主的这种失败可能有利于未来的民主巩固。西欧建立民主的进程持续了两个多世纪，经历了多次的失败和反复。

第五，过去，社会福利困扰着政权的转型。民主的失败往往是由于未能解决欠发达、贫困、失业和不平等等问题而造成的。因而，关注社会安全网和福利政策十分重要。成功的后共产主义国家保持了高水平的福利开支，实现了收入相对公平的分配，实施了积极的社会政策。事实上，中东欧国家成功转型的最显著的特色之一就是事先承诺迅速进行福利改革和社会补偿，从而部分地保护了弱势群体，如领取养老金者以及经历产业调整的工人等。市场改革与民主化相结合的成功转型有赖于对转型中潜在的或实际遭受损失者所经历的冲击起缓冲作用的政策。欧洲广泛的社会权利和福利保障的传统显然对后共产主义国家的政策设计产生了有益的影响。这些国家立即采取了自由民主的轨道，并以加入欧盟为目标。设计适当的福利政策有利于克服这些国家的弱势群体对以市场为基础的经济改革的反对，从而减少了民粹主义的吸引力。

第六，巩固的民主、卓有成效的国家和法治是相辅相成的。后共产主义的经验表明，一个高效和负责任的国家——不受政治竞争干扰的职业官僚、强有力的反腐政策以及独立的司法机构与监管机构——是十分重要的。成功的中东欧国家对公共行政部门和职业公务员队伍进行了深入的改革，增强了国家能力，建立了问责型的官僚机构。支持国家建设、提高效率和加强问责也许是加入欧盟进程中最重要的方面。因而，民主建设本质上必然地与国家建设联系在一起。

二十年之后：新的挑战

即使在最佳条件下，民主建设也是困难的和不确定的。历史经验表明，失败比成功更常见，即使是在自由民主制没有什么对手的时候也是如此。虽然1989年之后的变革经常被看做是成功的民主化的典范，但是，自由民主只是在少数几个后共产主义国家深入人心。20年之后，摆脱共产主义的28个国家显然各不相同，并面临着不同的挑战。其建立自由的政治与经济制度的决心也是参差不齐的。

新的欧盟成员国和少数几个剩余的候选成员国看来牢固地建立在欧洲的自由主义传统的基础之上，具有多元主义的经济与政治结构以及随之而来的政治实践。尽管在转型初期和最近的金融危机期间遭遇到严重的经济困难和经济改革的高昂成本，但是，在这些国家，无论是在精英阶层还是在普通民众当中，支持民主和实行经济改革的决心仍然相对高涨。

其他后共产主义国家正变成巩固的、竞争性的专制主义政权，急于控制经济资源，限制自由，利用支持其政策并可能被动员起来反对亲自由主义的力量和运动来拓展公共空间。俄式"普京主义"已经不仅成为既定的政治实践，而且逐渐成为一种将"可控"民主与国家资本主义相结合的条理清晰的政治纲领。因此，自由主义的政治计划的替代选择不仅正在亚洲，而且也在东欧出现。

正在蔓延的主权债务危机正对欧洲的边缘经济体产生不利影响。一些专家预测，民众的不满情绪将不断高涨，有可能挑战这些新生民主国家的稳定，民粹主义和极端主义将会抬头。这场危机有可能会终结欧盟任何进一步的扩张政策，除克罗地亚外，也许其他一些巴尔干小国将终结有史以来所发明的民主建设最有效的机制。这可能会使西方的自由主义模式对于正在专制主义与民主主义之间寻找平衡的国家来说越来越没有吸引力。专制主义的统治者可能会欢迎不自由的政策作为他们所认为的西方病症的一种合理的替代选择。

译者单位：中央编译局全球治理与发展战略研究中心

历史之窗

反思苏联解体的国际影响

冯玉军

苏联解体是世界历史发展和当代国际体系变迁过程中的重大历史性事件，对于人类社会的发展有着深远而重大的影响。苏联解体已经过去了整整20个年头，它的国际影响有的已经充分展现，有的尚难为人察觉。在国际权力结构和运行机制经历深刻变化的今天，总结苏联解体的国际影响，对于我们有着重要的意义。

一、对俄罗斯而言，苏联解体是其国家发展历程中的一次重要挫折，新的民族认同与国家身份的构建需要一段不短的时间，而这将成为影响其周边地区和国际环境变化的一个重要变量。

苏联解体造成了自莫斯科公国对外扩张以来俄罗斯历史上最大的逆向地缘政治变动，俄罗斯的地缘政治环境发生了重大变化。首先，俄罗斯自身遭受严重削弱，它作为一个地缘政治实体在世界地缘政治版图中的地位明显下降。其次，俄地缘战略空间大幅缩小，出海通道也受到钳制。第三，由于统一的联盟国家分裂，俄罗斯周边出现了一系列独立国家，历史矛盾、领土争议、民族纠纷和宗教冲突使俄罗斯的周边地缘政治环境处于非常不稳定的状态。更重要的是，苏联解体使俄罗斯的国家发展方向面临前所未有的困境，尽管过去了20年的时间，但俄国内关于国家身份和未来发展走向的争论仍未终结：是依赖广袤的领土和丰富的自然资源维系"粗放型"增长还是在充分发挥科技进步和人力资源潜力的基础上实现创新发展？是固守资本与权力密切结合的寡头专政体系还是建设一个充满生机与活力的公民社会？与前两者密切相关的是，俄罗斯究竟是重新崛起为一个"帝国"还是成为一个正常的民族国家？可以说，发展的"路标"尚未最终明确，这仍然在困扰着俄罗斯，它不仅体现了梅德韦杰夫和普京之间治国理念的根本性分歧，更影响着俄罗斯的对外政策，决定着其今后在国际政治、世界经济中发挥怎样的作用。这也是国际社会如此关注俄罗斯战略走向的根本原因。

二、苏联解体加速了原苏东社会主义国家的转型进程，20 年的转型实践充分证明，社会转型是一个复杂的社会系统工程，没有一帆风顺的单行道，也不存在可以简单模仿便可成功的模板。

苏联解体之初，俄罗斯的政治精英为本国公众描绘了一幅以西方价值观念为导向的美好前景：从高度集中的计划经济体制经由休克疗法向市场经济的过渡、从高度集权的政治体制经由实行"三权分立"向"民主制度"的发展、从社会功能发育不全经由培育中产阶级向"公民社会"的发展，将使俄罗斯在很短的时间内实现经济繁荣、政治民主、社会公正和国家强盛。但 20 年的转轨实践并未实现这些政治精英们的美好预期，改革之初确定的目标已经扭曲，历史的合力使俄罗斯的社会发展进入一个长期的痛苦转轨进程。新俄罗斯政治体制建设的总体趋势是由苏联时期的高度集权向"分权制"过渡。在联邦一级，立法、行政与司法"三权分立"，相互制衡；在联邦中央与联邦主体的关系上，强调联邦制原则，中央与地方权力划分。但"权力制衡"不是一个抽象原则，需要细致周密的制度设计和有条不紊的贯彻落实。而新俄罗斯在政治制度创新实践中却再次体现出"激进激烈"的民族特性，制度漏洞不少，权力危机频发。回顾叶利钦时期的俄罗斯政权体制建设，可以看到"双头政治"与"超级总统制"均不完善，导致政治斗争激烈，政局长期动荡。普京继任后，加强了垂直权力体系，一定程度上结束了政局混乱状态，建立起了一套"可控民主"的制度。但权力重新集中、政权党的坐大又导致社会政治参与的弱化和公民的政治冷漠，许多学者认为如果普京重回总统宝座，可能导致俄罗斯重蹈勃列日涅夫时期长期"停滞"的覆辙。激进经济改革的倡导者们曾认为，产权制度改革是突破既有经济体制的捷径，迅速、大规模的"私有化"是在500天内建立"自由市场经济"的"不二法门"。但实践表明，俄罗斯的私有化进程严重扭曲，经济转轨是在法律真空中进行的，这为部分官僚和"红色企业家"借机掠夺国有资产、进行个人原始积累提供了条件。"私有化"成了"强盗经济"和"影子经济"的代名词，通过掠夺国有资产形成的金融工业资本操纵了国家的政治、经济命脉。普京时期打击寡头、建立国有企业航母的思路尽管一度使俄罗斯经济实现了8年的高速恢复性增长，但2008年的金融危机表明，这套"国家资本主义"的发展模式千疮百孔，难以使俄罗斯实现可持续发展。更为重要的是，转型不是可以在实验室里封闭完成的物理性实验，而是牵涉到亿万人利益与命运的社会进程。在转型过程中进行的利益重新分配、社会结构调整会形成新的利益集团，也可能引发新的社会冲突。因而，如何确保利益的重新分配符合绝大多数公民的利益，引导社会结构的变化向"两头小、中间大"的方向发展从而避免两极分化，是保证社会转型进程平稳、避免大规模社会冲突的世界性课题。

三、就欧亚地缘政治而言，苏联解体导致新的地缘政治真空的出现，而围绕这一真空的地缘政治角逐20年来从未停息，欧亚核心地带的走向决定着欧亚大陆的未来前景。

两极体制崩溃以来，欧亚地区的地缘政治结构发生重要变化，新独立国家的出现、领土边界争端、宗教矛盾、极端民族主义、发展困境、强权干涉等各种矛盾相互结合作用，成为引发冲突的根源，也酝酿着难以预见的危险。而随着地缘关系的重构，非传统安全问题更加凸显。因而布热津斯基等西方战略家将欧亚核心区称为"不稳定弧形地带"，并划出三条"危机弧"：第一条从波罗的海经中欧到巴尔干，是历史上有名的"火药桶"；第二条是沿中亚、阿富汗、伊朗、土耳其经中东直到阿尔及利亚、苏丹的"伊斯兰教新月形地带"；第三条位于印巴边界地区。可见，该地区是世界地缘政治格局的焦点，其走向影响着欧亚大陆乃至世界格局的稳定。可以说，如何化解由于地缘要素结构变化引发的剧烈动荡，直接关系到欧亚大陆新地缘构造的稳定和发展方向，是这一地区所有国家共同面临的任务。在这方面,存在着两种截然不同的解决方案,一是以北约东扩为代表的政治—军事同盟的地域扩大和功能扩展,一是以上海合作组织为代表的多边睦邻友好合作机制的发展。从现实而言,这两个机制都存在着不足之处,前者更多地体现了冷战时代的集团政治,而后者面临着如何将"上海精神"真正贯彻于实践的考验,仍需在确保欧亚地区稳定、促进欧亚经济发展、推动多元文化交流方面做出诸多努力。

四、就世界经济而言,苏联解体和社会主义阵营的瓦解结束了冷战时期"两个平行市场"并存的局面,使经济全球化进程以前所未有的广度和深度席卷世界,在促进世界资源、资本、技术和人才得以更合理配置的同时,加剧了全球的不平衡发展,给人类带来新的风险与挑战。

冷战时期,两个阵营之间的对抗也导致了"两个平行市场"的存在,尽管随着20世纪60年代东西方关系的缓和,两个平行市场之间的经济交往也日益扩大,但"经互会"的存在毫无疑问地占据了世界经济的半壁江山。这一方面导致了资本、技术、商品和人员难以形成真正意义上的全球性流动,另一方面则促使两个体系之间始终在进行着激烈的竞争,而这种竞争促使资本主义体系不断的修正错误,以避免被社会主义体系所战胜。但苏东剧变使西方资本主义体系在很大程度上丧失了自己的参照系和竞争对手,一方面世界经贸组织、国际货币基金组织和世界银行等迅速扩展,极大地加速了全球经济一体化进程,另一方面垄断资本主义的顽疾在失去抗体的情况下迅速漫延,华尔街的贪婪和狂妄一再将世界经济拖入危机的泥潭。

五、就世界思潮而言,苏联解体曾使一些西方人士醉心于"历史的终结"、相信自由资本主义的最终胜利,但事实证明,"华盛顿共识"并非人类社会发展的顶点。

特别是金融危机重创了美国式资本主义的信誉和全球主导地位。未来10年,新兴市场和低收入国家将进一步改革自己的经济政策方针,利用与自由市场模式相关的灵活性和效率,增强国内政策应对竞争压力和全球经济创伤的能力。这些国家将不再过分推崇资本的自由流动,而更关心构建社会保障网络,更积极地支持国内工业,并通过改革提高政府部门效率。因此,世界多极化进程不仅牵扯到经济和政治权力,还事关各种思想与模式在全球范围的竞争。西方,尤其是美国不再被看做有关社会政策创新思维的唯一中心,新兴市场在创新发展模式方面的声音与思想正日益受到重视。就连弗朗西斯·福山也不得不认为,"中国模式与众不同,其政治体制最重要的优点是能够迅速做出众多复杂的决定,而且决策效果不错。而过去十年,华盛顿外交、经济等政策出错,美国模式变得两极分化和思想僵化。如果政府内部分裂且无力治理国家,那么它对任何人来说都不是什么好模式。"

六、对中国而言,苏联解体的影响是深远而多方位的。

在国家安全领域,苏联解体使中国解除了曾长期面临的最大国家安全威胁,中国的周边安全环境很大程度地得以改善,中国国家战略的重心不必再放在应对可能的大规模武装入侵,从而可以基本放在以经济建设为中心的国家现代化进程上来;在国家关系上,苏联解体加速了之前已经开启的中苏关系正常化进程,改变了近代以来中俄两国国力对比的巨大悬殊,两国关系中不再有"老大哥"和"小兄弟"的差别,两国终于可以在平等和相互尊重的基础上发展关系了。更重要的是,中俄两国的领导人和民众认识到了中俄关系的经验教训,致力于发展睦邻友好的战略协作伙伴关系,两国关系达到了300年以来最正常的状态;在地缘经济领域,苏联解体使中亚五国、外高加索三国等原苏联加盟共和国成为独立国家,为中国发展与其的关系、拓展与欧亚国家的经济合作提供了空间;在国家发展战略和思想文化领域,苏联解体反证了改革、开放、发展、创新的重要性和紧迫性,为中国的长远发展提供了一个重要的参照。当然,目前国内对于苏联解体的认识还存在很大的分歧,但这从另外一个角度证明了反思苏联解体教训及其国际影响的重要性。

作者单位:中国现代国际关系研究院

在俄国历史中理解历史俄国

庞大鹏

一、关于斯拉夫文明

罗斯受洗以后，法兰克帝国和拜占庭帝国一直在斯拉夫国家中争夺影响。斯拉夫国家从两个不同的文化中心，即拉丁西方和拜占庭东方接受基督教，出现了彼此间不同的文化差异。1054 年随着东西教会分裂，斯拉夫文明被分为西方天主教和拜占庭东正教两个文明区。鞑靼蒙古的入侵给罗斯带来了亚洲文化，但是罗斯文化的主流仍然是拜占庭文化，而且由于斯拉夫文明属于自然分裂，导致罗斯文明的传统一直是反西方的。东北罗斯统一于莫斯科后，继续拒绝了西方文化的影响，这样，16 世纪文艺复兴便未能影响俄罗斯。

欧亚大陆的文明结构就像一个哑铃：一端是古中国文明和古印度文明，一端是古希腊文明和古罗马文明，而在欧亚大陆腹地上广大的草原民族，对古代东西方的交流与沟通起到了独特的纽带作用，他们保持着东西方文明的陆地联系，就像哑铃中间的把手。草原民族的文明使欧亚大陆文明形成了一个有机的整体。其中，西起伏尔加河，东至兴安岭，被称为"内亚"（Inner Asia）或"内欧亚"（Inner Eurasia）。从公元 400 年到 1400 年是由内亚民族驱动整个欧亚大陆变动的时期。在世界历史上内亚的独立势力结果如何？地理环境和自然经济是不是古代欧亚文化的实际决定力量？由中亚路线向海上路线的渐移对俄国文明的影响是什么？

斯拉夫国家接受基督教的顺序和方式不同，比如大摩拉维亚国是从法兰克帝国接受基督教，而罗斯受洗是988年从拜占庭帝国接受基督教。这直接导致后来波兰、捷克、斯洛伐克、斯洛文尼亚、克罗地亚等成为拉丁西方文化区，而俄罗斯、白俄罗斯、乌克兰等成为拜占庭东方文化区。拉丁西方文化区国家成为斯拉夫天主教国家，始终倾向于加强同西方国家的关系，因此，它们从历史上一直在进行西方化过程。而拜占庭东方文化区国家成为斯拉夫东正教国家，拜占庭化的过程是与反西方化相辅相成的，因为欧洲基督教分裂为西方和拜占庭两个文明区后本来就互相争斗，斯拉夫国家分别受这两个文化区影响，自然也就在文化上分裂。

从某种意义上看，现代欧洲由三个主体构成——欧盟、俄罗斯和土耳其。亨廷顿认为土耳其是一个被撕裂的国家，即民主化未能脱胎于其文明母体，也就是说基督教文明与伊斯兰文明不相容。俄罗斯的欧洲情结这么强烈，但又具有拜占庭文化传统，是不是也是一个无所适从的国家？

二、关于俄国与西方

俄罗斯是否属于欧洲的问题至少可以追溯到500年前。诺曼·戴维斯在《欧洲史》中提到："500多年来，定义欧洲的核心问题在于是否将俄罗斯包含在内。"叶卡捷琳娜二世在1767年宣布俄罗斯是欧洲国家。陈乐民先生认为，"欧洲"作为一个整体的观念在中世纪已经存在。虽然近代欧洲有民族国家兴起的时代，似乎欧洲在"分"，但欧洲作为一个整体的观念更加深入人心。宗教（基督教）、制度（罗马教会）、语言（拉丁文）等文化功能在中世纪的欧洲达到了一元性，万物归宗，基督教是这个三位一体的核心。基督教在中世纪成为欧洲的集体认同后一直深深影响着欧洲。文艺复兴、宗教改革与民族国家兴起被认为是中古基督教的近代化，是广义层面的欧洲共同经历与趋势。文艺复兴并不否定宗教，而是促进了宗教的人文化；民族国家也不否定宗教，而是使宗教民族化了。欧洲民族国家的民族认同并没有消除欧洲观念认同。基督教普世主义等思想深深扎根欧洲。

但是，欧洲哲学的轨迹在俄国从来没被俄精英复制或者内在化。在俄国作家们一次又一次谈论俄罗斯性格与俄罗斯灵魂中,俄国自我形象的中心预设被不断强化:俄罗斯缺乏防御能力,对外扩张不是一种殖民主义。俄罗斯的国家身份认定,或者说俄罗斯的自我国际定位,从历史上就与帝国意识紧紧捆绑。这种自我意识在本质上缺乏对他者文化的尊重。这是当今俄罗斯如何融入世界的关键问题。与此同时,从转型学的层面来看,后发展国家要在短时间内接受西方几百年锤炼完成的成熟民主形式,缺少的因子很多,如果说必须要完成从传统向现代的转型,那么需要完成哪些构建因素才能避免出现消化不良?即使都具备了这些因素,又如何排列组合才能实现平稳转型呢?

三、关于帝国意识

从862年开始,俄国只经历了两个王朝:留里克王朝和罗曼诺夫王朝。留里克王朝还是因为1598年最后一位沙皇死后绝嗣,无人承继大统才导致王朝变更,而在罗曼诺夫王朝之前还出现过伪沙皇。从862年到1917年,一千多年间俄罗斯总共经历了两个王朝,这对俄罗斯政治文化和传统有什么影响?按照霍布斯鲍姆的说法,俄罗斯是古老王朝暨宗教古老帝国中仅存于第一次世界大战战火下的硕果。

对于很多俄罗斯精英来说,俄罗斯不仅要成为欧亚国家,还应成为欧洲太平洋国家。当前在大国关系中,俄美关系要好于中美关系,中美矛盾超越俄美矛盾。俄罗斯的国际环境比中国要好。美国现处于外交内向型周期。这一时期美国对外战略的外向性会降低。2011年普京不失时机地提出了"欧亚联盟"思想,"欧亚联盟"是俄罗斯高层重大的战略决策。能否实现暂且不论,但这一思想提出本身就反映了苏联解体后,俄罗斯精英从未放弃对于重新控制原苏联地区战略空间的目标。欧亚联盟表面孜孜以求的经济利益背后隐藏着强烈的政治企图:整合独联体,以区域性帝国方式实现重新崛起。

四、关于民族国家

俄罗斯历史上的民族主义既是扩张性的又是防御性的,扩张性旨在把自己的民族身份强加给其他民族，防御性是获取自己的民族身份。在俄国人谋求与欧美强国平起平坐的背后隐藏着对中欧弱小民族有意识地视而不见。与欧亚联盟的战略企图紧密相连，当前俄罗斯精英阶层表现出一种"新民族主义"倾向。这种意识不同于俄历史上的民族主义：既不具扩张性也不具防御性，它突出强调俄历史上的伟大及其对现实的影响。本质上想把新民族主义对内打造成一种精神和新的意识形态，对外成为一种软实力，服务于俄快速的整体发展和强国战略。但是，这会是帝国意识的现代版吗？索洛维约夫早就指出，俄国注定要进行文明的选择，并由此而产生社会历史不稳定性这种危险。为了克服这种不稳定性，俄国往往需要超强的整合机制，它们要么以意识形态形式出现，要么以帝国的形式出现，目的都是为了战胜离心作用力。现在俄罗斯的新民族主义与欧亚联盟的结合，是俄罗斯发展前景中值得关注的趋势。

作者单位：中国社会科学院俄罗斯东欧中亚研究所

俄罗斯问题研究（2012）

苏联社会主义政治经济学与政权

列·德·希罗科罗德[①]著 郑异凡 译

苏联政治经济学是在俄国著名的经济学家被迫流放国外或者被强制驱逐出境的情况下开始形成的。几十年的时间里逐步积累起了国家经济科学的潜力，并在20世纪初展示出了非常的力量。如今遭受了无可弥补的损失。那些留在国内的社会科学家，包括经济理论家，则遭受当局不断实施的压制。俄联邦副教育人民委员、共产主义科学院主席团主席波克罗夫斯基为这种压制论证道，似乎是"政权转入无产阶级之手……而知识分子精神上却继续追随资产阶级，仍然倾心于其僵尸。"[②]波克罗夫斯基由此得出结论说，前一代学术的半腐烂的尸体正在阻挡青年学者的道路。[③]这位教育人民委员部的领导认为，这些青年学者应当效忠于苏维埃政权和马克思主义。至于非马克思主义科学，对它"只能有一种态度：我们必须予以揭露……"[④]

这种"揭露"照例以镇压结束，从十月革命开始一直到斯大林去世，都是如此。在这种情况下，生动的创造性思想死亡了。联共中央宣传鼓动部部长斯捷茨基1931年3月28日在共产主义科学院党组织会议上的报告中不得不承认：

[①] 列·德·希罗科罗德为俄罗斯圣彼得堡大学经济系教授。

[②] Покровский М. Н. Интеллигенция и социалистическая революция. // Покровский М. Н. Избранные произведения. Книга 4. М. 1967. С. 468.

[③] Покровский М. Н. Реформа высшей школы // Покровский М. Н. Там же. С. 461.

[④] Покровский М. Н. Академический центр Наркомпроса. // Там же. С. 477. Разрядка М. Н. Покровского.

"有些同志说'要我们怎么写？现在我们这里人们都害怕写东西，要知道，你写一本什么书，会把你搞得面目全非'。"① 少数得以出版的书也很少有学术价值。1934年共产主义科学院经济研究所副所长 P.E. 瓦伊斯贝尔克院士指出："学术工作中最坏的是用一些老生常谈和滥用引文来代替真正的科学分析。滥用引文成了许多著作的一种慢性病。"② 由于没完没了地开展反对诸如资产阶级经济学家、社会革命党人、孟什维克、"托洛茨基以及其他两面派"、"右倾叛教者"、"孟什维主义化的唯心主义者"、"机械论者"、"暗害分子"、"康德拉季耶夫分子"、"鲁宾分子"、"忘本的世界主义者"等的政治运动和思想运动，我国的科学失去了优秀的经济理论家。为了能够活下去，要么完全脱离学术工作（H.H. 沙波什尼科），要么完全更改学术专业，停止研究经济理论问题（E.E. 斯卢茨基），要么投入执政党领导发起的同"人民敌人"斗争的运动（皮里亚文）。在后一种场合，科学被意识形态所顶替，而学者则变成了党的宣传员。后一种社会学的"学者"在30年代中期人数众多，正是其中的一些人构成了那时苏联政治经济学的基本队伍。

社会主义政治经济学就是在我国经济学所处的这种艰难时刻开始形成的。值得注意的是，这一过程是按照上头的命令进行的，并非经济科学内部的发展逻辑使然。1936年初，联共中央通过关于政治经济学大纲和教科书的决定。其中谈到教授社会主义政治经济学的必要性。30年代中期之前，在"苏维埃经济理论"和"经济政策"（这门课在1933年取代了"苏维埃经济理论"，然而在理论和方法方面两者没有多少差别）的框架内研究了苏维埃经济。这纯粹是描述性的教程。它们给学生提供未经加工的说明国民经济某些部门发展的实际材料，经济政策的主要措施。那里实际上并没有理论，如果除去诸如"计划（苏维埃经济理论）或者无产阶级专政（经济政策）乃是苏维埃经济运动的规律"之类的议论。

---

① Стецкий А. О Комакадемии и научной работе // Вестник Коммунистической академии. 1931. № 2-3. С. 14.

② Вайсберг Р. Институт экономики Коммунистической академии // Проблемы экономики. 1934. № 4. С. 106.

经过对上述联共中央决定的讨论达成共识，经济政策教程"乃是经济措施史教程，而不是政治经济学教程。那种经常建立在部门观之上的经济政策教程，不能深入说明整个苏维埃经济制度发展的基本特点和规律性"。

然而，承认对苏联经济做政治经济学研究的必要性本身，远不足以赋予这种研究真正的理论性质。对苏联经济发展动力的唯意志论的观念仍然是占统治地位的意识形态基石，也是执政党所积极灌输的观念，是解决这一问题难以克服的障碍。这种观念也从苏维埃经济理论和经济政策的教程原封不动地转移到"社会主义政治经济学"上去。身处社会主义政治经济学初创阶段的 Б. 波里林强调："社会主义经济学的规律性是社会主义工农国家自己创造的。"①

在这种方法论基础上当然根本无法建立真正的科学。不是偶然的，常常有人抱怨社会主义政治经济学缺乏理论，这种怨言一直延续到伟大的卫国战争时期，这时候由于可以理解的原因经济理论的方法论问题被推到次要的地位。1937 年 4 月《布尔什维克》杂志的社论中指出："……我们的经济学杂志，例如《经济问题》，很少或者几乎不提理论问题。这些杂志不研究也不反映社会主义政治经济学问题。"②

这种状况当然不是偶然的。30 年代斯大林在发展马克思列宁主义的名义下创造了阶级斗争随着社会主义建设成就的增长而尖锐化的理论。其依据是列宁以及他自己的各种发明，尤其是上述理论。在建成社会主义基础之后正式承认阶级斗争必然尖锐化，是为了扩大大规模镇压，这以后已经几乎没有人来创立和发展社会主义政治经济学了——到 30 年代末有学识的经济学理论家已被消灭殆尽；至于青年学者，他们无法获得必要的理论修养，被党教育坏了，不能把理论同意识形态区分开来。

由执政党的政策造成的战前苏联经济科学的尖锐危机明显表现在以下事实上。1937 年经济研究所没有发表一项学术成果，甚至一本小册子，虽然计划中

---

① Борилин Б. О предмете политической экономии социализма и ее преподавании // Большевик. 1937. № 1. С. 22. С. 24.

② Большевик. 1937. №7. С. 7.

有 137 项。1937 年 3 月，苏联科学院主席团认为研究所的工作不及格。1938 年经济研究所共出版了两本小书。1940 年底《经济问题》杂志指出，"最近几年"经济学家的著作"几乎没有提出一个国民经济的大问题"。①

　　直到 1943 年斯大林才明白，露骨的唯意志论是同真正的科学不相容的，并且这正是社会主义政治经济学研究注定失败的原因之一。1943 年第 7—8 期《在马克思主义旗帜下》杂志的社论反映了斯大林对社会主义政治经济学的对象和任务有了新理解，其中写道："没有规律、没有合乎规律的发展的地方，也就没有科学的地位"，"一个社会，不论其形式如何，都是按照一定的基于客观必然性的规律发展的"。由此得出结论，存在客观的社会主义经济规律。不过斯大林立即作了重要的补充：这些规律是通过"人们的意识和意志"表现出来的，因此这是"被认识到的规律，被苏维埃国家自觉地运用和利用于社会主义建设的实践中的规律"。斯大林举的这种规律的例子就是"国家工业化和农业集体化"。

　　斯大林的上述补充意味着承认社会主义经济规律的客观性质只是表面上的，新观念的真正使命是赋予经济政策的重要方向以客观经济规律的地位，从而保持对这一政策的绝对正确的信念。

　　竭力赋予政治口号以科学的外衣的努力在斯大林的著作《苏联社会主义经济问题》中也可以清楚地看到。这种原罪在社会主义政治经济学中始终没有能够消除。在其存在的整个时期它一直在意识形态上帮助执政党，为其服务，这是它的主要职能。赫鲁晓夫时期苏联的主流经济学家们指出，"我国研究社会主义政治经济学方面的基本内容"是由"苏联进入开展共产主义社会的建设决定的"。②稍后他们承认，提出开展共产主义建设这样的目标纯属乌托邦。70 年代苏共宣布在苏联建设发达的社会主义社会。后来承认，这过急了。苏共第 27 次代表大会政治报告中说："……在我们这里广泛流传的看法是关于发达社会主义的提法

---

① Краткий курс истории ВКП (б) и экономическая наука // Проблемы экономики. 1940. № 11 - 12. С. 6, 7.

② Гатовский Л. Некоторые вопросы развития политической экономии социализма // Вопросы экономики. 1959. № 3. С. 4.

是针对将解决共产主义建设任务的道路和时间简单化的观念的。但以后对发达社会主义解释的着重点逐渐混乱了。往往把事情仅仅归结为确认成就。与此同时，把经济转入集约化轨道、劳动生产率的增长、改善居民供应、克服消极现象等许多迫切问题却没有给予应有的注意。这自觉不自觉地以特殊的方式为延缓解决业已成熟的任务做辩解。今天，在党宣布和实施加速社会经济发展的方针的时候，这种态度是不能容许的。"[1]

在所有这些场合党宣布了某种政治目标，这些目标后来又被认为是错误的，被遗忘了。而经济学家每一次都要论证其伟大和现实性，并研究达到目标的道路。稍后相关的著作也同样被遗忘了。

从以上所述可以得出结论，社会主义政治经济学是共产党首先为解决其意识形态任务而建立的（虽然不仅限于此）。而由于党的方针不断变化，即使被认为苏联大经济学家的著作也很快就过时了。现在只有其中的少数著作还可以用来解决迫切的经济问题。这是这样一些作者的著作，他们研究同部门经济相关的问题，或者探讨经济研究的专门方法，他们因此尽苏联时期最大之可能摆脱了政治和意识形态。社会主义政治经济学的肤浅性还与下述情况有关，即它总是把自己看做是取代当代世界经济思想的唯一选择，而当代世界经济思想被它看做是"资产阶级的"，因而只能予以谴责和批判。对革命前的多数俄罗斯经济学家的遗产也采取贬低或者公然敌视的态度。需要从苏联社会主义政治经济学可悲的经验中吸取教训，以克服当代俄国经济科学的落后状态。

译者单位：中央编译局俄罗斯研究中心

---

[1] Политический доклад Центрального комитета КПСС XXVII съезду Коммунистической партии Советского Союза // XXVII съезд Коммунистической партии Советского Союза. Стенографический отчет. М. 1986. С. 117.

历史之窗 ▶▶▶

勃列日涅夫时期政治体制倒退及其严重后果

陆南泉

我国史学界对勃列日涅夫时期与苏联兴亡关系的研究,远不如对斯大林、赫鲁晓夫与戈尔巴乔夫时期那么重视和深入,似乎这一时期与苏联社会主义兴亡关系不很密切。原因主要有两个。

首先,长期以来勃列日涅夫时期给人们的表象是稳定。一些人认为,勃列日涅夫时期的改革是苏联历史上最稳妥的改革。人们没有看到,这种稳定在勃列日涅夫执政的相当一个时期里意味着停滞,没有看到在这种稳定所掩盖下的当时苏联社会正在日益发展着的种种矛盾,从而忽略了这一时期在苏联社会主义兴亡过程中的重要性。之所以产生这种稳定的表象,与勃列日涅夫执政18年间苏联国内没有发生历史性重大事件有关,这个时期像一部平淡的历史剧,形不成高潮,不像斯大林时期那样,重大事件一个接一个,高潮迭起;也没有像赫鲁晓夫时期那样有过苏共二十大秘密报告,进行过工业与建筑业大改组和经济体制改革的理论大讨论,赫鲁晓夫作为苏联历史上第一个改革者,提出了超美口号和埋葬资本主义的豪言壮语;戈尔巴乔夫提出的改革新思维,"人道的、民主的社会主义","全人类的价值高于一切……人类的生存高于一切"等观点,成为学术界研究苏联社会主义兴亡问题的热点与争论的热门话题。

其次,1991年底苏联剧变后人们研究的重点放在世界上第一个社会主义国家苏联为什么亡了,要着力探索亡的深层原因。但在某个时期某些人更多看到的是勃列日涅夫是兴盛的标志,这主要指的是:从20世纪60年代下半期苏联经济保持了较快的发展速度,到了70年代初苏联战略核武器达到与美国持平的水平,苏联已成为一个能与美国平起平坐的超级大国。从经济实力来看已跃居世界第二位,仅次于美国。所以,在有些人看来,勃列日涅夫执政年代是"苏联综合国力最强大的鼎盛时期",因而在研究苏联衰亡问题时就容易忽略这个时期。苏联剧变后,当做为苏联继承国的俄罗斯国际地位大大下降时,有着大国情结与强烈民族主义的俄罗斯人,对苏联历史上曾为建立强国地位发挥了重要作用的领袖总有着怀念之情,这是勃列日涅夫在当今俄罗斯人中间保持较好声誉的原因。2006年列瓦达中心的民意调查显示,一半人认为勃列日涅夫在苏联历史上是个正面角色。但是,在学术界特别是在历史学家看来,勃列日涅夫执政时期是苏联最后走向垮台的罪魁祸首。面对这种巨大的反差,越来越多的有识之士认识到,必须对勃列日涅夫执政时期进行深入研究,分析这一时期稳定背后的真相,为稳定付出了什么代价,这种稳定是怎样一步一步转向停滞,最后走向衰亡的。

1964年10月14日,勃列日涅夫通过政变取代赫鲁晓夫上台执政,至1982年11月10日去世,共执政18年。勃列日涅夫执政时期的第一个五年计划(1966—1970年)经济情况较好,社会总产值比上个五年计划增长7.4%(1961—1965年增长6.5%)。这一时期,勃列日涅夫对改革持积极态度。也是在这一时期,勃列日涅夫站稳了脚跟。但从70年代上半年期开始,保守、僵化与停止改革趋势日益明显,后来实际上取消了改革。1971年苏共二十四大后,"改革"一词被弃用,而改用"完善"。俄罗斯学者说得好,这一改变是向"停滞"过渡的标志。

一、政治体制倒退的种种表现

经济体制的变化要求进行相应的政治体制改革,但勃列日涅夫在进行经济体制改革的过程中不仅没有触动政治体制,而且出现了不少倒退,这突出表现在以下几个方面。

(一)恢复并逐步加强党政集中领导体制。在勃列日涅夫时期特别在后期,党政不分、以党代政的情况日益严重。表面上各政治局委员对自己主管的领域负责,一切决策都由政治局作出,但实际上政治局作出决策,也往往是形式上的，主要还是由党的最高领导勃列日涅夫等少数几个人决定。特别是地位巩固与加强后，勃列日涅夫更是大权独揽。由于个人集权的加强，党内民主日益流于形式。

（二）个人崇拜盛行。个人集权、缺乏民主必然产生个人崇拜。1975—1977年3年内，勃列日涅夫由中将一跃而为苏联元帅，他拥有勋章与奖章200多枚，死后在送葬队列中为他捧胸章和奖章的军官有44人之多。如果翻开70年代中期的苏联报纸杂志，对勃列日涅夫令人作呕的颂扬言论到处可见。1976年底在为勃列日涅夫庆祝70诞辰时掀起了颂扬的高潮，《真理报》特辟7天的专栏。个人迷信是个人集权的必然产物，它反过来也为巩固与发展个人集权创造条件，相互促进。这样发展的结果是，勃列日涅夫时期的政治体制朝着高度集权方向一步一步迈进，一步一步深化，使斯大林时期形成的高度集权的政治体制变得"成熟"即更趋凝固化、僵化。这种"'成熟'在掩盖着、钝化着矛盾的同时，就已孕育着、潜伏着危机！"①

（三）干部领导职务终身制等体制的弊端日益严重。勃列日涅夫上台后恢复了曾被赫鲁晓夫废除了的干部任命制和领导职务终身制，这种倒退消极作用十分明显。第一，由于干部领导职务终身制，新生力量难以成长，难以在年富力强时进入重要的领导岗位。第二，干部领导职务终身制的一个必然结果是领导干部老化。第三，干部领导职务终身制、任命制产生的另一个严重弊端是不正之风盛行。勃列日涅夫时期，苏联高层领导人是否退休不取决于年龄与是否有才能，而是取决于与国家主要领导人的关系。

（四）"特权阶层"扩大化、稳定化和思想僵化。勃列日涅夫时期政治体制倒退使斯大林时期就存在的"特权阶层"进一步扩大与稳定，这一阶层的思想更趋僵化，这也成为阻碍整个体制改革的一个重要因素。斯大林时期与勃列日涅夫时期特权阶层的使命是不同的，斯大林时期"特权阶层"的主要使命是维护、巩固斯大林的体制模式；而勃列日涅夫时期是抵制各种实质性改革，维护现状，

---

① 宫达非主编：《中国著名学者苏联剧变新探》，北京：世界知识出版社1998年版，第294页。

使斯大林式的社会主义更加"成熟"。这也是这个时期体制改革停滞不前的一个重要因素。

二、政治领域倒退的严重后果

（一）成为改革的主要障碍。在苏联极权政治体制下，不进行政治体制改革，企图单一地进行经济体制改革是不可能取得实质性进展的，其结果只能是政治体制不可避免地对经济体制改革起制约作用。例如，由于不进行政治体制改革，官僚主义和官僚机构对改革的阻碍乃至破坏作用日益明显。"一个具有代表性的特征，这就是官僚主义、本位主义、机关专权和独断得到了史无前例的所谓双倍的泛滥。""几乎没有人对某件事真正承担责任。""官僚主义的管理机关膨胀到令人难以置信的规模。"[①] 据俄罗斯社会科学研究所提供的材料，这一时期苏联党政领导机构作出的决议得到执行的充其量不到1/10。纵观勃列日涅夫执政18年，不难发现，其改革一直是在因循守旧、求稳抑变的思想支配下进行的。

（二）重新斯大林化。勃列日涅夫时期重新斯大林主义化在各个领域都有反映，但最主要的内容还是表现在政治、经济体制的僵化和"成熟化"方面，即这一时期的体制的基本方面仍然是斯大林时期留下的传统体制模式。另外，我们说重新斯大林主义化，决不意味着勃列日涅夫时期与斯大林时期一模一样，而基本含义是指"要保持和重建斯大林时期的秩序和机制"。

（三）经济严重衰退。政治体制倒退使经济体制改革停滞不前，甚至导致严重的经济衰退。到勃列日涅夫去世的1982年，经济增长率已下降为3.3%。调查材料表明，在勃列日涅夫执政的三个五年计划时期，如果不考虑能源价格上涨和出售有害的酒精饮料，那国民收入没有增长。农业情况日益恶化，从1973年起苏联成为粮食净进口国，每年进口2500万至3000万吨。粗放经济增长方式与低效经济未能转变，经济结构更加畸形，抑制了人民生活水平的提高。

---

① ［俄］格·阿·阿尔巴托夫：《苏联政治内幕：知情者见证》，徐葵等译，北京：新华出版社1998年版，第301页。

历史之窗 >>>

勃列日涅夫执政的时期可概括为停滞时期,这是一个总体评价。勃列日涅夫执政18年,一方面耗尽了高度集权的动员型政治经济体制的潜力,另一方面又使苏联积聚了大量危机因素,导致国家政治生活和经济发展全面停滞,是苏联走进衰亡的时期。这一历史定位,抓住了这一时期的本质特点,找到了勃列日涅夫在苏联历史上的确切地位。勃列日涅夫时期以政治体制改革停滞乃至倒退为代价换取社会短暂的、积聚大量矛盾与问题的稳定,最后为苏联衰亡创造了条件,这个惨痛的教训值得总结与吸取。

作者单位:中国社会科学院俄罗斯东欧中亚研究所

苏联克格勃第五局

徐元宫

提起克格勃,世人并不陌生,知晓这是苏联的一个国家安全机构,是这一机构的全称苏联"国家安全委员会"的俄文缩写词"КГБ"的中文音译。这一机构比较庞大,能量无限,然而,由于其特殊性和高度保密性,在相当长的时间里,甚至时至今日,世人对它的深层次情况仍然缺乏比较详实而准确的了解和认识,比如,本文所要阐述的克格勃第五局的相关情况就鲜为人知。

克格勃第五局是什么时候成立的?

苏联克格勃第五局是什么时候成立的?国内有学者撰文认为是"1969年",遗憾的是,这一判断并没有注明其立论所依据的文献出处。笔者查阅了不少史料文献之后发现,克格勃第五局并非成立于1969年,而是成立于1967年。比如,曾经担任过俄罗斯政治周刊《新时代》和《消息报》副总编辑的Л.姆列钦在其专著《历届克格勃主席的命运》一书中指出:1967年5月19日,安德罗波夫被任命为克格勃主席,接替谢米恰斯内。一个月后,安德罗波夫给苏共中央呈交了一份报告,汇报了苏联国内种种反苏活动情况,认为这些活动旨在"建立地下反苏集团,为民族主义运动推波助澜,进一步活跃教徒和宗派主义者的反动活动"。他在报告中警告说:"由于受与我们格格不入的意识形态的影响,在一部分政治上不成熟的苏联公民中,尤其是知识分子和青年中间出现了不问政治和虚无主义的倾向,不仅显而易见的反苏分子,还有爱说政治大话和推崇民主的人都有可能利用这一点,唆使这些人去从事政治上有害的活动。"因此,他建议在中央和地方成立重点打击意识形态颠覆活动的机构。"1967年7月成立了克格勃第五局。首任局长是前苏共斯塔夫罗波尔边疆区委员会书记,但是仅过去了一年多一点,负责人事工作的克格勃官员菲利普·杰尼索维奇·博布科夫就取代了他。博布科夫在该局工作了许多年,后来成为克格勃第一副主席。"①

Л.姆列钦上述关于克格勃第五局成立的时间和经过的论述,得到了其他一些俄罗斯学者研究成果的证实。比如,俄历史学家亚·舍维亚金在其专著《苏联灭亡之谜》一书中指出:"乌克兰共产党中央委员会第一书记、苏共中央委员会政治局委员谢列斯特证实:'1967年5月18日,我来到莫斯科参加政治局会议……通过决议——解除谢米恰斯内同志所担任的职务,工作另行安排。勃列日涅夫当时就提出建议:任命Ю.В.安德罗波夫同志为克格勃主席。谢米恰斯内于5月23日回到了基辅。'可以肯定地说,安德罗波夫到克格勃就职并非偶然,而是提前就已经知道这个任命一定能得到落实。从一开始他就有一个非常明确的行动计划,因为他走马上任伊始所做的第一件事就是重建臭名昭著的思想五局。(之前有一个……苏联部长会议国家安全委员会思想四局,与反苏维埃地下活动、民族主义组织以及敌对分子作斗争。自1957年3月15日起由叶普盖尼·皮托夫拉诺夫少将主持工作。1960年4月5日起该局职权转归第二管理总局。)7月3日,安德罗波夫向中央委员会递交了一份报告。7月17日被认为是五局的'诞生日'。克格勃7月25日发布命令。8月4日,任命斯塔夫罗波尔边疆区区委书记A.卡德舍夫为五局局长,此人于1968年12月离职。1969年5月23日任命博布科夫出任五局局长。"②

俄罗斯学者A.C.斯梅卡林在其发表于俄《历史问题》杂志2011年第8期上的《意识形态控制与苏联克格勃第五局(1967—1989年)》一文中也认为:"1967年7月25日苏联国家安全委员会第0096号命令是第五局成立的根据。这

---

① Л.姆列钦:《历届克格勃主席的命运》,北京:新华出版社2001年版,第628页。
② 亚·舍维亚金:《苏联灭亡之谜》,北京:东方出版社2011年版,第87页。

样,在克格勃系统内成立了意识形态反间谍机关。"①

苏联为什么设立克格勃第五局?

那么,为什么苏共领导人同意克格勃此时成立一个专司意识形态反间谍、反颠覆工作的第五局呢?多年担任克格勃第五局局长的菲利普·博布科夫的回忆录中记述的内容对此作了回答。在1967年5月安德罗波夫开始担任克格勃主席之后的一天晚上10点钟,安德罗波夫同博布科夫进行了第一次会谈,安德罗波夫提出让他出任新组建的意识形态反颠覆局第一副局长,同时还向他阐述了组建意识形态反颠覆局的目的和动机:"新组建的局不是秘密政治处的翻版","这个局是基于目前局势而建立的。现在敌人正在对我们发动一场强大的心理攻势,这一点你不能不承认,这是一场真正的意识形态战争,要解决的是谁胜谁负的问题。我们共产党人立场坚定,有决心巩固苏维埃国家,而我们的意识形态战线上的敌人殚精竭虑地破坏我们的国家。我们必须了解他们的工作计划和方法,掌握国内的形势,了解人们的情绪,这很重要。我们必须利用各种渠道,既要利用合法的机关、社会团体或者出版的信息,也要利用我们的特工机构,除了那些表面文章,还有秘密的手段,而我们的机关的作用是很重要的。"接着,他指出"新组建的局的最重要的任务,就是对政治局势进行深刻的分析,并作出尽可能准确的预测。新组建的局应该遏制源自国外的意识形态扩张,形成一张强有力的盾牌"。在这第一次会谈中,安德罗波夫还对博布科夫"谈到了他对该局领导人的任用意见"。博布科夫说:"不久之后,原斯塔夫罗波尔边疆区区党委负责宣传工作的书记卡德舍夫来到我们这里担任局长,而我就成了第一副局长"。②

克格勃第五局的机构设置及其职能

克格勃第五局的机构组成及其职能是怎样的?上文曾提及的Л.姆列钦在其

---

① А. С. Смыкалин, Идеологический контроль и Пятое управление КГБ СССР в 1967—1989 гг. Вопросы истории, №8/2011.

② 菲利普·博布科夫:《克格勃与政权》,北京:东方出版社2008年版,第179—182页。

历史之窗

专著《历届克格勃主席的命运》一书中,引述了一位"自1977年起就在第五局工作的亚历山大·尼古拉耶维奇·基奇欣"对他讲述的有关情况:第五局"有负责文艺界知识分子问题的处;我所在的国际关系处;大学生和无组织青年处,无组织青年是指朋克、嬉皮士以及我国最早出现的法西斯分子;宗教处,这是最大的处之一;侦查匿名作者和恐怖行动策划者处,这些人通常在正式行动前会匿名宣布自己的打算,向报社寄恐吓信;反犹太复国主义处,该处由局长亲自领导。还分出了一个独立的处,负责同索尔仁尼琴和萨哈罗夫这样的最著名的持不同政见者打交道。有一个同自由电台和人民劳动联盟作斗争的处。还有一个规模不大的处,负责处理与社会主义国家同行间的往来事宜"。这位基奇欣还对Л.姆列钦讲述了第五局的人员编制情况:他刚到第五局工作的时候,第五局"约有200人,这是克格勃总部机关中最小的一个局,其他局都有数千人。到1980年莫斯科奥运会开幕前夕我们局的人数增加到600人。所有的处都扩大了"。①

俄学者A. C. 斯梅卡林的文章所引证的资料印证了亚·尼·基奇欣讲述的情况:"与盛传的说法相反,第五总局不仅负责监视持不同政见者,而且还承担了很多其他方面的任务。"斯梅卡林认为,第五局的构成是:一处,负责文化交流渠道的反间谍工作,对外国人进行分析研究,负责创作协会、科研院所、文化和医疗卫生机构的反间谍工作;二处,负责跟克格勃第一总局协作拟定并实施针对帝国主义国家意识形态颠覆破坏活动中心的各项反间谍活动措施,遏制人民劳动联盟、民族主义者以及沙文主义分子的活动;三处,负责大学生交流渠道的反间谍工作,遏制青年大学生、高校教授和教师的敌对活动;四处,负责宗教界、犹太复国主义者以及教徒系统的反间谍工作,同时负责防范境外宗教势力和宗教中心的破坏活动;五处,负责在预防发生大规模群众性危害社会的活动方面给克格勃的地方机关提供切实帮助,侦查匿名反苏作品和传单的作者,检查恐怖活动的预兆和信号;六处,负责总结和分析敌人在实施意识形态颠覆破坏活动方面的情况资料,在拟定可行性计划以及情报工作方面拿出具体措施;1969年8月成立了

---

① Л. 姆列钦:《历届克格勃主席的命运》,北京:新华出版社2001年版,第629页。

七处,其职能是"揪出并检查出于反苏目的企图使用炸药和爆炸装置的人"。原属五处的职能:侦查匿名反苏作品和传单的作者,检查恐怖活动的预兆和信号,对相关人员进行分析研究,以及对克格勃地方机关的此类分析研究活动进行监督等职能被转交给了七处。对国家领导人的任何口头恐吓和书面威胁都可以视做恐怖活动。针对地方领导人的恐吓和威胁,则由克格勃的地方机关查处。1973年7月,成立了八处,负责"揪出并遏制搞破坏活动的犹太复国主义中心的意识形态颠覆活动";1974年5月成立了九处,其职能是"对被怀疑参与了有组织的反苏活动的人(民族主义者、教徒、信徒除外)进行最重要的甄别和分析研究"。该处还负责遏制印制并传播反苏材料的那些人的敌对活动,为查获境外修正主义中心在苏联领土上进行的各类反苏活动而开展各项间谍业务工作。同时成立的十处,负责跟克格勃第一总局协作,开展针对帝国主义国家和境外反苏组织(乌克兰和波罗的海沿岸民族主义者的敌对组织除外)的意识形态颠覆破坏活动中心的反间谍活动。十一处成立于1977年6月,其职能是"为粉碎敌人和敌对分子在莫斯科夏季奥运会的准备和进行期间的各种破坏活动而开展肃反工作"。但是,在奥运会闭幕后,该处并没有撤销,它被责成对体育界、医疗卫生界和科研机构进行监视。为了同社会主义各国安全机关的活动协调一致,成立了第十二组(享有处的权利)。成立于1982年2月的十三处,其任务标注得有些模糊:"查出并遏制具有如下倾向:即演变成有利于敌人开展针对苏联的意识形态颠覆破坏活动的政治上的敌对组织倾向的活动。"实际上,这里指的是非正式的青年运动——1980年代初如雨后春笋般涌现出来的新奇的花样滑冰手、神秘论者等。该处之所以会成立,是克格勃对青年人从共青团的监控下摆脱出来的一种反应。苏维埃社会主义共和国联盟新闻工作者协会,以及大众媒体和社会政治组织的工作人员,则由成立于1982年2月的十四处负责监视。成立于1983年11月的十五处负责对一些重要公司的所有子公司及所有工程项目开展反间谍工作。①

---

① А. С. Смыкалин, Идеологический контроль и Пятое управление КГБ СССР в 1967—1989 гг. Вопросы истории,№8/ 2011.

由于苏联国内所发生的变化以及对刑法进行了修改，1989年夏天通过了撤销第五局并成立苏联克格勃"捍卫苏联立宪政体"局（简称"3"局）的决议。8月29日，发布了克格勃主席第00124号命令，撤销第五局，成立"3"局。

克格勃第五局对苏联社会的影响

克格勃第五局的工作对象主要是苏联国内公民，并且聚焦于知识分子、青年大学生以及宗教界人士等阶层和群体。《历届克格勃主席的命运》一书中基奇欣的讲述证明了这一点："在国家安全委员会中，第五局最了解社会形势。情报局负责研究国外的情况，反间谍局在较大程度上侧重的也是外国人，只有我们承担了全部的繁琐工作，研究社会情绪和动向。我们不是坐在车子里面去了解生活，也不是通过外国的报纸了解生活。我们相信，我们对社会中的一些动态、进程的分析是国家领导人所必需的，能够对其作出正确决定或者修改什么起到帮助作用。"[①] 为了有效地开展工作，克格勃第五局还在社会各阶层物色、发展了大量的谍报人员。

克格勃，直接效力、听命于苏联共产党及其最高领导人，多年担任克格勃第五局局长的菲利普·博布科夫在其回忆录中的多处表述揭示了这一点："党中央领导人对待知识分子的错误态度给我们的国家造成了巨大损害，他们往往要干涉知识分子的创作过程，干涉文学和艺术的创作问题，其实他们对这些问题往往一无所知"，"安德罗波夫在致政治局的报告中也曾提到过这个问题，但是得到的回答是，国家安全机关无权处理这一类问题"。"无论是从前还是今天，很多像萨哈罗夫这样的科学家的命运，并不是取决于克格勃，这个问题是由更高领导层决定的。"不过，与此同时他也承认："在对待萨哈罗夫的问题上，从70年代开始，克格勃并没有起到好的作用。"[②]

作者单位：中央编译局俄罗斯研究中心

[①] Л.姆列钦：《历届克格勃主席的命运》，北京：新华出版社2001年版，第630页。
[②] 菲利普·博布科夫：《克格勃与政权》，北京：东方出版社2008年版，第243、266页。

二战后苏联的全国性反犹运动

徐元宫

二战后,苏联掀起了一场全国性反犹运动,千千万万犹太人在这场运动中遭受迫害。是什么因素导致了这场全国性反犹运动,这场全国性反犹运动对苏联社会生活又产生了怎样的影响?

二战后苏联掀起全国性反犹运动

在苏联,生活着为数不少的犹太人。早在20世纪20年代,苏联国内就曾有人提出过一种方案,设想在乌克兰、克里米亚或远东某地为犹太人划出一块集中居住区。由于各种因素,这一方案未能付诸实施。1941年6月22日纳粹德国入侵苏联。众所周知,纳粹德国对犹太人的迫害特别残酷。战争爆发后,在苏联出现了一个合法的犹太人组织——反法西斯委员会。在战争时期,该委员会在联系苏联国内外犹太人团体,凝聚苏联国内外犹太人力量,以及同西方媒体合作积极宣传苏联军民英勇抗击法西斯军队的英雄壮举等方面做了大量工作。

1944年乌克兰解放时,犹太人反法西斯委员会的几位领导人重提20年代曾有人提出过的方案,主张在克里米亚建立一个俄罗斯苏维埃联邦社会主义共和国属下的犹太人自治区域,并且将这一主张写信呈报给了斯大林本人。这一主张引起了斯大林的异常警觉,赫鲁晓夫在其回忆录中详细描述了斯大林获悉这一主张之后的反应:"这是美国犹太复国主义所采取的行动;这个委员会的成员就是犹太复国主义的代理人,他们企图在克里米亚建立自己的国家,使之脱离苏联,在那里建立起美帝国主义的代理机构。"①

---

① 《赫鲁晓夫回忆录》(第2卷),北京:社会科学文献出版社2006年版,第985页。

解密档案文件表明，正是在斯大林的直接指示下，战后苏联揭开了全国性反犹太人运动的序幕——犹太人反法西斯委员会领导人之一、苏联国家犹太剧院艺术指导、苏联人民演员米霍埃尔斯被暗害。有关米霍埃尔斯被暗害的情况，俄罗斯联邦总统档案馆收藏着一封斯大林去世之后1953年4月2日贝利亚写给马林科夫的信，贝利亚在信中详述了米霍埃尔斯的被害经过：原苏联国家安全部部长阿巴库莫夫在受审时交代说，"斯大林交给我一个紧急任务——尽快让苏联国家安全部工作人员策划铲除米霍埃尔斯一事，制造不幸事故的假象。"①斯大林在获悉米霍埃尔斯将要前往明斯克之后，指示阿巴库莫夫在明斯克制造一起交通事故。直接指挥杀害米霍埃尔斯行动的是阿巴库莫夫的副手 С. И. 奥戈利佐夫、国家安全部第二局局长 Ф. Г. 舒布尼亚科夫和白俄罗斯国家安全部长 Л. Ф. 察那瓦。

1948年底，犹太人反法西斯委员会被解散，它的参加者被指控"进行反苏民族主义活动，同国外犹太人反动组织保持联系并从事间谍活动"。1949年1月18日，老布尔什维克、前苏联新闻局局长、犹太人反法西斯委员会领导人之一洛佐夫斯基被开除出党，1月26日被逮捕。委员会的另一名领导人——莫洛托夫的夫人热姆丘任娜，也遭到了逮捕。

与此同时，一场全国性反犹运动在苏联展开。1949年1月28日，《真理报》发表了斯大林授意撰写的编辑部文章《关于一个反爱国主义的戏剧批评家集团》，从而掀起了一场全国范围内针对犹太人的政治批判。该文直接点了一批犹太文艺家的名，且特意逐一用括号注明了他们的犹太姓氏，使得这场批判运动的排犹性质昭然若揭。俄罗斯政论家列昂尼德·姆列钦在其专著中对这场全国性反犹太人运动作了这样的描述："清洗行动在全国范围内进行。把犹太人从科研部门、医院、国家机关、军队，从各地方清除了出去。"②著名历史学家罗伊·梅德韦杰夫也指出："斯大林到了晚年，几乎扔掉了种种意识形态的假面具，而把迫害犹太人公然作为国家政策的一部分。"③

---

① 列昂尼德·姆列钦：《历届克格勃主席的命运》，北京：新华出版社2001年版，第352页。
② 列昂尼德·姆列钦：《历届克格勃主席的命运》，北京：新华出版社2001年版，第360页。
③ 罗伊·梅德韦杰夫：《让历史来审判——论斯大林和斯大林主义》（下册），北京：东方出版社2005年版，第966页。

二战后苏联全国性反犹运动发生根源探密

俄罗斯历史学家瑙莫夫认为,导致二战后苏联全国性反犹运动发生的直接原因是美国报刊出现了有关斯大林家庭生活的报道。报道的内容是从哪里来的?这让斯大林满腹狐疑且异常暴怒,要求苏联国家安全部彻查。安全部找不到消息源头,就向斯大林汇报说,是斯大林死去妻子的亲人阿利卢耶夫一家人散布出去的,而这些消息又是通过犹太人反法西斯委员会传播出去的,因为该委员会在战争时期就经常向美国等西方媒体提供有关苏联国内各方面情况的材料和文章。1948年1月10日,国家安全部向斯大林呈交了一份材料,称全世界是通过米霍埃尔斯及其领导的犹太人反法西斯委员会了解到斯大林的家庭生活的情况的。于是,斯大林下令解决米霍埃尔斯问题。①

瑙莫夫的上述观点不无道理,不过,就笔者看来,暗杀事件以及随后的反犹运动发生的根本原因,是战后苏联所处的国际环境及其对苏联领导人的影响和作用。在苏联领导人看来,随着世界反法西斯战争的胜利,苏联的潜在敌人已发生了变化,变成了原先的盟国——美英等西方资本主义国家,斯大林在1946年2月9日的公开演讲中认定只要资本主义经济体系存在,战争就不可避免,他号召苏联人民准备迎接新的战争。随着与美英等国的分歧和矛盾愈益深刻,特别是冷战帷幕的徐徐开启,苏联领导人对美英等国的戒备、警惕和敌视愈加深重。正因为如此,当乌克兰获得解放之后,犹太人反法西斯委员会领导人建议在克里米亚建立犹太人自治区域时,斯大林的反应才会那么敏感而强烈。

赫鲁晓夫在其回忆录中也分析指出:"斯大林产生了关于间谍活动的想法,因为克里米亚是外国船只可以通行的海疆。他认为,从国防的角度出发,绝不能容许这种事情发生……然而,并没有正式的讨论和决定,逮捕便开始了。"②

---

① 列昂尼德·姆列钦:《历届克格勃主席的命运》,北京:新华出版社2001年版,第354页。
② 《赫鲁晓夫回忆录》(第2卷),北京:社会科学文献出版社2006年版,第986页。

二战后苏联全国性反犹运动对苏联社会生活产生的影响

二战后这场由苏联领导人发动的全国性反犹运动对苏联社会生活产生了重大的影响。

首先，是千千万万犹太人受到了直接迫害。1948年底，随着犹太人反法西斯委员会被解散，其成员被逮捕枪毙或者流放，一大批著名的犹太知识分子被捕。犹太人大多在苏联文化知识界供职，其中不少犹太知识分子还担任了本部门的重要职位，因而他们所受到的打击和迫害也特别严重。在这场运动的鼓噪声中不仅逮捕了大批犹太知识分子，而且关闭了几乎所有的犹太文化机构：犹太学校、剧院、报纸和杂志。

其次，加剧了民族歧视，激化了民族矛盾，加重了民族之间的紧张关系。随着反犹运动在苏联全国的开展，整个苏联社会充斥了对犹太人的歧视，对犹太人的限制措施增加了。比如，许多高等院校限制甚至停止招收犹太家庭出身的孩子，犹太人不能参加外交工作，他们逐渐被排挤出了法院和检察院机构（律师机构除外）。大部分高等学校、学术机构，甚至许多企业都对犹太人的录取和录用采取了限制措施。反对"世界主义"的斗争具有明显的反犹性质，在当时的日常政治用语中，"世界主义者"、"犹太复国主义者"、"犹太人"几乎就是同义语。①

第三，这场运动扭曲了人与人之间正常的社会交往关系。在当时反犹、排犹气氛笼罩下，密告、诬告犹太人有时会使仕途升迁比较顺利，于是密告、诬告犹太人事件连连发生。正如列·姆列钦所分析的那样："同'犹太复国主义者'和'世界主义者'的斗争是一件有利可图的事情。在暗中投下匿名信或公开发表反犹太人演说之后，一些岗位和职位腾了出来，成就功名的速度几乎和1937年一样快，那个时候枪毙了许多高级官员，从而为另一些人开辟了仕途。令所有这一

---

① 罗伊·梅德韦杰夫：《让历史来审判——论斯大林和斯大林主义》（下册），北京：东方出版社2005年版，第966页。

切成为可能的那种令人窒息的、涂炭生灵的氛围不仅仅打击了犹太人。"①

第四,一批忠诚于斯大林和苏联国家利益的苏联政治精英受到了排挤和打击。比如,对斯大林忠心耿耿的莫洛托夫就受到了这场运动的牵连,斯大林在1952年10月16日召开的苏共中央全会上指出:"莫洛托夫同志提出的将克里米亚转交给犹太人的建议有什么价值呢?这是莫洛托夫同志的一个不可宽恕的错误。他为什么要提出这样的建议?怎么可以容许这样做呢?莫洛托夫同志根据什么提出了这样的建议?我们已经有了一个犹太人自治区。难道这还不够……莫洛托夫同志不应该成为犹太人对我们苏联的克里米亚进行非法觊觎的辩护人。这是莫洛托夫同志的第二个政治错误。作为一名政治局委员,莫洛托夫同志的表现是错误的。因此,我们坚决反对他的凭空臆想的建议。""莫洛托夫同志十分尊重自己的夫人,以至于我们还来不及就这个或者那个重大政治问题作出政治局决议,热姆丘任娜同志很快就知晓了。结果是:好像有一根看不见的丝线将政治局同莫洛托夫的夫人及其朋友们联结在一起了。可是绝不能相信围聚在她身边的她的那帮朋友。"②斯大林将莫洛托夫等人赶出了权力核心层,在一定程度上消解了这一政权的凝聚力。

作者单位:中央编译局俄罗斯研究中心

---

① 列昂尼德·姆列钦:《历届克格勃主席的命运》,北京:新华出版社2001年版,第360—361页。
② "我们将把我们伟大事业的接力棒交到哪些人的手里?"——未公开发表的1952年10月16日斯大林在苏联共产党中央委员会全会上的讲话(根据 Л. Н. 叶夫列莫夫的笔记),参见《苏维埃俄罗斯报》2000年1月13日。

中央编译局俄罗斯研究中心简介

中共中央编译局俄罗斯研究中心于1999年11月3日正式成立，是中共中央编译局最早成立的局属非实体、非营利性的学术研究协调组织之一。创办人和第一任主任为原副局长李兴耕，第二任主任为局原秘书长张海滨，第三任主任为局秘书长杨金海，现任主任为徐向梅研究员。俄罗斯研究中心的日常事务最初由中央编译局世界社会主义研究所负责管理。2011年因机构调整，俄罗斯研究中心的日常事务转由世界发展战略研究部负责。现中心成员以世界发展战略研究部国际发展研究处同志为主，还吸收了本局马克思主义研究部、马列著作翻译部、中央文献翻译部和马列主义文献信息部从事相关问题研究和翻译的部分同志。

中心宗旨是依托和整合中共中央编译局俄罗斯问题研究及编译方面的力量，广泛联系国内外相关学术机构及研究人员，从事有关俄罗斯兼及中东欧和中亚历史与现状问题的研究，重点是当前俄罗斯政治、经济、社会领域中的重大现实问题及政党、思潮、流派的理论与实践，为中央决策机构服务。

中心成立以来主要开展了以下工作：

（一）国际国内学术交流

中俄经济社会发展比较论坛是由中共中央编译局和俄罗斯圣彼得堡大学联合创办的国际学术交流平台，合作具体事宜由我局俄罗斯研究中心负责协调和组织。目前论坛已经形成中俄双方的长期合作机制,从 2003 年至今已分别在中俄两国举办十一届国际会议,针对中俄两国社会、政治和经济发展的重要问题进行深入探讨。

第一届,2003 年 11 月在中央编译局举行,主题是:《市场经济与公民社会》;

第二届,2004 年 6 月在圣彼得堡大学举行,主题是:《市场经济与社会公正》;

第三届,2004 年 11 月在南京师范大学举行,主题是:《政治改革与社会稳定》;

第四届,2006 年 10 月在圣彼得堡大学举行,主题是:《俄中社会政治发展模式比较》;

第五届,2007 年 11 月在山东大学举行,主题是:《社会转型与政党的变迁》;

第六届,2008 年 10 月在圣彼得堡大学举行,主题是:《中俄社会分化及其政策有效性》;

第七届,2009 年 10 月在天津师范大学举行,主题是:《多民族国家民主政治建设中的政治稳定问题》;

第八届,2011 年 5 月在中央编译局举行,主题是:《民主与现代化——有关 21 世纪的挑战》新书发布会暨"多民族社会的民主制度"国际学术研讨会;

第九届,2011 年 11 月在圣彼得堡大学举行,主题是:《俄罗斯与中国现代化的比较分析》;

第十届,2012 年 10 月在中国青年政治学院举行,主题是:《全球化背景下的中俄青年问题》;

第十一届,2013 年 10 月在圣彼得堡大学举行,主题是:《社会发展与生态文明》。

参加论坛的包括中国、俄罗斯、美国、日本、德国等许多国家的知名学者,以及部分政界和社会人士。论坛在国内外产生良好的社会影响。其中 2011 年 5 月的第八届论坛——《民主与现代化——有关 21 世纪的挑战》新书发布会暨"多民族社会的民主制度"国际学术研讨会，被作为重要学术事项在当年秋季的俄罗斯雅罗斯拉夫尔总统论坛上做了专题介绍。

此外我中心还独立或与国内其他学术单位联合举办了多次学术研讨会，针对苏联历史问题、俄罗斯当前形势进行深入探讨。比如：

2000 年与中央党校党建研究部召开两次关于俄罗斯国家杜马选举的讨论会；

2001 年 6 月，与上海华东师大俄罗斯研究中心在上海联合举办"俄罗斯社会转型学术研讨会"；

2002 年 12 月，在编译局主办"普京时代的俄罗斯"学术研讨会；

2007 年 9 月，与南京师范大学及中国社会科学院马克思主义研究院在南京联合举办了"十月革命与东方社会主义"国际学术研讨会；

2007 年 10 月，与北京大学国际关系学院、北京市共运史学会在昌平联合举办"从十月革命到中国特色社会主义道路——纪念十月革命 90 周年"学术研讨会；

2013 年 9 月，在编译局主办"《苏联史》新书发布会暨苏联历史重要问题研讨会"；等等。

与此同时，中心经常邀请一些国外知名学者和政治家来我局访问并作学术报告。如：俄罗斯著名学者罗伊·麦德韦杰夫、亚·布兹加林、弗·伊诺泽姆采夫等。

中心还不定期举办中心成员内部科研成果汇报交流会，互相通报各自的研究领域、成果以及相关信息，并对苏联历史问题、叶利钦和普京时代的俄罗斯政治、经济与社会问题交流看法。

中心不定期邀请俄罗斯专家与中心成员共同举办俄语沙龙，目的是提高中心研究人员的俄语交流水平，加强信息沟通。俄语沙龙至今已成功举办近 30 场。

(二) 出版期刊

俄罗斯研究中心在2000年曾经编辑出版5期《俄罗斯研究信息》内刊，后因经费问题停刊。2010年，在中央编译局社科基金和东方历史学会（北京）的大力支持下，中心决定重新启动这项工作，开始不定期组织编辑出版内部杂志《俄罗斯研究信息》。

《俄罗斯研究信息》长期辟有热点聚焦、政党政治、社会经济透视、中东欧观察、历史之窗、信息园等栏目，及时反映俄罗斯以及中东欧和中亚国家当前政治、经济和社会发展的最新动态以及学术研究动态，以及苏联历史研究的一些新材料和观点。为这个刊物撰稿和提供资料的除了我局的研究和翻译人员外，还有国内外学术研究机构及高校的专家学者和翻译工作者。

《俄罗斯研究信息》每期2.6万字左右，从2010年至2013年底已编辑出版34期，近90万字。杂志以内部赠阅方式发行，赠阅范围涵盖中央政策研究室、国务院研究室、中联部、外交部等中央国家有关部委，中国社会科学院、中央党校和高等院校相关学术单位和学者。《俄罗斯研究信息》出版后受到中央有关部门、学术机构、同行专家学者的好评，目前已成为我中心与国内学术界交流的重要平台。

(三) 学术研究

中央编译局俄罗斯研究中心的工作重点是俄罗斯当代政治、经济、社会问题以及苏联历史问题的研究和重要文献译介。

下面是我局科研人员近年有关俄罗斯和苏联历史方面的专著、编著和译著（1996年至今，不完全统计，不含我局人员参加外单位著作）：

1. 《苏联史》，共9卷，2013年出版5卷（郑异凡主编，北京：人民出版社2013年版）

2. 《雾霭——俄罗斯百年忧思录》（述弢译，北京：社会科学文献出版社2013年版）

3.《民主与现代化——有关21世纪挑战的争论》（徐向梅、高晓惠、李铁军、彭晓宇等译，北京：中央编译出版社2011年版）

4.《苏联真相——对101个重要问题的思考》（郑异凡为五位主编之一，北京：新华出版社2010年版）

5.《布哈林文选》（郑异凡编，北京：人民出版社2010年版）

6.《托洛茨基文选》（郑异凡编，北京：人民出版社2010年版）

7.《列宁传》（季正聚著，北京：人民日报出版社2009年版）

8.《斯大林传》（戴隆斌著，北京：人民日报出版社2009年版）

9.《马克思人学思想的现代解读——弗罗洛夫人道主义思想研究》（姚颖著，北京：中央编译出版社2009年版）

10.《二十世纪俄罗斯档案文件》11卷，（李京洲、赵国顺等译，北京：人民出版社正陆续出版）

11.《托洛茨基读本》（郑异凡编，北京：中央编译出版社2008年版）

12.《全球化的边界》（赵国顺、李京洲等译，北京：中央编译出版社2008年版）

13.《俄国熊看中国龙——17—20世纪中国在俄罗斯的形象》（孙凌齐等译，重庆：重庆出版社2007年版）

14.《奔向自由》（何宏江、李京洲、赵国顺等译，北京：中央编译出版社2007年版）

15.《当代俄罗斯政党》（刘淑春、李兴耕、高晓惠、曲延明等著，北京：中央编译出版社2006年版）

16.《由乱而治——俄罗斯政治历程（1990—2005）》（徐向梅著，北京：中央文献出版社2006年版）

17.《布哈林论》（郑异凡著，北京：中央编译出版社2006年版）

18.《被无知侮辱的思想——马克思社会理想的当代解读》（孙凌齐译，北京：中央编译出版社2006年版）

19. 《市场经济与公民社会——中国与俄罗斯》国际会议论文集（俞可平主编，北京：中央编译出版社 2005 年版）

20. 《史海探索》（郑异凡著，合肥：安徽大学出版社 2005 年版）

21. 《俄罗斯银行制度转轨研究》（徐向梅著，北京：中国金融出版社 2005 年版）

22. 《历史性突破——俄罗斯学者论新经济政策》（王丽华主编，北京：人民出版社 2005 年版）

23. 《让历史来审判》（何宏江等译，北京：人民出版社 2005 年版）

24. 《大元帅斯大林》（何宏江、李京洲等译，北京：社科文献出版社 2005 年版）

25. 《赫鲁晓夫回忆录》（张祖武译，北京：中央编译出版社 2005 年版）

26. 《戈尔巴乔夫回忆录》（张祖武等译，北京：中央编译出版社 2004 年版）

27. 《全球化与人类命运》（何宏江、刘燕明等译，北京：新华出版社 2004 年版）

28. 《赫鲁晓夫画传》（邢艳琦著，上海：华东师范大学出版社 2004 年版）

29. 《前车之鉴——俄罗斯关于苏联剧变问题的各种观点综述》（李兴耕、翟民刚、高晓惠等著，北京：人民出版社 2003 年版）

30. 《现代化之路——中国、俄罗斯、东欧国家改革比较》（徐向梅主编，北京：当代世界出版社 2003 年版）

31. 《苏联外交秘闻》（李京洲等译，北京：东方出版社 2003 年版）

32. 《苏联历史档案选编》34 卷本（郑异凡任副总编并担任 5 部分卷主编，戴隆斌、孙凌齐、赵国顺等各任一分卷主编，北京：社科文献出版社 2002 年版）

33. 《俄罗斯思考》（何宏江等译，北京：军事谊文出版社 2002 年版）

34. 《肖洛霍夫评传》（孙凌齐译，北京：中央编译出版社 2002 年版）

35. 《不惑集——苏联历史问题文集》（郑异凡著，沈阳：辽宁教育出版社 2000 年版）

36.《斯大林模式研究》（李宗禹、郑异凡等著，北京：中央编译出版社1999年版）

37.《列别德将军》（邢艳琦等译，北京：东方出版社1999年版）

38.《风雨浮萍——俄国侨民在中国（1917—1945）》（李兴耕、张海滨、徐向梅等著，北京：中央编译出版社1997年版）

39.《"十月"的选择——90年代国外学者论十月革命》（刘淑春、翟民刚、王丽华等译，北京：中央编译出版社1997年版）

40.《天鹅之歌——关于列宁晚期思想的对话》（郑异凡著，沈阳：辽宁教育出版社1996年版）

图书在版编目（CIP）数据

俄罗斯问题研究．2012／徐向梅主编．—北京：
中央编译出版社，2014.6

ISBN 978 – 7 – 5117 – 2095 – 5

Ⅰ．①俄… Ⅱ．①徐… Ⅲ．①俄罗斯 – 研究
Ⅳ．①D751.2

中国版本图书馆 CIP 数据核字（2014）第 054433 号

俄罗斯问题研究．2012

出 版 人：	刘明清
出版统筹：	薛晓源
责任编辑：	李媛媛
责任印制：	尹　珺
出版发行：	中央编译出版社
地　　址：	北京西城区车公庄大街乙 5 号鸿儒大厦 B 座（100044）
电　　话：	(010) 52612345（总编室）　　(010) 52612335（编辑室）
	(010) 52612316（发行部）　　(010) 52612315（网络销售）
	(010) 52612346（馆配部）　　(010) 66509618（读者服务部）
传　　真：	(010) 66515838
经　　销：	全国新华书店
印　　刷：	北京中印联印务有限公司
开　　本：	787 毫米×1092 毫米　1/16
字　　数：	290 千字
印　　张：	19
版　　次：	2014 年 6 月第 1 版第 1 次印刷
定　　价：	58.00 元
网　　址：	www.cctphome.com　　邮　箱：cctp@cctphome.com
新浪微博：	@中央编译出版社　　微　信：中央编译出版社（ID：cctphome）

本社常年法律顾问：北京市吴栾赵阎律师事务所律师　闫军　梁勤
凡有印装质量问题，本社负责调换。电话：010 – 66509618